20
23

Luiza
Soalheiro

Mediação *na* Relação Médico•Paciente

Dados Internacionais de Catalogação na Publicação (CIP) de acordo com ISBD

S452m   Soalheiro, Luiza Helena Messias
Mediação na relação médico-paciente / Luiza Helena Messias Soalheiro. - Indaiatuba : Editora Foco, 2023.

240 p. ; 16cm x 23cm.

Inclui bibliografia e índice.

ISBN: 978-65-5515-627-0

1. Direito. 2. Medicina. 3. Biodireito. 4. Relação médico-paciente. I. Título.

2022-3228   CDD 344.04197   CDU 34:57

Elaborado por Odilio Hilario Moreira Junior - CRB-8/9949

Índices para Catálogo Sistemático:

1. Biodireito 344.04197

2. Biodireito 34:57

Luiza
Soalheiro

Mediação *na* Relação Médico·Paciente

2023 © Editora Foco

Autora: Luiza Soalheiro
Diretor Acadêmico: Leonardo Pereira
Editor: Roberta Densa
Assistente Editorial: Paula Morishita
Revisora Sênior: Georgia Renata Dias
Revisora: Simone Dias
Capa Criação: Leonardo Hermano
Diagramação: Ladislau Lima e Aparecida Lima
Impressão miolo e capa: DOCUPRINT

DIREITOS AUTORAIS: É proibida a reprodução parcial ou total desta publicação, por qualquer forma ou meio, sem a prévia autorização da Editora FOCO, com exceção do teor das questões de concursos públicos que, por serem atos oficiais, não são protegidas como Direitos Autorais, na forma do Artigo 8º, IV, da Lei 9.610/1998. Referida vedação se estende às características gráficas da obra e sua editoração. A punição para a violação dos Direitos Autorais é crime previsto no Artigo 184 do Código Penal e as sanções civis às violações dos Direitos Autorais estão previstas nos Artigos 101 a 110 da Lei 9.610/1998. Os comentários das questões são de responsabilidade dos autores.

NOTAS DA EDITORA:

Atualizações e erratas: A presente obra é vendida como está, atualizada até a data do seu fechamento, informação que consta na página II do livro. Havendo a publicação de legislação de suma relevância, a editora, de forma discricionária, se empenhará em disponibilizar atualização futura.

Erratas: A Editora se compromete a disponibilizar no site www.editorafoco.com.br, na seção Atualizações, eventuais erratas por razões de erros técnicos ou de conteúdo. Solicitamos, outrossim, que o leitor faça a gentileza de colaborar com a perfeição da obra, comunicando eventual erro encontrado por meio de mensagem para contato@editorafoco.com.br. O acesso será disponibilizado durante a vigência da edição da obra.

Impresso no Brasil (10.2022) – Data de Fechamento (10.2022)

2023

Todos os direitos reservados à
Editora Foco Jurídico Ltda.
Avenida Itororó, 348 – Sala 05 – Cidade Nova
CEP 13334-050 – Indaiatuba – SP

E-mail: contato@editorafoco.com.br
www.editorafoco.com.br

AGRADECIMENTOS

A Deus, por não me deixar esmorecer nos momentos mais desafiadores.

Aos meus pais, Mônica e Ivayr, minha eterna gratidão e o mais sincero amor. Obrigada por me proporcionarem toda a estrutura emocional, econômica e afetiva, o que me fez chegar até aqui. Aos meus irmãos, Lucca e Leonardo, por sempre me incentivarem e nunca trazerem competição para nossa relação. À minha avó Helena, por ser minha maior inspiração. – Sinto tanto a sua falta! A sua forma brilhante de ser professora me inspirou a seguir a docência. Que você continue iluminando meus passos onde estiver. Em nome de vocês, agradeço o apoio de toda a nossa família.

Aos amigos, que torceram muito para que esta obra desse certo. Em especial, às minhas Tsurus, que estão comigo desde a adolescência, fazendo-me rir nos momentos mais complexos. À amiga Ana Cristina Melo, por compartilhar as angústias desta travessia e me apoiar a voltar aos trilhos. – Você foi meu maior presente no Doutorado. As suas inúmeras contribuições profissionais foram fundamentais para a melhoria deste escrito. À amiga e mentora Flávia Coelho, por estender suas mãos para me acolher a cada queda.

À amiga, sócia e companheira Bárbara Valadares por ser uma mulher inspiradora para a minha vida e manter o escritório em pé durante meus períodos de ausência. Obrigada por me acolher quando precisei!

Muitas foram as contribuições recebidas para a elaboração desta pesquisa. Realmente, ela foi tecida no verbo compartilhar. Em nome dos amigos Bruno Zampier e Carla Carvalho, os quais desprenderam tempo para me ouvir e apoiar, agradeço a todos que, de alguma forma, me ajudaram a tecer estas linhas.

À minha orientadora do Doutorado Fatinha, que se fez presente durante toda esta jornada. Não me esqueço de você ter aceitado ser minha orientadora mesmo quando já estava com seu número de orientandos extrapolado. Você tem uma singularidade de levar a vida encantadora, um olhar humanizado para os detalhes. Fico feliz por ter aprendido com você mais do que o Direito pode ensinar. Em seu nome, agradeço, aos professores e a toda equipe do Programa de Pós-Graduação em Direito. Sem dúvida, vocês também fazem parte da elaboração deste escrito.

A todos que contribuíram, ainda que não mencionados, minha gratidão.

Aos meus pais, por todo o amor e a dedicação que me fez chegar até aqui.

"O que verdadeiramente somos é aquilo que o impossível cria em nós".

(LISPECTOR, 1978, p. 245)

PREFÁCIO

Este livro é o resultado de determinação, empenho, pesquisa séria, comprometimento. Posso afirmar isso, pois acompanho uma parte da trajetória da Luiza, desde 2016. Luiza, querendo se aprofundar nas possibilidades da mediação, mas cautelosa em abordar um tema para ela ainda pouco explorado, procurou-me para que eu pudesse orientá-la quanto a boas fontes, pesquisas e estudos sobre mediação.

De início já me surpreendi com esta atitude, tão rara no mundo acadêmico do Direito. Uma mestra tendo a humildade de reconhecer que, apesar de ser excelente em diversas áreas, faltava-lhe base para abordar a mediação em um futuro doutorado, com a devida profundidade, honestidade e respeito que o tema merece. Isso já demonstrou a seriedade da Luiza com a pesquisa, sua vontade de crescer e de aprender ainda mais. Ela sabia que a mediação tinha um enorme potencial, sobretudo se aliada a questões de saúde, e buscou um caminho de estudo que com certeza a fez se tornar apaixonada e, sem sombra de dúvidas, especialista em mediação.

Luiza me surpreende por exercer múltiplas funções com maestria, dentre elas o magistério e a advocacia, além de exalar uma alegria contagiante, muita força e uma vontade linda de viver a vida em toda a sua plenitude. Construímos nossa relação pautadas numa rica troca de interesses, fontes e dúvidas, e assim pude acompanhar uma boa parte da construção deste trabalho. Tema extremamente sensível, atual e o mais importante: útil. A pesquisa aqui escrita envolve temáticas como autonomia na relação médico-paciente, tratamentos continuados de saúde e o uso da mediação como potencial ferramenta de transformação de relações na área da saúde, colocando o paciente como protagonista informado e consciente de suas próprias escolhas.

A autora deste livro consolidou, nos últimos seis anos, um conhecimento profundo sobre temas como teoria do conflito, meios de abordagem de situações conflitivas, consensualidade e mediação, aliando essa nova temática à sua sólida bagagem civilista. Abordou com precisão, com inovação e com a crítica necessária como tem sido implementada a mediação no Brasil, explorando quais os caminhos este método de abordagem de conflitos tem tomado no País e elucidando todas as potencialidades que ele oferece, sobretudo na arena dos tratamentos de saúde. Ainda são raros os profissionais que dominam esses assuntos de forma séria, baseados em fontes seguras, imprescindíveis e atualizadas. Luiza conseguiu tornar-se referência na área, como os leitores certamente perceberão com a leitura desta obra.

Dessa forma, pode-se afirmar que este livro contribuirá para o conhecimento de estudantes e profissionais de diversas áreas: civilistas, profissionais da saúde, gestores de instituições de saúde, mediadores. Por envolver um nicho importante de abordagem de conflitos, este livro abrirá grandes possibilidades de transformação da relação médico-paciente e da construção da autonomia deste na tomada de decisões, sob a ótica riquíssima da consensualidade.

Belo Horizonte, 02 de agosto de 2022.

Nathane Fernandes da Silva

Doutora e Mestre em Direito – UFMG. Professora Adjunta do curso de Direito da Universidade Federal de Juiz de Fora – Campus Governador Valadares. Diretora do Instituto de Ciências Sociais Aplicadas da UFJF-GV.

APRESENTAÇÃO

"A vida é a arte do encontro embora haja tanto desencontro pela vida", já disse o poeta. Eu quero, aqui, enaltecer a primeira parte dessa linda frase. Porque é de encontro que eu quero falar. O meu encontro com a Luiza.

Conheci-a no ano de 2014 quando do seu ingresso no Programa de Pós-graduação em Direito da PUC Minas, na área de concentração em Direito Privado. Sempre atenciosa, responsável e estudiosa – virtudes tão importantes para quem se propõe trilhar os caminhos da academia – a Luiza desenvolveu, sob as competentes, orientação e coorientação, dos professores doutores Walsir Edson Rodrigues Júnior e Luis Flávio Silva Couto, respectivamente, o trabalho intitulado "Do reconhecimento jurídico das famílias simultâneas: um estudo interdisciplinar". Foi com grande alegria que participei da banca examinadora, ocasião em que Luiza foi aprovada com a nota máxima.

Sempre ávida por conhecimento, ela ingressou no doutorado no ano de 2018 e, desta vez, tive a satisfação de tê-la como minha orientanda. O tema escolhido para a elaboração da tese foi a mediação em ambiente hospitalar. O assunto é instigante, novo e extremamente necessário para a efetivação da autonomia em sede de relação médico-paciente, implicando em conhecimento multidisciplinar, desafio que Luiza enfrentou com dedicação e empenho.

O trabalho, apresentado à banca examinadora, recebeu o título de "A construção da autonomia privada para a tomada de decisão nos tratamentos de saúde continuados: as estratégias da mediação como um potencial meio à autodeterminação do paciente". Agora, a tese se transforma nesse belo livro que tenho o orgulho de apresentar.

Tenho convicção de que esse livro é só o segundo (a dissertação também se tornou livro) de muitos da doutora Luiza Soalheiro; ela que é, professora, mediadora de conflitos, advogada, além de palestrante e analista comportamental.

Eu sei que a Luiza não vai parar por aí, apesar do longo caminho já trilhado. É que ela sabe que está apenas começando... afinal, o conhecimento é infinito. Desejo a ela muitas buscas, muitas procuras e, também, muitos encontros...

Do Rio Grande do Sul para as Minas Gerais, em agosto de 2022.

Maria de Fátima Freire de Sá

Professora da graduação e do Programa de Pós-graduação (mestrado e doutorado) em Direito da PUC Minas. Pesquisadora do CEBID JusBioMed. Doutora (UFMG) e Mestre (PUC Minas) em Direito.

SUMÁRIO

AGRADECIMENTOS V

PREFÁCIO IX

APRESENTAÇÃO XI

1. INTRODUÇÃO 1

2. A AUTONOMIA NA RELAÇÃO MÉDICO-PACIENTE 7

    2.1 A evolução da relação médico-paciente 8

        2.1.1 A relação médico-paciente: da verticalidade à horizontalidade 14

    2.2 A confidencialidade na relação médico-paciente 27

    2.3 O princípio do livre desenvolvimento da personalidade 32

    2.4 O princípio da autonomia privada: do Estado Liberal ao Estado Democrático de Direito 40

    2.5 A autonomia privada do paciente e o consentimento livre e esclarecido . 45

    2.6 A capacidade e a competência do paciente na relação médico-paciente ... 55

3. ANÁLISE DO CONFLITO E SEU IMPACTO NA AUTONOMIA DO PACIENTE 69

    3.1 Teorias do conflito 69

    3.2 Os elementos do conflito 82

    3.3 Perspectivas de acesso à justiça no conflito médico-paciente e principais formas adequadas de resolução de conflito 87

    3.4 Reflexões sobre os problemas e as dificuldades no ambiente hospitalar que são impactantes na construção da autonomia do paciente 98

4. A MEDIAÇÃO NO BRASIL 117

    4.1 As abordagens sobre a mediação 119

    4.2 A mediação sob a ótica brasileira 133

4.3 A mediação no âmbito da saúde francesa 142

4.4 A mediação no âmbito da saúde no Brasil 147

5. A CONSTRUÇÃO DA AUTONOMIA PRIVADA PARA A TOMADA DE DE-CISÃO NOS TRATAMENTOS DE SAÚDE CONTINUADOS: AS ESTRATÉGIAS DA MEDIAÇÃO COMO UM POTENCIAL MEIO À AUTODETERMINAÇÃO DO PACIENTE 157

5.1 A utilização da comunicação não violenta para a melhoria da relação médico-paciente 160

5.2 Proposta de implementação da sessão inicial de mediação para a formação do consentimento livre e esclarecido do paciente 171

5.3 A implementação da mediação nas ouvidorias hospitalares 182

5.4 Outras medidas de melhoria para a relação médico-paciente com o fito de preservar a autonomia do paciente 188

5.5 As estratégias da mediação como meio potencial para a autodeterminação do paciente diante de um tratamento de saúde continuado 194

6. CONCLUSÃO 205

REFERÊNCIAS 211

1
INTRODUÇÃO

O conceito de autonomia varia conforme o momento histórico. No Brasil, com o advento da Constituição Federal de 1988 (CF/88), inicia-se a reconstrução do Direito Privado, nascendo o Estado Democrático de Direito, novo paradigma no qual a autonomia passa a ser reconhecida como privada e ganha *status* de princípio jurídico.

A autonomia privada passa, portanto, a ser compreendida "como o reconhecimento de que a pessoa possui capacidade para se autogovernar. Assim, de modo livre e sem influências externas, preceitua-se o respeito pela capacidade de decisão e ação do ser humano" (NAVES; SÁ, 2021, p. 26), o que se coaduna com a dignidade da pessoa humana, pois viabiliza que ela se autodetermine livremente de acordo com seus interesses e perspectiva de vida boa. Esse entendimento possibilita a construção da pessoalidade de forma plural e democrática.

Tendo em vista essa concepção, nesta pesquisa, analisou-se a relação médico-paciente, uma vez que é justamente esse poder de autodeterminação que permite ao paciente participar das escolhas de seu processo terapêutico.

Para tanto, é necessário que o consentimento seja livre e esclarecido, ou seja, que, ao paciente, sejam ofertados conhecimentos e esclarecimentos suficientes para poder escolher, dentre as opções viáveis de tratamento, o que é de seu interesse, ou até mesmo não se tratar. Refere-se, portanto, a uma evidente forma de expressão da autonomia do paciente.

Contudo, o direito de autodeterminar-se, quando da tomada de decisão em saúde, pode ser com facilidade violado, porque a relação médico-paciente é permeada de peculiaridades. O próprio estado de saúde do paciente, por vezes, fragilizado em razão da doença que lhe acomete, e o temor de não se recuperar e falecer já trazem especificidades, sobretudo, emocionais, nesse tipo de relação.

A divergência entre o posicionamento do médico e o do paciente e de seus familiares sobre o que é uma vida boa, além da angústia, do medo, da insegurança, da falta, ou falha, de comunicação e informação adequadas à realidade do paciente, normalmente, misturam-se às demais cargas emotivas, tornando provável a instauração de conflitos entre eles.

Ademais, a construção de grandes centros de saúde e a ampliação da rede dos planos de saúde modificaram a relação médico-paciente, haja vista que o médico passou a ter o tempo de atendimento bastante reduzido. Na sociedade contemporânea, a lógica dos planos de saúde e das instituições privadas de saúde é mercadológica, no sentido de que o médico é visto como prestador de serviços; e o paciente, como usuário/consumidor. Além disso, a própria intervenção institucional nessa relação contribui para que a pessoa do paciente seja tratada, por vezes, como mero objeto, um número de quarto ou por sua doença, sem que lhe seja oportunizado um ambiente de respeito como uma pessoa humana em processo de adoecimento.

Esse cenário possibilita o estabelecimento de uma relação mais distante entre médico, paciente e familiares[1] deste último e pode levar ao surgimento de entraves, uma vez que a redução de tempo de atendimento, a aproximação da relação médico-paciente a uma relação mercadológica e as intervenções institucionais nessas relações tendem a prejudicar a qualidade da comunicação entre os envolvidos, podendo comprometer a autonomia do paciente para a tomada de decisão em saúde.

Entende-se conflito como uma divergência de perspectivas entre sujeitos que podem, ou não, ter objetivos incompatíveis, o que é inerente à convivência humana, e que pode se instaurar em diversos contextos e ambientes, dentre eles, no cenário da relação médico-paciente.

Como ensina Deutsch (2004), o conflito pode ter dublo aspecto, isto é, pode ser visto sob a visão negativa, como normalmente o é, ou ser vislumbrado por uma perspectiva positiva. Quanto a essas posições, o autor classifica-as como conflitos destrutivos e construtivos, respectivamente.

Assim, o método escolhido para tratar o conflito pode gerar consequências positivas como, por exemplo, a abertura de diálogo e a transformação da relação

---

1. Ao longo deste livro, os familiares serão citados em algumas passagens da seguinte forma: "paciente/familiares"; "paciente-família". Isso importará dizer que, na hipótese em que o paciente não puder se manifestar de forma livre e esclarecida e não tiver competência para a tomada de decisão em saúde, caberá aos seus familiares, sendo possível a tomada de decisão a partir da reconstrução da vontade do paciente. De modo semelhante, na hipótese em que for mencionada apenas a palavra paciente, nada impede que haja a intervenção da família se esse não tiver competência para decidir sobre sua saúde. O recorte da pesquisa é o paciente, mas não sendo sua atuação possível por si só, a família decidirá, ou contribuirá, para a decisão em saúde. Assim, não serão aprofundadas as questões envolvendo a própria reconstrução da vontade do paciente ou a manifestação de vontade de familiares quando a própria individualidade do paciente, seja pela incapacidade absoluta de manifestar a sua vontade, seja pela incompetência, impedi-lo de diretamente manifestar sua vontade. A análise dessas situações demanda incursões teóricas que extrapolam o objetivo desta obra, dentre elas, o conceito de família, critérios para identificar quem está apto a reconstruir a vontade daquele que não pode fazê-lo e quais os meios idôneos para isso, especialmente.

dos envolvidos, como também pode levar a situações ainda mais nocivas, polarizando e enfraquecendo o vínculo existente.

O conflito ganha mais relevância quando envolve o tratamento de saúde continuado, que é aquele que se prolonga no tempo. Geralmente, isso ocorre em internações longas ou em tratamento de doenças crônicas.

Desse modo, o tratamento de saúde continuado não é pontual, como ocorre na situação em que um paciente realiza apenas exames. Como o próprio nome sugere, ele é sequencial. O médico terá diversos contatos com o paciente, e/ou com a família do paciente, estabelecendo uma relação continuada, da qual podem surgir determinados embates.

Devido a essas peculiaridades, os conflitos que se estabelecem nessas relações demandam uma abordagem adequada sob pena de colocar em risco a efetivação da autonomia do paciente.

Portanto, a forma como esses conflitos serão resolvidos, ou gerenciados, pode impactar no exercício da autonomia do paciente quando da tomada de decisão nos tratamentos de saúde continuados.

Além disso, tendo em vista o dinamismo da própria existência humana, o Poder Judiciário nem sempre é capaz de trazer as soluções esperadas, justamente por ele se limitar muito à aplicação de normas estanques. A solução acaba sendo imposta por um terceiro, podendo, em alguma medida, violar a própria autonomia do paciente. A via pelo Poder Judiciário, embora muitas vezes necessária, talvez não seja suficiente para lidar com a complexidade dos conflitos entre médico e paciente/familiares. Possibilitar que as próprias partes construam juntas a solução para suas contendas tende a ser a via mais efetiva.

Dentre as abordagens de tratamento de conflitos está a mediação, que é um método adequado de tratamento e resolução de conflitos, em que um terceiro, denominado mediador, auxilia as partes a solucionarem seus próprios conflitos por meio do diálogo. O mediador, por intermédio de técnicas próprias, estimula os envolvidos no conflito a terem uma escuta empática e a agirem com alteridade em um processo no qual cada um reconhece e legitima o lugar do outro, gerando "intercompreensão para o alcance de objetivos comuns e para a ressignificação da relação continuada dos mediandos, preparando-os para lidarem com conflitos futuros de forma cooperativa, e não destrutiva." (ORSINI; SILVA, 2016, p. 346).

A opção por investigar a mediação justifica-se por ela se aproximar mais do recorte epistemológico da pesquisa, tratamentos de saúde continuados, e ser empregada nos conflitos continuados ou nos quais já exista vínculo anterior entre os envolvidos.

Alguns aspectos metodológicos, por exemplo, o problema e a hipótese, serão mantidos do escrito da Tese nesta obra, haja vista que poderão ter leitores de perfil acadêmico e tais informações serão válidas para melhor compreensão do pensamento que se desenvolveu ao longo do livro.

Dessa forma, o problema da pesquisa era verificar se, nos tratamentos de saúde continuados, surgindo conflito na relação médico-paciente, de forma a comprometer o exercício da autonomia privada do paciente para a tomada de decisão, a mediação poderia ser um meio facultado às partes para contribuir com o exercício de autodeterminação do paciente.

A partir da compreensão de que autonomia é o poder reconhecido, ou concebido, pelo ordenamento jurídico ao sujeito para regulamentar o próprio comportamento e interesses livremente e sem influências externas (NAVES; SÁ, 2021), levantou-se a hipótese de que a construção da autonomia do paciente para a tomada de decisão, em tratamentos de saúde continuados, pode ser viabilizada pela mediação, isto é, pelo uso das estratégias, técnicas ou ferramentas da mediação.

Assim, cogitou-se, inicialmente, que, diante da necessidade de se estabelecer uma comunicação empoderada e de reconhecimento mútuo, em que médico e paciente possam assumir papéis de protagonistas na resolução de seus próprios conflitos, a mediação – que tem como uma de suas principais características a abertura dos canais de comunicação entre os mediandos – pode trazer benefícios diante de um entrave. A mediação pode ser um meio a potencializar a preservação da autonomia do paciente, contribuindo, assim, para que, em contextos de tratamentos de saúde continuados, a construção biográfica do paciente seja respeitada, o que importa dizer que favorecerá a prestação de um serviço de saúde humanizado.

Nesse sentido, a relevância desta pesquisa atribui-se ao risco de violação da autonomia privada do paciente quando há o rompimento, ou falhas, no processo dialógico entre ele e o médico que lhe presta os cuidados durante o tratamento de saúde continuado.

Por essa razão, buscou-se investigar se as técnicas da mediação, nos conflitos atinentes à relação médico-paciente, podem contribuir para a construção de um cenário dialógico fértil à preservação da construção da biografia do paciente.

Entre os meios adequados de tratamento e de solução de conflitos, optou-se por adotar a mediação, porque é o método em que as características são mais congruentes ao tratamento dos conflitos médico-paciente/família. Além disso, a mediação é voltada para conflitos continuados ou nos quais já exista vínculo anterior entre os envolvidos, o que coaduna com a abordagem dos tratamentos de saúde continuados.

A busca pela transformação nas relações médico-paciente, afastando-se da visão binária certo-errado, dominador-dominado e inocente-culpado, conforma-se à constitucionalização do Direito Civil, que se volta à satisfação dos interesses dos indivíduos, levando sempre em consideração os princípios insculpidos na Constituição Federal de 1988.

Uma vez que, com o advento do Estado Democrático de Direito, a pessoa humana passou a ser o centro de importância e atenção do ordenamento jurídico, deve-se garantir a efetivação do direito à saúde para além da acessibilidade de serviços de saúde convencionais. Ao paciente, deve-se garantir um espaço de relação interpessoal harmonioso e humanista, no qual possam existir meios hábeis e facilitadores para tomar decisões autônomas.

Assim, esta obra, fruto da pesquisa de Doutorado da autora, apresenta a seguinte organização. No capítulo 2, intitulado *A autonomia na relação médico-paciente,* abordou-se a evolução pela qual passou a relação médico-paciente, com o intuito de auxiliar na compreensão dessa relação desde sua posição verticalizada até a horizontalizada.

De igual modo, desenvolveu-se o estudo sobre os princípios da autonomia privada e do livre desenvolvimento da personalidade, tendo em vista compreender a autonomia do paciente para a tomada de decisão em saúde quando for competente para tanto.

No capítulo 3, *Análise do conflito e seu impacto na autonomia do paciente,* analisou-se, detidamente, o conflito em si para que se compreenda melhor as suas peculiaridades na relação médico-paciente. Portanto, estudaram-se as teorias, as abordagens e os elementos que o compõem e, em seguida, os problemas e as dificuldades próprios do ambiente hospitalar, que podem afetar a autonomia do paciente quando de uma tomada de decisão em saúde.

Já no capítulo 4, denominado *A mediação no Brasil,* analisou-se a mediação sob a ótica brasileira, com destaque para o âmbito da saúde, já que esse é o tema central do livro.

Assim, após a apresentação do conceito de mediação e de suas abordagens, demonstrou-se a experiência da mediação francesa, também no âmbito da saúde, a fim de verificar a hipótese apresentada.

Conquanto se defenda que qualquer inspiração estrangeira deva passar por adequações ao cenário brasileiro, mostrou-se importante investigar a hipótese em um País no qual já se colhem frutos com seu uso como forma de efetivar o direito à saúde e a transformar as relações entre médicos e pacientes.

Uma vez compreendido os cenários que envolvem a autonomia do paciente e a mediação, no capítulo 5, *A construção da autonomia privada para a tomada de decisão nos tratamentos de saúde continuados: as estratégias da mediação como um potencial meio à autodeterminação do paciente*, cuidou-se, especificadamente, de avaliar a construção da autonomia do paciente para a tomada de decisão nos tratamentos de saúde continuados por meio das técnicas da mediação.

Além disso, verificou-se como essas técnicas podem contribuir para uma melhoria na qualidade da comunicação e da relação médico-paciente, com vistas a evitar, de modo preventivo, o surgimento do conflito e seu impacto no exercício de autodeterminação do paciente para a tomada de decisão nos tratamentos de saúde continuados.

Para tanto, a problemática foi confrontada com as diretrizes desse método de tratamento e resolução de conflitos. Avaliou-se ainda como e onde a mediação pode ser usada no contexto do conflito entre médico-paciente. Assim, como ao longo de todo o livro, neste capítulo, apresentaram-se alguns casos práticos com a intenção de explorar a hipótese apresentada.

Por fim, apresentaram-se as conclusões finais sem a pretensão de esgotar o tema, mas se preocupando em trazer estratégias para a efetivação do exercício da autodeterminação dos pacientes nos tratamentos de saúde continuados quando houver conflito entre estes e o médico.

2
A AUTONOMIA NA RELAÇÃO MÉDICO-PACIENTE

A proposta, neste capítulo, é buscar compreender a evolução pela qual passou a relação médico-paciente, desde a concepção verticalizada até sua horizontalidade, que ainda passa por desafios, para se manter afastada de posições médicas hierárquicas em desfavor do paciente.

A visão histórica permite uma análise mais ampla do conflito médico e paciente/família. Como será demonstrado, as raízes dos entraves comuns dessa relação estão imbrincadas na própria evolução histórica da Medicina. É realmente "difícil compreender as coisas quando não se conhece sua gênese, daí a importância do enfoque histórico dos problemas. [...] A Medicina só é compreensível no interior da história"[1] (GRACIA, 2010, p. 33).

Devido às peculiaridades culturais e sociais e ao próprio objetivo geral da pesquisa, optou-se por apresentar uma visão geral da evolução histórica da Medicina em nível mundial, concedendo maior destaque, em seguida, ao contexto brasileiro.

Logo depois, aprofundar-se-á o estudo sobre o princípio da autonomia privada de modo a demonstrar o contexto histórico e jurídico em que a autonomia se desenvolveu, seja no campo civil-constitucional, seja nas searas do Biodireito e da Bioética, o que contribuirá para melhor entendimento sobre a autonomia na relação médico-paciente/família.

Ademais, a investigação acerca da autonomia privada é fundamental tanto para compreender o problema da pesquisa quanto para guiar o caminho teórico até o objetivo geral proposto. Da mesma forma, a contextualização da relação entre médico e paciente/família, do momento pré-científico da Medicina até a contemporaneidade, constrói um cenário favorável para entender o conflito

---

1. Não se pode se esquecer de que "a Medicina, mais que uma ciência ou um saber puro, é uma prática social, a do cuidado da saúde dos indivíduos e dos grupos sociais. Ocorre que, enquanto prática social, necessita e depende de muitos fatores – econômicos, políticos, culturais, científicos e técnicos. É impossível entender o desenvolvimento da Medicina em qualquer período histórico [...] sem situá-la em relação a todo esse complexo contexto" (GRACIA, 2010, p. 49).

que pode se estabelecer entre eles, havendo a possibilidade de gerar impactos no exercício de autodeterminação do paciente. Isso servirá de meio hábil para se estabelecer uma proposição razoável que venha a convalidar ou refutar a hipótese apresentada nesta obra.

Por último, abre-se um parêntese, antes de se iniciar a análise da relação médico-paciente, para dizer que não se busca, neste capítulo nem nos demais, julgar ou manchar a imagem dos profissionais da saúde, sendo a proposta, ao revés, de trazer reflexões que possam melhorar os vínculos entre esses profissionais, os pacientes e seus familiares.

2.1 A EVOLUÇÃO DA RELAÇÃO MÉDICO-PACIENTE

A relação médico-paciente pode ser retratada por diversas abordagens e a partir de diversos contextos, desde a Antiguidade[2] até as inovações trazidas pela Bioética no século XXI.

Apesar das peculiaridades socioculturais, a história da Medicina no mundo traz importantes implicações para as relações médico-pacientes no Brasil. Por isso, justifica-se o seu estudo, ainda que sucintamente, neste momento.

Gracia (2010) explica a evolução pela qual a Medicina percorreu até os dias atuais, tendo como pano de fundo quatro períodos: a época pré-histórica, a sociedade agrícola, a sociedade industrial e a sociedade pós-industrial, também chamada de sociedade do bem-estar ou de consumo.

Na sociedade pré-histórica, os seres humanos praticamente não conseguiam transformar recursos em possibilidades, ou seja, viviam do que a natureza espontaneamente produzia. Por isso, a população tinha um caráter nômade, pois, uma vez esgotados os recursos em dada região, buscavam nova localidade para exploração. Os povos pré-históricos também tinham uma Medicina "muito elementar. À mais primitiva deu-se o nome de 'medicina empírica', do tipo que já possuem mesmo os animais" (GRACIA, 2010, p. 39). Essa Medicina era embasada na experiência prática. Por exemplo, testavam ervas e encontram seus efeitos

---

2. A história da Medicina pode ser contada a partir da Antiguidade, "desde a prática médica mítica à racionalidade grega, passando pelas percepções da doença em sua analogia ao pecado na Idade Média, e pelo Renascimento e Iluminismo, quando a primazia da razão ensejou a valorização do saber no plano mundano. Ato contínuo segue-se à transformação positivista da Medicina com seus experimentos e fragmentação do saber iniciada entre fins do século XVIII e meados do século XIX, chegando ao processo científico-tecnológico, sua intervenção desmedida no século XX e ao questionamento da ciência seguido do surgimento da 'bioética', para que, logo após, inicie-se a proposição de contribuição da bioética para uma tentativa de simetrização da relação entre médicos e pacientes" (VASCONCELOS, 2020, p. 3). Vale destacar que a falta de simetria na relação médico-paciente, não raro, nasce em razão do domínio do conhecimento pelo médico e pelo excesso de poder desses profissionais.

entre erros e acertos.[3] "É possível que também tenham chegado a conhecer certas técnicas cirúrgicas muito elementares, como a sutura de ferimento e a redução de fraturas ou luxações" (GRACIA, 2010, p. 40).

Com a descoberta do fogo, melhoraram a alimentação e começaram a criar rituais religiosos ligados ao sepultamento dos mortos, fatos que impactaram na Medicina, "já que a partir desse momento a medicina empírica começou a coexistir com outra, de caráter religioso ou crédula, duas dimensões que jamais desapareceriam na história da humanidade" (GRACIA, 2010, p. 40).

Com o passar do tempo, o homem passou a ter maiores habilidades em transformar recursos em possibilidades, ou seja, começou a compreender melhor o cultivo da terra e a domesticar animais, eliminando a necessidade de migração, haja vista que começou a gerar recursos para além dos que os mantinham sua subsistência. Esse cenário caracterizou a chamada sociedade agrícola, período em que "as instituições culturais da sociedade agrícola geraram um determinado tipo de medicina e assistência médica [...] uma de suas características é a estreita relação que mantém com as instituições religiosas" (GRACIA, 2010, p. 42). Esse cenário perdurou até a Revolução Industrial, na segunda metade do século XVIII, que inaugurou o período da sociedade industrial.

A Revolução Industrial trouxe um novo modo de transformar os recursos em possibilidades, isto é, a implantação de várias indústrias de carvão e do aço foi essencial para o desenvolvimento da sociedade. As pessoas abandonavam a agricultura do campo para buscar, nas fábricas das cidades, novas oportunidades. Com efeito, o êxodo rural, característico desse período, fez crescer a população nos subúrbios das cidades e, por consequência, levou ao surgimento de diversas doenças em razão das condições insalubres dos lugares. "Nasceu também uma nova medicina [...]. Com o aumento da riqueza, mais dinheiro foi carreado para as universidades e para centros de investigação [...]. O exercício da medicina, por sua vez, tornou-se especializado" (GRACIA, 2010, p. 43).

A Medicina moderna[4] traz uma nova visão aos hospitais, os quais deixam de ser vistos como instituições de caridade e passam a ser considerados como centros de assistência médica. Desloca-se do poder religioso para o poder estatal, ou seja, se antes os sacerdotes tinham controle das instituições de saúde, na sociedade moderna essa função passa a ser do Estado.

---

3. "A primeira medicina foi algo desse tipo. À semelhança dos animais, os primeiros seres humanos aprenderam escolher certas ervas com ação purgativa ou laxativa, que, parece, foram os primeiros remédios. Não à toa, a palavra grega *phármakon* possuía originalmente este significado: purgante ou laxante" (GRACIA, 2010, p. 39-40).

4. "A medicina moderna surgiu em fins do século XVIII e se desenvolveu por todo o século XIX" (GRACIA, 2010, p. 43).

Após a Primeira Guerra Mundial, inicia-se um novo período, a chamada sociedade pós-industrial, do bem-estar ou do consumo (GRACIA, 2010). O estado intervencionista garante aos cidadãos um mínimo de proteção, caracterizando-se naquele período a proteção social da previdência social[5] e do sistema público de saúde, a fim de que as pessoas ficassem saudáveis e tivessem condições de consumir. Essa sociedade de consumo, por sua vez, gerou reflexos na Medicina e trouxe um novo conceito de saúde:

> Finalmente, é importante salientar que a sociedade de consumo gerou um novo tipo de conceito de saúde, o da saúde como um bem de consumo. Na sociedade industrial a saúde foi sempre concebida como bem de produção,[6] de modo que era considerado saudável todo aquele que podia trabalhar e enfermos os que não podiam. Agora, ao contrário, passa ser um bem de consumo. A sociedade do *welfare* define a saúde em termos novos e distintos dos de qualquer outra época anterior, uma definição que a identifica como 'bem estar' (*wellbeing*). Não surpreende então que a Organização Mundial de Saúde a defina como 'um estado de perfeito bem-estar físico, mental e social,[7] e não apenas ausência de doença' (GRACIA, 2010, p. 45).

A concepção de que quanto maior o consumo maior deveria ser a geração de riquezas começa a perder força a partir do 1973 com a chamada crise do petróleo. Começou-se a perceber que o consumo descontrolado pode atingir a degradação do meio e, por consequência, causar a escassez de recursos e a piora da qualidade de vida dos seres humanos. A saída, então, foi o surgimento do modelo de desenvolvimento sustentável, cujo fim busca-se atingir até hoje. Assim, segundo Gracia (2010), se o desenvolvimento sustentável deve ser uma busca globalizada, pode-se afirmar que se trata, também, de uma teoria médica.

Todas as fases descritas por Gracia (2010) correspondem, em alguma medida e guardadas as peculiaridades culturais e sociais decorrentes da colonização, à história da Medicina e da relação médico-paciente no Brasil. De toda forma, a perspectiva histórica do tema no Brasil é de difícil reconstrução. "Pluralismo, ausência de sistematização e falta de um campo epistemológico bem delineado" (STANCIOLI, 2004, p. 2) são apontados como justificativa.

---

5. "Com um bom sistema de seguridade social, as pessoas já não teriam medo de consumir e poderiam investir todos os seus recursos em bens de consumo" (GRACIA, 2010, p. 54).
6. "A saúde é um bem de produção, já que sem ela não há força de trabalho, nem portanto produção ou riqueza. É preciso investir em saúde para que a economia possa crescer e crescer" (GRACIA, 2010, p. 52).
7. "Hoje sabemos que o programa dos anos 1950-1960, a busca do perfeito bem-estar físico, mental e social, é, no mínimo, ilusório e perigoso. Ilusório porque o perfeito bem-estar é algo que o ser humano jamais poderá alcançar, pois é pura utopia, puro ideal. Perigoso porque a busca de um objetivo utópico, inalcançável, portanto acaba necessariamente por gerar frustração, insatisfação e mal-estar" (GRACIA, 2010, p. 87).

Até a vinda da Corte Portuguesa para o Brasil, a Medicina brasileira não era considerada ciência. "As várias manifestações religiosas no Brasil contribuíram, sobremaneira, para a construção de uma medicina que pode ser caracterizada como *xamanista*" (STANCIOLI, 2004, p. 2, grifo do autor), porque ela estava voltada para as práticas religiosas, não sendo vista como exercício de uma ciência formal, mas como uma arte curativa. Esse contexto influenciou e dificultou a criação de normas éticas e jurídicas voltadas a resguardar a relação médico-paciente.

Para maior entendimento do contexto histórico brasileiro envolvendo a relação médico-paciente, destacam-se alguns períodos vivenciados pela Medicina no Brasil, com enfoque em três fases: fase pré-científica, fase de transição e fase positivista.

Stancioli (2004)[8] explica que a fase pré-científica durou dos primórdios da colonização até a vinda da Corte Portuguesa para os territórios brasileiros. Naquele período, como a Medicina não era considerada como ciência, os médicos também não eram reconhecidos como sujeitos do conhecimento formal, mas como feiticeiros, físicos, curiosos ou místicos, os quais tinham poder curativo.

Esse poderio, contudo, tornava a relação médico-paciente, ou melhor dizendo, feiticeiro e enfermo, turbulenta. "Desde os mais tenros anos da Colônia, a imbricação entre medicina e poder era muito grande, seja pelo exercício 'xamanista' da arte curativa (poder metafísico), seja pelas punições da Coroa e da Igreja (poder jurídico-punitivo)" (STANCIOLI, 2004, p. 10), o que veio a se modificar aos poucos, a partir da vinda da Corte Portuguesa para o Brasil.

A chamada fase de transição, como o próprio nome sugere, correspondeu a um período menor de tempo e serviu de passagem da Medicina pré-moderna para a moderna. "O período compreendido entre a vinda de D. João VI para o Brasil (1808) e a Proclamação da República (1889) pode ser considerado um prelúdio do modelo médico e sanitário que viria instalar-se no país" (STANCIOLI, 2004, p. 10). Nesse ínterim, destaca-se a criação da Sociedade de Medicina e Cirurgia no Brasil, em 1830, e do Hospital de Doentes Mentais, em 1841 (STANCIOLI, 2004).

A fase de transição ficou marcada pela realização de práticas curativas, próprias do período da Medicina pré-científica, mas começando a ser consideradas arcaicas, misturadas com as novas inspirações da área da saúde, advindas da França e dos Estados Unidos. A realidade brasileira daquela época (1808 a 1889) era bastante crítica, pois era marcada pela falta de condições básicas sanitárias nas cidades, levando ao aparecimento de várias epidemias como, por exemplo,

---

8. Stancioli (2004) faz a construção histórica, em parte narrada acima, inspirado nos ensinamentos de Santos Filho (1976). Assim, para maior aprofundamento da temática, sugere-se a leitura da obra: SANTOS FILHO, Lycurgo. *História geral da medicina brasileira*. São Paulo: Hucitec, 1976. v. I, p. 5-13.

varíola e febre amarela.[9] Esses fatos fizeram, então, com que o período fosse evidenciado principalmente pelo modelo médico-sanitarista, que ganhou mais força no período seguinte.

Ilustra esse contexto o episódio histórico conhecido como a Revolta das Vacinas. Em 1837, no Brasil, a vacina contra a varíola se tornou obrigatória para crianças e, em 1846, para os adultos. Contudo, tal determinação não era cumprida, e poucas pessoas eram vacinadas. Por isso, em 1904, Oswaldo Cruz "motivou o governo a enviar ao Congresso um projeto para reinstaurar a obrigatoriedade da vacinação em todo o território nacional. Apenas os indivíduos que comprovassem ser vacinados conseguiriam contratos de trabalho" (FUNDAÇÃO OSWALDO CRUZ, 2005) e demais serviços, como matrículas escolares, certidões de casamento etc.

"Após intenso bate-boca no Congresso, a nova lei foi aprovada em 31 de outubro e regulamentada em 9 de novembro, o que serviu de catalisador para um episódio conhecido como Revolta da Vacina"[10] (FUNDAÇÃO OSWALDO CRUZ, 2005). A população estava cansada de tantas opressões e se revoltou com o fato de terem suas casas invadidas para serem obrigadas a tomar a vacina contra a própria vontade. Contudo, a Revolta assumiu também um contexto político, pois "toda a confusão em torno da vacina serviu de pretexto para a ação de forças políticas que queriam depor Rodrigues Alves – típico representante da oligarquia cafeeira" (FUNDAÇÃO OSWALDO CRUZ, 2005).

Embora em cenários políticos diferentes, a Pandemia da Covid-19[11] também impactou o Brasil em diversos setores como, por exemplo, econômico, educacional e político. No País, há, inclusive, forte movimento a negar ou minimizar a gravidade da doença, boicotando a vacinação ou outras medidas de prevenção.

---

9. "Ao longo dos anos, muitas doenças, classificadas como infectocontagiosas, demandavam um controle maior da sociedade. Talvez a hanseníase, antes lepra, por ser milenar, tenha sido a que mais causou segregação, discriminação e preconceito. Mas não podemos nos esquecer também das pessoas acometidas por tuberculose, que eram enviadas a sanatórios, isoladas do convívio de familiares e amigos" (LIMA; SÁ, 2011, p. 335).

10. "Em 5 de novembro, foi criada a Liga Contra a Vacinação Obrigatória. Cinco dias depois, estudantes aos gritos foram reprimidos pela polícia [...]. Tanto tumulto incluía uma rebelião militar. Cadetes da Escola Militar da Praia Vermelha enfrentaram tropas governamentais na Rua da Passagem. O conflito terminou com a fuga dos combatentes de ambas as partes. Do lado popular, os revoltosos que mais resistiram aos batalhões federais ficavam no Bairro da Saúde. Eram mais de 2 mil pessoas, mas foram vencidas pela dura repressão do Exército. Após um saldo total de 945 prisões, 461 deportados, 110 feridos e 30 mortos em menos de duas semanas de conflitos, Rodrigues Alves se viu obrigado a desistir da vacinação obrigatória [...]. Mais tarde, em 1908, quando o Rio foi atingido pela mais violenta epidemia de varíola de sua história, o povo correu para ser vacinado, em um episódio avesso à Revolta da Vacina" (FUNDAÇÃO OSWALDO CRUZ, 2005).

11. "O nome Covid é a junção de letras que se referem à (co)rona (vi)rus (d)isease, o que, na tradução para o português, seria 'doença do coronavírus'. Já o número 19 está ligado a 2019, quando os primeiros casos foram publicamente divulgados" (FUNDAÇÃO OSWALDO CRUZ, 2021).

Os fatos históricos – a Revolta da Vacina e a Pandemia da Covid-19 – já sinalizam que o contexto da saúde traz, com frequência, complexidades que levam ao surgimento de conflitos e colocam em pauta o debate da autonomia privada.

Em sequência à fase de transição, nasce a fase positivista (século XIX), que foi marcada por um comportamento de vigilância e controle por parte da Medicina sobre os indivíduos, seja por meio dos hospitais, seja por meio das prisões, acreditando-se ter o total poder sobre o organismo físico e moral do sujeito (STANCIOLI, 2004).

Essa posição era sustentada pelo saber científico do médico. Se nas duas primeiras fases a Medicina não tinha o cunho de ciência, naquele momento, passa-se, excessivamente, a valorizar o diploma de Medicina e a repulsar todas as práticas xamanistas. Assim, não havia o que se falar em autonomia do paciente, que, pelo contrário, passa a ser considerado como mero objeto na relação com o médico, uma vez que não tinha o direito de agir contrariamente às condutas médicas. "Esse paciente não era sujeito do seu próprio tratamento, não possuía autonomia ou interação com a prática médica, detentora do verdadeiro saber conformativo do corpo e da moral" (STANCIOLI, 2004, p. 16).

Essa nova ordem médica torna-se ainda mais abusiva, violando totalmente a dignidade da pessoa humana, a partir do momento em que as doenças se acentuam no Brasil em razão dos processos migratórios. O enfermo passa, então, a ser um perigo real para a sociedade, e sua exclusão torna-se realidade frequente.[12] Com isso, surge a Teoria do Contágio, segundo a qual uma pessoa doente era responsável por transmitir a outro corpo humano a doença, intensificando-se o pavor que se tinha quanto aos enfermos. Sobre o assunto, Lima e Sá (2011) explicam a falta de conhecimento sobre o tratamento e a cura de doenças levou o Brasil a adotar uma política de saneamento do meio ambiente, com a prática de isolamento de doenças e até mesmo internações compulsórias, prevalecendo, assim, o interesse público sobre a autonomia privada de cada sujeito. O tratamento dado à pessoa humana era realmente o de um objeto, a solapar por completo sua dignidade, uma vez que não se justificava seu isolamento social. "Uma vez ingressadas nas instituições hospitalares, rompiam seus laços familiares, perdiam seus direitos como cidadãos, tamanho o horror a tais moléstias. Ficavam em isolamento nosocomial durante anos a fio" (LIMA; SÁ, 2011, p. 335).

---

12. "Surge então o modelo de combate às doenças, baseado em dois pilares: o projeto *campanhista policial*, dando azo ao surgimento da polícia médica, e o projeto *tecno-assistencial*, de combate aos microorganismos, em conformidade com a nascente teoria bacteriológica. Tal projeto visava a acabar com as duas supostas causas das epidemias" (STANCIOLI, 2004, p. 17-18).

Assim, os hospitais, ao invés de serem ambientes voltados para os cuidados da pessoa doente, eram verdadeiros meios de exclusão, buscando o domínio rígido "nos âmbitos corporal (de tempo e espaço), político e judiciário (sujeição do enfermo a normas próprias, bem como a punições e recompensas), além do controle epistemológico do saber médico (a já ressaltada 'oficialização' desse saber) (STANCIOLI, 2004, p. 18).

Lamentavelmente, o contexto jurídico da época também legitimava a ruína da autonomia do paciente, que, estando doente, passava por uma "higienização", sendo excluído do convívio em sociedade. Tais situações só vieram a se modificar quando as pessoas começaram a ser vacinadas; e as pandemias, a serem controladas, a partir da década de 1910 (STANCIOLI, 2004).

Nessa sequência, "entre fins do século XIX e início do século XX, a medicina expandiu-se, mormente após a fascinante explosão do saber proporcionado pela anterior inserção da tecnologia e da ciência" (VASCONCELOS, 2020, p. 19). Contudo, "esta tecnologia e cientifização da medicina também trouxeram aspectos negativos à relação entre médicos e pacientes" (VASCONCELOS, 2020, p. 19), uma vez que se dava mais atenção à técnica do que à subjetividade da pessoa a ser cuidada.

Vê-se, assim, que a própria história da Medicina impacta na relação médico-paciente e, consequentemente, no exercício da autonomia de quem recebe os cuidados. Por essa razão, na seção seguinte, dar-se-á ênfase a como o estabelecimento dessa relação pode trazer consequências, positivas ou negativas, à autodeterminação da pessoalidade. Também buscar-se-á demonstrar como a desmistificação do poder do médico sobre a saúde do paciente para uma compreensão mais horizontalizada impacta, determinantemente, na autonomia do paciente.

2.1.1 A relação médico-paciente: da verticalidade à horizontalidade

As alterações do exercício da Medicina, de um caráter xamanista para um de cunho científico, impactaram, diretamente, na relação médico-paciente. A partir da fase de transição, descrita na seção antecedente, essa relação começa a ser construída com base no saber médico, período em que o conhecimento não era questionado pelo paciente, pois "chegava a existir um temor reverencial, sendo as ordens (prescrições) médicas cumpridas à risca, sem qualquer contestação. Tratava-se de uma relação paternalista" (SOUZA, 2014, p. 7).

Em alguns casos, o médico, conhecido como médico da família, chegava a estabelecer vínculo de amizade com o paciente, o que era favorecido pelo contato mais intimista, muitas vezes, construído no seu próprio lar. "Não havendo, naquela relação, espaço para desconfiança e questionamentos acerca das condutas médicas praticadas" (SOUZA, 2014, p. 7).

Essa nomenclatura se justificava, normalmente, porque o médico tratava de todos os parentes do paciente e se deslocava até o núcleo familiar para os atendimentos. É comum, por exemplo, encontrar, na literatura nacional clássica, como em Machado de Assis e Jorge Amado, a narrativa de cenas em que alguém, eventualmente, um empregado, vai chamar o médico da família na cidade, para que este vá até a residência cuidar de enfermos pertencentes à família.

Ilustrativamente, pode-se observar no conto *A causa secreta*, de Assis (1994), uma narrativa envolvendo dois médicos, Garcia e Fortunato, os quais mantinham, em suas próprias residências, atendimento e, com frequência, também eram chamados a atender na casa dos pacientes.

Em uma das passagens desse conto, é possível analisar que, ao invés de levarem o ferido ao hospital, ele era conduzido para sua casa a fim de que, em seguida, fosse chamado um médico para atendê-lo:

> Uma noite, eram nove horas, *estava em casa*, quando ouviu rumor de vozes na escada; desceu logo do sótão, onde morava, ao primeiro andar, onde vivia um empregado do arsenal de guerra. Era este que alguns homens conduziam, escada acima, ensanguentado. O preto que o servia acudiu a abrir a porta; o homem gemia, as vozes eram confusas, a luz pouca. *Deposto o ferido na cama, Garcia disse que era preciso chamar um médico. – Já aí vem um*, acudiu alguém (ASSIS, 1994, grifo nosso).

Naquela época, em 1860, Garcia ainda era estudante de Medicina, vindo a se formar um ano depois do episódio narrado acima. Ele já tinha visto Fortunato uma primeira vez, à porta da Santa Casa. Contudo, foi apenas naquela ocasião em que Fortunato fora chamado a cuidar de seu vizinho ferido que pode conhecê-lo profissionalmente (ASSIS, 1994).

Garcia achou bastante misteriosa a causa que levava o médico Fortunato a se dedicar tanto aos doentes. Chegou, inclusive, a pensar que Fortunato "seria parente ou amigo do ferido; mas rejeitou a suposição, desde que lhe ouvira perguntar se este tinha família ou pessoa próxima" (ASSIS, 1994).

Por essa breve passagem do conto de Machado de Assis, nota-se que, realmente, o paciente, não raro, era tratado em sua própria casa. O médico, que poderia ser o médico da família, se deslocava para tratar do enfermo, exatamente como narrado acima, em que Fortunato é chamado a cuidar dos graves ferimentos de Gouvêa, empregado em um arsenal de guerra (ASSIS, 1994).

No período em que transcorre a história narrada por Machado de Assis, o médico era o possuidor do conhecimento, que era inquestionável, ou seja, não havia espaço para discutir um eventual tratamento. Conquanto o médico estivesse mais próximo do paciente, a este só era possível acolher a tomada de decisão médica.

Na relação médico-paciente daquela época, "não havia espaço para desconfianças e muito menos para questionamentos, afinal, a relação social da qual participavam, médico e paciente, não admitia dúvida sobre a qualidade dos serviços prestados" (NAVES; SÁ, 2021, p. 63).

Conquanto, ainda, hoje, existem médicos que mantêm amizade com seus pacientes e familiares deste. O avanço da sociedade, de modo geral e, especialmente, o tecnológico e científico, desde o século XX, gerou certa tendência de distanciamento entre o profissional da saúde e o paciente (NAVES; SÁ, 2021) como destacado na seção antecedente.

O surgimento de grandes centros de saúde e a ampliação da rede dos planos de saúde também modificaram a relação médico-paciente. Se antes o paciente aguardava pelo médico em casa, agora, ele, paciente, precisa se deslocar para um ambiente afastado do aconchego do seu lar, isto é, para os hospitais e clínicas, que normalmente já são ambientes mais insípidos.

A sociedade contemporânea, cada vez mais consumista, também modifica o olhar sobre o médico e o paciente, os quais passam a ser vistos como prestadores de serviços e usuários. Nesse cenário, há médicos que, buscando auferir ganhos financeiros que atendam às suas necessidades e desejos, atuam, simultaneamente, em mais de um lugar. Não é incomum encontrar médicos que trabalham de forma autônoma em seus próprios consultórios, mantêm vínculos com planos de saúde e instituições privadas e ainda fazem plantões nos hospitais públicos ligados ao Sistema Único de Saúde, onde exercem cargo público temporário ou permanente.

Além disso, para manter a perspectiva financeira, a jornada de trabalho do médico, às vezes, avança até trinta e seis horas seguidas e, em certos períodos, é vivenciada sob pressão, posto que lida com o atendimento de muitos pacientes por dia e, alguns, em estado de emergência.

Qualquer um que já tenha tido a oportunidade de marcar uma consulta mediante um plano de saúde pode ter percebido que é comum, de um atendimento para outro, serem marcados pacientes de 20 em 20 minutos ou, no máximo, de 30 em 30 minutos. A lógica dos planos de saúde e das instituições privadas de saúde não é mais familiar, mas mercadológica, visto que atuam como empresas. Logo, se o médico não fizer muitos atendimentos no mesmo dia, romperá com a cultura empresarial dessas empresas, o que pode levar a seu desligamento. Ou o profissional da saúde se adequa à realidade, ou se desliga dessas instituições.

Vê-se que, embora os avanços tecnológicos e científicos possam melhorar o atendimento aos cidadãos e, por consequência, a sua qualidade de vida, por outro lado, o contexto de aprimoramento tecnológico e mercadológico afastou o médico da relação mais próxima com o paciente. O tempo de escuta e atendimento do médico para com o paciente se tornou escasso, de modo que "não há tempo sequer do paciente conhecer seu médico, nem este de saber o nome de quem está tratando" (NAVES; SÁ, 2021, p. 64).

Tudo isso fortalece a possibilidade de estabelecimento de uma relação mais fria e distante entre médico, paciente e familiares destes últimos e pode levar ao surgimento de algum conflito, uma vez que a falta de tempo prejudica a qualidade da comunicação entre médico e paciente. Ressalva-se, contudo, que esse não é o cenário geral de todas as relações que envolvem médico e paciente. Em certos casos, há médicos que prestam serviços particulares e/ou públicos e se dedicam período de tempo satisfatório ao atendimento do paciente. Além disso, estabelecem uma comunicação de qualidade, na qual há espaço mútuo de fala e escuta empática.

Hoje, nota-se uma modificação importante na relação médico-paciente.

> O médico deixou de ser aquele profissional de confiança da família, para se tornar o 'especialista', indicado por alguém, ou encontrado, por coincidência, numa dessas visitas a determinado hospital, ou aquele conveniado ao plano de saúde do paciente (NAVES; SÁ, 2021, p. 63-64).

Associado a essas circunstâncias, o paciente, agora, como consumidor, passou a ter mais consciência dos seus direitos e a se tornar mais exigente. O "Dr. Google"[13] estimula esse paciente a acreditar que tem domínio de conhecimento técnico sobre os assuntos que envolvem sua saúde.

Desse modo, ao chegar para ser atendido por um médico, o paciente não mais se silencia e nem acredita nas recomendações médicas como verdades absolutas, como fazia em outras épocas. Atualmente, ele tende a atuar de forma mais diligente, questionando o profissional da saúde que o atende, sem medo de magoá-lo, pois não se trata de um médico amigo da família, mas de um especialista com quem provavelmente não estabeleceu vínculo afetivo nem de intimidade.

---

13. Além disso, há outra situação que a tecnologia traz à tona. "Os meios de comunicação trazem a intimidade da vida das pessoas ao conhecimento de todos. Muitas vezes veiculam campanhas contra a classe médica. O resultado é hostilidade para com os profissionais, que têm suas condutas generalizadas a partir de maus exemplos. Todos esses fatores criam constrangimentos na relação médico-paciente. É preciso competência, maturidade e sensibilidade, principalmente, por parte dos profissionais no sentido de redirecionar esta relação" (NAVES; SÁ, 2021, p. 64).

O distanciamento na relação médico-paciente pode levar o paciente a ter desafios na construção de sua autonomia, posto que o médico que o atende, não raro, não sabe nada, ou sabe muito pouco, dos seus anseios, medos e angústias, especialmente, quanto às suas questões de saúde.

O contexto pode ser ainda agravado nos casos em que há intervenções institucionais na relação. A falta de cuidados humanizados pode levar as instituições de saúde a assumirem um aspecto bastante empresarial, afastando-se do objetivo de promover bem-estar aos enfermos. "A interposição institucional, seja pública ou privada, nos moldes em que se encontra, impõe certo incômodo na relação médico-paciente. O que se vê é o doente sendo tratado pelo nome da doença ou pelo apartamento ou enfermaria" (NAVES; SÁ, 2021, p. 64).

O fato é que, se o médico não conhece a realidade socioeconômica e cultural e os valores do paciente, facilmente correrá o risco de violar sua autodeterminação diante de um tratamento médico, sobretudo, se esse for *continuado*.

É importante, neste momento, delimitar o que se entende por tratamento de saúde continuado, um dos recortes epistemológicos deste estudo, apartando-o de outras situações que não foram objeto da pesquisa.

O tratamento de saúde *continuado* ou *prolongado*, ou apenas tratamento *continuado* ou *prolongado*, deve ser compreendido como aquele que se prolonga no tempo, em razão, por exemplo, de uma doença crônica que exigirá intervenções médicas ao longo da vida (AIDS, Lúpus, Câncer, Diabetes etc.) ou em virtude de uma situação de internação longa.

Desse modo, para os fins a que se propõe esta pesquisa, o tratamento de saúde será considerado *continuado ou prolongado* todas as vezes em que a relação médico-paciente, ou médico e familiares do paciente, não for pontual, mas sequencial, que se repete de maneira alongada no tempo. Isto é, o médico não terá apenas um único contato ou pouquíssimos contatos com o paciente, mas, ao revés, o acompanhará por médio a longo prazo e, em certos casos, até o fim da vida. Se o tratamento de saúde continuado tiver maior durabilidade, naquele período será mais relevante e necessário construir uma relação médico-paciente equilibrada, visando a assegurar que o paciente possa construir ou reconstruir sua pessoalidade diante das tomadas de decisão que vier a fazer.

Logo, o tratamento de saúde continuado não está associado ao tratamento momentâneo ou passageiro como ocorre, por exemplo, num atendimento em que um paciente vai suturar um corte no rosto ou engessar o braço em razão de uma queda.

Assim, nesta obra, cuida-se, especificamente, de situações que se alongam no tempo e que por essa razão demandam abordagens jurídicas e éticas específicas. Toda relação médico-paciente deve privilegiar a autodeterminação do paciente. Entretanto, como se demonstrará ao longo da obra, o contexto das relações continuadas tende a ter mais impacto na autonomia do paciente, uma vez que normalmente trata-se de situações de saúde mais complexas. Além disso, durante aquele longo período de tempo, pode surgir a necessidade de tomada de decisões variadas sobre o próprio tratamento. Se o médico vai acompanhar, de forma contínua, o paciente e não conhece sua biografia, amplia-se, e/ou potencializa-se, a possibilidade de surgir um conflito.

Por outro lado, também se pode levantar o seguinte questionamento: se o tratamento é continuado, o médico terá muito mais contato com o paciente. Então, por que dizer que ele desconhece ou terá desafios em conhecer a biografia do enfermo? Em outros termos, se o médico tem mais tempo com o paciente, não é mais adequado afirmar que ele tem melhor possibilidade de conhecer a biografia do paciente?

Essa não é uma resposta tão simples como pode aparentar, haja vista que o fato de o médico ter mais tempo com o paciente não garante que aquele período seja de qualidade, muito menos que a amplitude de tempo construa uma boa relação com o paciente. Da mesma forma, não garante que o médico terá sensibilidade e interesse sobre a visão de mundo e concepções de vida boa do enfermo. Ao longo deste estudo e, especificamente no capítulo 5, demonstrar-se-á que a relação dialógica, empática, não violenta e que permita a construção de um cenário favorável à autodeterminação do paciente exige muito mais do que quantidade de tempo.

Observa-se que esse recorte epistemológico vai ao encontro do problema e do objetivo geral da pesquisa. São justamente as características peculiares da relação continuada e dos conflitos que podem dela surgir que possibilitam a cogitação da mediação como instrumento de construção da autonomia do paciente, como aprofundar-se-á no capítulo 4 e 5.

Nessa perspectiva, a horizontalidade da relação médico-paciente se mostra necessária, em especial, para garantir a autonomia do paciente quando da tomada de decisão sobre sua vida, o que inclui os aspectos de sua própria saúde.

Nesse ambiente, por vezes, permeado por medo, frustrações, angústias, vulnerabilidades e falta de informação, o conflito entre médico e paciente, ou com os familiares do paciente, pode se instaurar.

Para trazer melhores condições de compreensão dos entraves entre médico e paciente e vislumbrar quais elementos podem construir uma relação horizontalizada entre eles, recorre-se à obra *Mortais* de Gawande (2015), que também é médico. Os tipos de relacionamentos entre essas partes são classificados pelo autor[14] como paternalista, informativo e interpretativo.[15]

Quanto ao relacionamento paternalista,[16] Gawande (2015) diz que segue o modelo em que o médico tem sempre razão e que, apesar de ser criticado, ainda se trata de prática comum, especialmente, com pacientes vulneráveis, tais como pobres e idosos:

> Somos autoridades médicas buscando nos certificar de que os pacientes recebam o que acreditamos ser o melhor para eles. Temos o conhecimento e a experiência. Tomamos as decisões cruciais. Se houvesse uma pílula vermelha e uma pílula azul, nós lhe diríamos: 'Tome a pílula vermelha. Vai ser bom pra você'. Talvez lhe falássemos a respeito da pílula azul; talvez não. Dizemos apenas o que acreditamos que você precisa saber (GAWANDE, 2015, p. 189).

Segundo Veatch (1972), no Modelo Paternalista[17] há baixo envolvimento do paciente na tomada de decisão, uma vez que a relação é construída com base na dominação do médico e na submissão do paciente. Nota-se, assim, que, ao se adotar um relacionamento paternalista, o risco de limitar a autonomia do paciente é grande, pois a vontade, as crenças e os valores do médico e o que ele acredita ser bom para o paciente podem não coincidir com os reais interesses, valores e desejos do paciente.

No que diz respeito ao relacionamento informativo, conforme Gawande (2015), o que importa são os fatos e os números que serão passados aos pacientes para que eles decidam. Esse é o tipo de relacionamento "cada vez mais comum dos médicos e tendem a fazer com que nos tornemos cada vez mais especializados. Sabemos cada vez menos sobre nossos pacientes, e cada vez mais sobre nossa ciência" (GAWANDE, 2015, p. 189). Diante de uma metáfora das pílulas,

---

14. Em harmonia com essa classificação, salienta-se que Veatch propôs, em 1972, quatro modelos de relação médico-paciente: sacerdotal, engenheiro, colegial e contratualista. Em 1992, Ezequiel Emanuel e Linda Emanuel propuseram alterações dessa denominação da seguinte maneira: o modelo sacerdotal passou a ser denominado de paternalista, e o modelo do engenheiro, de informativo. Não fizeram referência ao modelo colegial e subdividiram o "modelo contratualista em dois outros, interpretativo e deliberativo (VEATCH, 1972).

15. O autor traz essa classificação ao se recordar de um artigo que teve a oportunidade de ler durante seu curso de Medicina, escrito por dois especialistas em ética médica.

16. "Esta característica paternal, o que hoje se denomina 'paternalista', [...] está relacionada ao próprio 'bem', de modo que competia ao bom médico, o 'pater', conhecer. Ele, médico, interpretava a situação de modo a julgar o que era considerado verdadeiramente bom para o paciente, remetendo a este a sua concepção de todos os seus cuidados à beira do leito, como cuidados empreendidos por um pai a seu filho" (VASCONCELOS, 2020, p. 8-9). Tal visão "não permite a participação do paciente como conhecedor, e sim como cumpridor diligente dos sinceros cuidados médicos paternais" (VASCONCELOS, 2020, p. 9).

17. "Em função deste modelo e de uma compreensão *equivocada* da origem da palavra 'paciente', este termo passou a ser utilizado com conotação de passividade. A palavra paciente tem origem grega, significando 'aquele que sofre'" (GOLDIM; FRANCISCONI, 1999, grifos dos autores).

o médico diria: "Isto é o que a pílula vermelha faz; isto é o que a azul faz" [...]. "Qual delas você quer?" (GAWANDE, 2015, p. 189). Em suma, "o médico é o perito técnico. O paciente é o consumidor. O trabalho dos médicos é fornecer habilidades e conhecimentos atualizados. O trabalho dos pacientes é fornecer as decisões" (GAWANDE, 2015, p. 189).

No Modelo Informativo, apesar de o paciente ter a possibilidade de tomar a decisão, o seu envolvimento é baixo, uma vez que o médico só lhe transmite as informações, sem ajudá-lo a compreendê-las. O médico assume um comportamento de acomodação no tocante ao que o paciente venha decidir. Ele tem autoridade técnica para transmitir as informações, mas o poder de decisão é do paciente, que foi tão somente informado, mas não devidamente apoiado a consentir ou dissentir sobre um tratamento de saúde (VEATCH, 1972).

Esse tipo de relacionamento pode até funcionar em certos casos em que o paciente é esclarecido e tem visão nítida de suas escolhas. Contudo, na maioria das vezes, especialmente, pela falta de competência[18] e vulnerabilidade que uma doença pode trazer, o paciente não tem noção exata daquilo a que está renunciando em detrimento de outra situação. Assim, o tipo de relacionamento, apenas informativo, pode não preservar verdadeiramente a autodeterminação, uma vez que pressupõe que o paciente terá condições de assimilar plenamente as informações fornecidas pelo médico e, com base nelas, estará apto a, concreta e isoladamente, tomar decisões complexas sobre sua saúde.

Reafirmam-se, portanto, as dificuldades que podem aparecer em uma relação médico-paciente, as quais podem se desenvolver no sentido de surgirem desentendimentos maiores. Por isso, mostra-se necessário analisar, no próximo capítulo, a teoria e as abordagens sobre o conflito.

Nesse sentido, Gawande (2015) apresenta um terceiro tipo de relacionamento entre médico e paciente, que pode ser encarado como uma via mais adequada em relação aos dois tipos anteriores: o relacionamento interpretativo, em que a função do médico é ajudar o paciente a determinar o que realmente deseja. Para tanto, pergunta: "O que é mais importante pra você? Quais são suas preocupações? Então, quando conhecem as respostas, lhe falam a respeito da pílula vermelha e da azul e de qual das duas o ajudaria a melhor alcançar suas prioridades" (GAWANDE, 2015, p. 190), caracterizando o paradigma da decisão compartilhada, típica do modelo da cooperação (GOLDIM; FRANCISCONI, 1999).

---

18. A seguir serão abordados, em seção própria, o conceito de competência e seus desdobramentos na relação médico-paciente.

No Modelo Interpretativo, a tomada de decisão pode ser de alto envolvimento,[19] haja vista que o paciente, apoiado pelo médico, "participa ativamente no processo de tomada de decisões, exercendo seu poder de acordo com o estilo de vida e valores morais e pessoais" (GOLDIM; FRANCISCONI, 1999).

Em geral, esse tipo de relacionamento mostra-se mais adequado se comparado aos anteriores, justamente, porque possibilita uma tomada de decisão compartilhada. "Portanto, a atitude não apenas correta, mas também necessária, a ser tomada pelo médico é a de discutir com os pacientes a respeito de suas metas mais amplas e até de desafiá-los a repensar prioridades e crenças irrefletidas" (GAWANDE, 2015, p. 191).

Esse Modelo se associa à colocação da pessoa, de maneira integral, no centro do tratamento médico, compatibilizando-se com o princípio da dignidade da pessoa humana, que é uma visão do Direito Privado, permeada pela concepção de Estado Democrático de Direito e de pluralidade a ele inerente.

Contudo, embora em um primeiro momento, a postura cooperativa do médico possa parecer fácil, Gawande (2015), ao relatar sua experiência como médico, afirma que, em casos de tratamentos continuados envolvendo doenças graves como, por exemplo, câncer, transpor o conhecimento teórico para a prática realmente é um desafio, pois há um grande distanciamento entre o que se pretende e estuda e o que se consegue efetivamente fazer. Em uma das passagens de seu livro *Mortais*, o autor relata que se sentia ridículo por, depois de tamanha experiência profissional, ainda estar aprendendo a conversar com os pacientes quanto a tratamentos e sobre a finitude da vida.[20]

A obra ficcionista *A balada de Adam Henry*,[21] de McEwan (2014), ilustra a importância tanto da Medicina como do Direito de adotarem concepções não

---

19. "O processo de tomada de decisão de alto envolvimento é aquele que ocorre quando todos os envolvidos participam de forma ativa e democrática. O médico assistente ou outro profissional responsável estabelece os parâmetros, mas a responsabilidade pela decisão é compartilhada entre todos os envolvidos [...]. Este processo pode ser útil no estabelecimento de alternativas de tratamentos de longo prazo ou em situações limites, onde o paciente ou seus familiares, quando este está incapacitado para tomar decisões, solicitam a interrupção ou a não adoção de novas medidas" (GOLDIM, 2007).

20. Ao relatar que se sentia ridículo, Gawande (2015) estava descrevendo um caso que envolvia uma senhora de 72 anos, que sofria de câncer de ovário metastático e que chegara à emergência do seu hospital em razão de uma crise de vômito. O desafio era justamente informar à sua paciente sobre a gravidade e os riscos de sua doença, após ter um episódio de melhora e retorno para casa. Para conhecer de modo mais detalhado o caso, vale a leitura das páginas 191 a 197 da obra *Mortais*, cuja referência bibliográfica completa está no final desta obra.

21. O exemplo refere-se aos interesses de um adolescente. Entretanto, o objetivo deste estudo circunda no que diz respeito à análise da aplicação em si das técnicas da mediação como potencial instrumento viável ao exercício de autodeterminação do paciente, buscando-se averiguar a aptidão desse método adequado de resolução de conflitos nos tratamentos de saúde continuados. Assim, conquanto ao longo da pesquisa tenham sido apresentados alguns casos práticos envolvendo incapazes e outros grupos de

paternalistas. A trama relata a história de Fiona, juíza do Tribunal Superior, que teve que decidir sobre o caso de Adam Henry, um jovem de dezessete anos, a três meses de completar dezoito, que enfrentava uma leucemia. O jovem precisava de transfusão de sangue, mas ele e seus pais, por serem Testemunhas de Jeová, recusavam-se a dar o consentimento para tal procedimento.

Diante da recusa, o hospital em que Adam estava internado pediu autorização judicial para prosseguir com o tratamento de saúde continuado, salientando que o paciente só se recusava a fazer a transfusão de sangue, mas, quanto às demais intervenções, não havia qualquer tipo de objeção da sua parte ou de sua família.

O advogado de Adam, sustentando o desejo do jovem e de sua família, defendeu que a liberdade e a autonomia quanto à escolha de qual tratamento médico seguir constituem direito fundamental de todo adulto. Portanto, ir contra a recusa de um tratamento é um ato de agressão aos direitos da pessoa humana. Vale frisar que Adam, apesar de jovem, quase completando dezoito anos de idade, tomou sua decisão com independência. Ele manifestou sua vontade, por escrito, com tranquilidade, representado por sua guardiã e sabendo das consequências de seu ato ao se recusar a fazer a transfusão de sangue.

Contudo, a juíza Fiona, presa às suas crenças e buscando impor um valor do que fosse vida boa ao paciente Adam, resolveu visitá-lo no hospital para reforçar as consequências caso ele não fizesse a transfusão de sangue, como se ele já não soubesse dessas informações. Ela, então, indaga Adam: – "Sem a transfusão, você pode morrer. Entende isso, não entende?" (MCEWAN, 2014, p. 100). Adam responde: – "Estou sabendo" (MCEWAN, 2014, p. 100).

Fiona continuou dizendo a Adam que havia outra possibilidade quanto à recuperação parcial e não à morte e queria ter certeza de que ele havia considerado isso, chegando a ponto de questioná-lo: – "Será que agradaria a Deus ter você cego ou mentalmente incapaz, ou fazendo diálise pelo resto da sua vida?" (MCEWAN, 2014, p. 100). De fato, "sua pergunta ia além do limite, do limite legal" (MCEWAN, 2014, p. 100). Adam, assim, respondeu: – "Se a senhora não crê em Deus, não devia estar falando sobre o que agrada a ele ou não" (MCEWAN, 2014, p. 100).

---

vulneráveis, não se desconsidera a necessidade de estudo específico quanto ao tema. Contudo, a análise quanto às possíveis demandas específicas de grupos de vulneráveis, como, por exemplo, envolvendo crianças, adolescentes e idosos, foge ao escopo desta pesquisa, justamente em função da própria peculiaridade que a discussão sobre a autonomia de crianças e adolescentes no Brasil envolve. Tanto a legislação quanto a doutrina cuidam, de maneira pormenorizada, acerca do tratamento específico que grupos determinados demandam. Portanto, este estudo centra na aplicabilidade da mediação ao recorte epistemológico proposto, sem se aprofundar nas particularidades de grupos de vulneráveis diversos. Essa análise, pela profundidade requerida, demandaria investigação própria, a qual poderá ser realizada em futuro trabalho.

Resumindo a história, Fiona tomou a decisão pela transfusão de sangue em Adam, que a partir de então viveu um período perturbador de autoquestionamentos. Tempos depois, já maior de idade, necessitou novamente de uma transfusão de sangue em razão da leucemia, mas naquela nova ocasião Adam se recusou a fazer o procedimento, vindo a óbito.

Esse caso traz reflexões importantes sobre "o que é fazer o bem? Fazer o bem a quem? Tratar um paciente sem o seu consentimento é fazer o bem? Transfundir um paciente contra sua vontade para garantir-lhe a vida biológica é fazer o bem?" (NAVES; SÁ, 2017, p. 125).

A balada de Adam Henry demonstra como tomar valores por princípios pode violar a concepção de vida boa de um paciente, seja pelo médico, seja pelo próprio Poder Judiciário.

A atuação do Estado para impor um procedimento de saúde, como no caso de Adam Henry, é uma ação desrespeitosa, posto que a construção valorativa do indivíduo é subjugada pela axiologia do Estado-Juiz (LIMA; SÁ, 2016). "Fiona, como Estado-Juiz, ao intervir, ignorou tanto a autonomia da família quanto a competência do jovem para a tomada de decisões médicas, ambas convergentes" (LIMA; SÁ, 2016, p. 45). Infelizmente, ela, "como ser humano, não conseguiu conviver com uma visão de mundo que colida frontal e visceralmente com sua própria tábua de valores, construindo, por isso, na qualidade de juíza, uma decisão axiológica" (LIMA; SÁ, 2016, p. 45).

Da ficção para a realidade, buscar-se-á investigar se as técnicas da mediação têm o potencial de encarar esse problema, caracterizado principalmente pelo embate de valores entre médico-paciente, assim como no que consiste a hipótese levantada.

Como em toda relação humana, nas relações médico-paciente, é comum haver valores diversos em cada lado. Entretanto, a concepção de vida do médico não pode se impor sobre a do paciente.

Por isso, "a vida salva por Fiona foi a vida biológica e não a biográfica. Na sua decisão, Fiona consagrou a vida como valor supremo, que se põe acima de todos os outros" (NAVES; SÁ, 2017, p. 127). Ao afirmar que a vida é suprema, como o fazem também alguns médicos ainda arraigados à concepção paternalista, limita-se a liberdade e a autonomia do paciente para a tomada de decisão sobre sua saúde e, por consequência, infringe os direitos da personalidade.

Seja na situação que envolva as Testemunhas de Jeová, seja em outros casos, como, por exemplo, em que o paciente deseja abandonar um tratamento convencional em substituição a um alternativo, ou se recusa a fazer um procedimento mais invasivo, como cirurgias ou amputação de alguma parte do corpo, cabe ao

Direito chancelar a tomada de decisão das pessoas competentes, sem perder de vista que essas escolhas nascem da intersubjetividade de valores próprios, que também devem ser respeitados.

Neste cenário, observa-se que a qualidade da comunicação realizada na relação médico e paciente é também imprescindível para que decisões judiciais possam realmente legitimar a expressão da pessoalidade do paciente. Ao Estado-juiz escapará a apreciação do nível de esclarecimento sobre as consequências que o paciente teve sobre a sua escolha. Logo, numa comunicação deficiente, meramente informativa, em que o médico apenas transmita tecnicamente a situação de saúde do paciente, pode este optar equivocadamente ou sem segurança por um tratamento ou por recusá-lo. Como o Estado-juiz não consegue aferir o nível de compatibilidade entre a informação e mediação do médico com as consequências desta, poderá vir a chancelar uma decisão de pessoas competentes, mas que não permita realmente a construção da pessoalidade. É também por essa razão, que um dos objetivos desta obra é apresentar meios que possam melhorar a comunicação entre médico-paciente.

Assim, "não há mais a possibilidade de imposição de uma única concepção de 'vida boa', a qual nos era imposta por meio da sacralização do Direito. O desafio, agora, é garantir a construção de múltiplas concepções de vida boa" (NAVES; SÁ, 2017, p. 77).

Se a perspectiva contemporânea do Direito Civil coloca a pessoa como núcleo do ordenamento jurídico, ele deve garantir ao indivíduo a liberdade de construir sua pessoalidade, de criar seus projetos de vida e, principalmente, de permitir a efetivação dessa autorrealização.

Em um Estado que se diz Democrático de Direito, plural e laico, se faz premente reconhecer múltiplos projetos de vida, o que inclui respeitar a compreensão de vida boa de cada um como construção da pessoalidade, por meio da autonomia para exercer os direitos da personalidade. Dessa maneira, para que a sociedade contemporânea seja verdadeiramente aberta, plural e democrática, deve-se buscar a proteção da dignidade humana, colocando a pessoa no centro do ordenamento jurídico brasileiro, bem como destinatária direta da norma.

Discutir a relação médico-paciente se faz necessário ainda, porque, se ela é mal conduzida, coloca-se em risco a autonomia do paciente, como demonstrado no caso acima. À vista disso, "para o livre desenvolvimento da personalidade, é importante a mudança de atitude, tanto da medicina quanto do direito, a fim de buscar a efetivação dos interesses críticos e experienciais do paciente" (NAVES; SÁ, 2017, p. 119).

Ademais, hoje, o médico que busca o respeito à autonomia do paciente deve, além de cumprir seu dever de informação, consagrado no Texto Constitucional no artigo 5º, inciso XIV, também manter a confidencialidade da sua relação com o paciente, o que será discutido a seguir. Isso importa em assegurar ao paciente a verdade sobre seu estado de saúde, informando-lhe e explicando-lhe o que for necessário para que ele possa sentir-se amparado a tomar a decisão de consentir, ou dissentir, com um tratamento médico.

Em razão da fragilidade do paciente que se encontra diante de um processo de adoecimento, o profissional da saúde não pode simplesmente despejar informações técnicas, mas deve adotar um comportamento ético de cuidado, voltado a ouvir e compreender os medos, as angústias e as dúvidas do paciente e de seus familiares, a fim de considerar o paciente como participante ativo na construção da tomada de decisão.

A casuística conduzirá, assim, o comportamento do médico, que deve agir de modo cauteloso em razão da frágil situação em que se encontra o paciente adoecido. Por isso, deve se proceder com "respeito ao paciente e à família do paciente – porque há situações em que, devido à evolução da doença, não há razão para causar mais desconforto ao paciente, o que implica o conhecimento dos familiares acerca do problema – é fundamental"[22] (SÁ, 2005, p. 37).

Por essa razão, a pesquisa buscará averiguar se o método da mediação pode contribuir para o estabelecimento do necessário diálogo entre médico e paciente e, consequentemente, favorecer a construção da autonomia do paciente durante os tratamentos de saúde continuados. Nesse contexto, também apresentar-se-ão propostas em que as técnicas da mediação serão aplicadas de modo preventivo ao conflito, ou seja, com o intuito de contribuir para a melhoria da comunicação entre médico-paciente, com vistas a evitar o surgimento do conflito e seu impacto na autonomia privada do paciente. "A prevenção de um conflito exige uma intervenção que se volte para corrigir os elementos que poderiam causar o surgimento do conflito ou para encaminhar esses elementos de tal modo que o conflito surge de uma maneira controlada" (SILVA, 2021, p. 110).

Analisar-se-á se a forma adequada de prevenção, gestão e resolução de conflitos é um meio hábil para apoiar o médico no exercício da sua profissão e o paciente/familiares na tomada de decisão sobre o tratamento de saúde continuado. Em outras palavras, verificar-se-á se as técnicas da mediação podem contribuir para a comunicação entre as partes envolvidas no tratamento de saúde continuado e fornecer um contexto adequado ao exercício da autonomia privada do paciente.

---

22. "O profissional da medicina não pode olvidar que muito mais e maior que todos os avanços biotecnológicos é o ser humano, que ri, chora, sofre, tem depressão, medo e esperanças. Precisa de carinho, cuidado e atenção. Estas também são obrigações do médico. Afinal, não é por acaso que esta profissão é comumente chamada de ciência humanitária" (SÁ, 2005, p. 37-38).

O que se busca é um prisma mais humanista, que valorize o diálogo, em que o médico possa compreender as experiências e a história de vida do paciente, percebendo que "a saúde individual não pode ser compreendida à parte da rede de relacionamentos sociais e ambientais" (PESSINI, 2004, p. 264). Tal perspectiva não constitui utopia, sendo necessário buscar meios viáveis para possibilitá-la.

2.2 A CONFIDENCIALIDADE NA RELAÇÃO MÉDICO-PACIENTE

Entendendo-se que a relação médico-paciente deve ultrapassar as questões da saúde física do paciente – dando enfoque também ao seu bem-estar e valorizando o exercício de sua autodeterminação –, afirma-se que a confidencialidade das informações referentes à concepção de vida do paciente (sua própria biografia) também faz parte do cenário que busca a efetivação de sua dignidade.

Ampliando-se essa visão, também se pode afirmar que, a partir do momento em que o médico tem acesso às informações que constroem a concepção de vida boa e as nuances da biografia do paciente, estas também devem receber a proteção da confidencialidade da mesma forma que possuem os dados clínicos.

A dignidade está intimamente ligada à autonomia, ou seja, se não se respeita a autonomia do paciente, o desenvolvimento de sua personalidade será afetado e não será possível falar em preservação de sua dignidade, tema que será estudado em tópico a seguir quando da discussão do princípio do livre desenvolvimento da personalidade.

Os impasses e as dificuldades que podem levar ao conflito no bojo da relação médico-paciente são diversos e podem surgir de cenários que envolvem a confidencialidade, o que justifica as considerações feitas neste momento. Além disso, cada detalhe exposto, neste capítulo, permitirá a averiguação da hipótese de que as técnicas da mediação podem ser utilizadas nesses tipos de conflito com vistas a preservar o exercício de autodeterminação do paciente.

Com essa inteligência, é importante compreender que os primórdios da confidencialidade[23] podem ser vislumbrados a partir do juramento de Hipócrates,[24]

---

23. Cabe o alerta de que "o segredo hipocrático não tem muita relação com o que hoje se entende por segredo profissional, e isso pela simples razão de que o Juramento concebe o segredo como um 'dever' do profissional, mas não como um 'direito' do paciente [...]. Trata-se de um dever que não é correlativa a um direito. Isto é o que diferencia o segredo antigo do moderno. Hoje consideramos o segredo profissional um dever médico, correlativo ao direito que tem o paciente à confidencialidade de seus dados" (GRACIA, 2010, p. 287).

24. "Composto no século IV a. C, o juramento hipocrático tem sido modelo de ética profissional ao longo de toda a cultura ocidental [...]. A tese central desse documento é que os profissionais têm de aspirar à excelência e que qualquer coisa abaixo disso deve ser considerada insuficiente por definição. Essa é a sua grande mensagem [...] e essa é a grande lição que ainda hoje nos transmite seu texto" (GRACIA,

existente há séculos e repetido até hoje na finalização dos cursos de Medicina, momento em que o médico afirma assumir que "àquilo que no exercício ou fora do exercício da profissão e no convívio da sociedade, eu tiver visto ou ouvido, que não seja preciso divulgar, eu conservarei inteiramente secreto" (ASSOCIAÇÃO MÉDICA MUNDIAL, 2017).

Contudo, ao longo da história da Medicina, a confidencialidade custou a ganhar espaço relevante e a ser considerada como um direito-dever, isto é, um direito do paciente de ter preservada sua intimidade e o segredo dos seus dados clínicos e um dever imposto ao médico de manter essa proteção (ASSOCIAÇÃO MÉDICA MUNDIAL, 2017).

Como dito, no momento em que se garante o direito à informação, bem como a confidencialidade dos dados clínicos, está-se a salvaguardar a dignidade do paciente. Em razão dessa significância e pertinência, a temática é abordada pelo Código de Ética Médica nos artigos 73 a 79, destacando-se o art. 73, que estabelece ser vedado ao médico:

> Art. 73. Revelar fato de que tenha conhecimento em virtude do exercício de sua profissão, salvo por motivo justo, dever legal ou consentimento, por escrito, do paciente. Parágrafo único. Permanece essa proibição: a) mesmo que o fato seja de conhecimento público ou o paciente tenha falecido; b) quando de seu depoimento como testemunha. Nessa hipótese, o médico comparecerá perante a autoridade e declarará seu impedimento; c) na investigação de suspeita de crime o médico estará impedido de revelar segredo que possa expor o paciente a processo penal (CONSELHO FEDERAL DE MEDICINA, 2009, grifo nosso).

Nota-se que o Código de Ética Médica não detalha as exceções em que o sigilo do paciente pode ser quebrado, uma vez que não explica, por exemplo, o que configuraria motivo justo.[25]

De modo similar, os "códigos internacionais não definem as possíveis exceções, deixando a análise a cargo das legislações de cada País" (NAVES; SÁ, 2021, p. 73). Nessa hipótese, Naves e Sá lecionam que "a violação do sigilo somente poderá ser procedida de modo excepcional, com ordem judicial, e, ainda assim, buscando-se preservar, na maior medida possível, a intimidade do paciente" (NAVES; SÁ, 2021, p. 73). Logo, "o sigilo é a regra e a quebra a excepcionalida-

---

2010, p. 267). "Cabe dizer que o Juramento é o texto fundamental da teoria da excelência profissional em geral, e não somente da excelência médica" (GRACIA, 2010, p. 277).

25. "Se definir o dever legal passou a ser complexo, estabelecer as condições de justa causa tornou-se um desafio. Quando nos vemos diante de uma sociedade exibicionista, frente a uma miríade de situações complexas, o entendimento de justa causa reflete esta complexidade. Assim, a fundamentação de justificativa da quebra do sigilo por estes motivos, justa causa ou dever legal, deve ser muito bem preparada. Além disso, a divulgação das normas éticas e legais junto a classe médica e junto ao público leigo, poderia ajudar a entender melhor a complexa relação médico-paciente, bem como os limites do sigilo" (OLIVEIRA, 2018, p. 103).

de. Do ponto de vista legal, o fundamento da justa causa deve ser convincente e, também, fundamentado, sendo esta forma de impedir possíveis punições" (OLIVEIRA, 2018, p. 89).

Portanto, se o médico vier a revelar a intimidade do paciente, expondo seus dados clínicos sem sua autorização, sem que se configure o cumprimento de um dever legal, inexistente uma ordem judicial autorizadora e nem tendo justo motivo ou causa, pode, além de incorrer nas sanções administrativas do Conselho Federal de Medicina (CFM) por ter violado o Código de Ética Médica, também ser responsabilizado, civil e penalmente, conforme a tipificação dos artigos 154[26] e 325[27] do Código Penal brasileiro. "Revelar alguém, sem justa causa, segredo, de que tem ciência em razão de função, ministério, ofício ou profissão, e cuja revelação possa produzir dano a outrem" (BRASIL, 1940), poderá sofrer detenção e multa. Igualmente, quem "revelar fato de que tem ciência em razão do cargo e que deva permanecer em segredo, ou facilitar-lhe a revelação" (BRASIL, 1940), pode também ser detido e ser obrigado ao pagamento de multa.

Os cenários que permeiam a relação médico-paciente são tão desafiadores e propensos a fomentar entraves que legislações mais recentes como, por exemplo, a Lei Geral de Proteção de Dados Pessoais (LGPD), Lei 13.709/18, e a Lei do Prontuário do Paciente,[28] Lei 13.787/18, também se preocuparam com a confidencialidade e o tratamento dos dados pessoais[29] dos pacientes, inclusive dos dados presentes em meios digitais, "com o objetivo de proteger os direitos

---

26. CP: "Art. 154. Revelar alguém, sem justa causa, segredo, de que tem ciência em razão de função, ministério, ofício ou profissão, e cuja revelação possa produzir dano a outrem: Pena: detenção, de três meses a um ano, ou multa de um conto a dez contos de réis. (Vide Lei 7.209, de 1984) Parágrafo único. Somente se procede mediante representação" (BRASIL, 1940).

27. CP: "Art. 325. Revelar fato de que tem ciência em razão do cargo e que deva permanecer em segredo, ou facilitar-lhe a revelação: Pena: detenção, de seis meses a dois anos, ou multa, se o fato não constitui crime mais grave. § 1º Nas mesmas penas deste artigo incorre quem: (Incluído pela Lei 9.983, de 2000). I – permite ou facilita, mediante atribuição, fornecimento e empréstimo de senha ou qualquer outra forma, o acesso de pessoas não autorizadas a sistemas de informações ou banco de dados da Administração Pública; (Incluído pela Lei 9.983, de 2000); II – se utiliza, indevidamente, do acesso restrito. (Incluído pela Lei 9.983, de 2000); § 2º Se da ação ou omissão resulta dano à Administração Pública ou a outrem: (Incluído pela Lei 9.983, de 2000); Pena: reclusão, de 2 (dois) a 6 (seis) anos, e multa (Incluído pela Lei 9.983, de 2000)" (BRASIL, 1940).

28. "Com a evolução da relação médico-paciente, a expressão então conhecida por "prontuário médico" foi substituída por 'prontuário do paciente', posto que, embora seja preenchido pelo profissional de saúde, os dados ali contidos são de titularidade daquele. O paciente pode requerer a exibição do prontuário e, verificando alguma informação inexata ou incorreta, poderá também pedir sua retificação ou supressão" (NAVES; SÁ, 2021, p. 74).

29. "Dado pessoal é conceito amplo, abarcando qualquer tipo de informação sobre pessoal natural. O significado é restringido às situações existenciais quando recebe a qualificação de dado sensível" (NAVE; SÁ, 2021, p. 73).

fundamentais de liberdade e de privacidade e o livre desenvolvimento da personalidade da pessoa natural" (BRASIL, 2018a).

A LGPD prevê, ainda, no artigo 2º, que a disciplina envolvendo a proteção de dados pessoais possui como fundamentos o respeito à privacidade; a autodeterminação informativa; a liberdade de expressão, de informação, de comunicação e de opinião; a inviolabilidade da intimidade, da honra e da imagem; o desenvolvimento econômico e tecnológico e a inovação e os direitos humanos; o livre desenvolvimento da personalidade; a dignidade e o exercício da cidadania pelas pessoas naturais (BRASIL, 2018a).

Os avanços tecnológicos e midiáticos, sobretudo, com o uso mais intenso das mídias sociais, como, por exemplo, *Facebook*, *Instagram* e *WhatsApp*, aumentaram os desafios para a preservação da confidencialidade na relação médico-paciente, uma vez que alguns médicos, com destaque para os mais jovens, naturalizam publicar, em suas redes sociais, detalhes do cotidiano profissional e, acabam, por vezes, expondo pacientes, familiares dos pacientes e até terceiros.

O Conselho Federal de Medicina, atentando para esse atual cenário, editou a Resolução CFM 2.126/15 que, no art. 2º, altera o art. 13 da Resolução CFM 1.974/11, prevendo que "as mídias sociais dos médicos e dos estabelecimentos assistenciais em Medicina deverão obedecer à lei, às resoluções normativas e ao Manual da Comissão de Divulgação de Assuntos Médicos (CODAME)" (CONSELHO FEDERAL DE MEDICINA, 2015).

Como mídias sociais, essa Resolução reconhece, no § 1º, os "*sites*, *blogs*, *Facebook*, *Twiter*, *Instagram*, *YouTube*, *WhatsApp* e similares" (CONSELHO FEDERAL DE MEDICINA, 2015).

A Resolução ainda estabelece que é proibida a publicação, nas mídias sociais, de *selfie* (autorretrato), imagens e/ou áudios para autopromoção ou concorrência desleal, bem como é vedada a publicação de antes e depois de procedimentos, condutas que, se realizadas, serão investigadas pelo Conselho Regional de Medicina a que o médico estiver vinculado[30] (CONSELHO FEDERAL DE MEDICINA, 2015).

Apesar dessas determinações e de normas proibitivas, não é raro encontrar casos que chegam à mídia nacional em sentido contrário. Cita-se, como exemplo, o caso em que um "jovem médico, um neurocirurgião, teria publicado em rede social comentários inadequados sobre a paciente" (OLIVEIRA, 2018, p. 99),

---

30. Resolução CFM 2.126/15: "Art. 2º [...] § 4º A publicação por pacientes ou terceiros, de modo reiterado e/ou sistemático, de imagens mostrando o "antes e depois" ou de elogios a técnicas e resultados de procedimentos nas mídias sociais deve ser investigada pelos Conselhos Regionais de Medicina" (CONSELHO FEDERAL DE MEDICINA, 2015).

vindo a ser instaurado, em seu desfavor, procedimento investigativo e sindicância pelo Conselho Regional de Medicina do Estado de São Paulo para apurar os fatos. O certo é que "expressar suas ideias como indivíduo e cidadão é permitido, mas quando se anuncia médico e publica sua opinião em rede social o faz como profissional e, portanto, submete-se as normas exaradas pelos conselhos de ética" (OLIVEIRA, 2018, p. 99).

Posicionamentos como esse podem comprometer a confiança do paciente em relação ao médico. Da mesma forma, a própria exposição da imagem do médico em seu dia a dia e de sua concepção de vida pode afetar, negativamente, a relação entre médico-paciente.

Outro caso ocorreu em um hospital da região metropolitana de Belo Horizonte/MG, "quando uma médica permitiu que seu filho fosse paramentado e entrasse em campo cirúrgico durante procedimento que realizava. A mãe, orgulhosa, publica as fotos na sua página de Facebook após o plantão" (OLIVEIRA, 2018, p. 99). Nesse caso, embora não tenha ocorrido a exposição direta da intimidade da paciente como se efetivou no outro exemplo narrado, a médica, também, violou as normas éticas da sua profissão. Em razão disso, ela "foi dispensada do trabalho no nosocômio, afastada de suas ocupações no SAMU e terá de responder a procedimento investigativo junto ao CRM da sua circunscrição" (OLIVEIRA, 2018, p. 99).

A lista de exemplos é enorme, mas os casos já expostos são suficientes para demonstrar que a relação médico-paciente se transformou, mas que ainda enfrenta obstáculos[31] a serem superados a fim de que se garanta não só a autonomia do paciente, mas também sua dignidade, uma vez que elas estão interligadas.

É preciso reconhecer os avanços trazidos por esses diplomas legais, especialmente, se comparados ao período de total verticalidade da relação médico-paciente, em que não se cogitava dar voz a este nem muito menos preservar sua autonomia e intimidade.

Na atualidade, a Democracia exige dos que atuam no Direito Civil novas reflexões e posturas para que a autonomia privada seja vista tanto como a "ação do indivíduo na determinação daquilo que é individual (construção da pessoalidade) quanto a legitimidade do ordenamento normativo, decorrente do reconhecimento e da efetivação da liberdade na convivência com os outros" (MOUREIRA; SÁ, 2017, p. 1). De fato, a autonomia hoje é construída diante de um contexto dialógico e de alteridade, longe das características dos séculos XVIII e XIX, que muito

---

31. "Com isso, podemos concluir que o problema do sigilo envolvendo as novas mídias não decorre delas, mas do seu uso inadequado, em especial quando não pautado nas normas e orientações dos órgãos reguladores, quais sejam, CFM e CRMs" (OLIVEIRA, 2018, p. 100).

valorizavam o puro individualismo, sem qualquer tipo de conexão com o outro (MOUREIRA; SÁ, 2017). Por isso, ao tratar da relação médico-paciente, o foco não pode ser fundado no isolacionismo, mas na compreensão da interlocução entre os sujeitos. A missão é construir uma realidade argumentativa que respeite a diversidade, na qual nenhum médico pretenda impor, como já se fez no passado na era paternalista, valores, crenças ou sua concepção de vida boa ao paciente.

É necessário, assim, ter cuidado para não retroceder à verticalidade da relação médico-paciente como outrora, pois, assim, se assumirão sérios riscos como, por exemplo, a presunção de que há um compartilhamento de valores entre todos os membros de uma sociedade, desconsiderando que cada indivíduo pode ter um sistema de valores individuais próprios a conduzir a construção de sua autonomia a partir do livre desenvolvimento da personalidade. É do que tratará a seção seguinte.

2.3 O PRINCÍPIO DO LIVRE DESENVOLVIMENTO DA PERSONALIDADE

O princípio do livre desenvolvimento da personalidade está diretamente relacionado à evolução pela qual passou o Constitucionalismo europeu, como uma resposta aos regimes totalitários, que cometeram diversas atrocidades contra a humanidade, conforme o que ocorreu nos campos nazistas. Assim, o Direito Constitucional alemão[32] buscou dar respostas às barbaridades dos regimes totalitários, promovendo o livre desenvolvimento da personalidade a direito fundamental. O mesmo caminho percorreram Portugal e Espanha[33] após o término dos regimes totalitários (LENZA, 2021).

Nesse sentido, a Declaração Universal dos Direitos Humanos de 1948[34] previu, particularmente nos artigos 22, 26 e 29,[35] o direito de cada ser humano

---

32. Em 1949, a Lei Fundamental de Bonn (Constituição da Alemanha) reconheceu, no seu art. 2º, o livre desenvolvimento da personalidade como direito fundamental de liberdade (LENZA, 2021).

33. A Constituição espanhola de 1978 trouxe grande contribuição ao tratar o direito ao livre desenvolvimento da personalidade não como direito fundamental, como fez a Constituição da Alemanha, mas lhe dando *status* de princípio jurídico.

34. "Apesar do seu reconhecimento na Declaração Universal de Direitos Humanos, não existe previsão expressa, no sistema jurídico brasileiro, a respeito de um direito fundamental ao livre desenvolvimento da personalidade. Isso não quer dizer que este direito não esteja positivado implicitamente por via dos princípios fundamentais constitucionais, nomeadamente o princípio da dignidade da pessoa humana, com especial aplicação do art. 5º, § 2º, da Constituição Federal como cláusula de abertura para direitos fundamentais atípicos" (MOREIRA, 2016, p. 14).

35. DUDH: "Art. 29: 1. Todo ser humano tem deveres para com a comunidade, na qual o livre e pleno desenvolvimento de sua personalidade é possível. 2. No exercício de seus direitos e liberdades, todo ser humano estará sujeito apenas às limitações determinadas pela lei, exclusivamente com o fim de assegurar o devido reconhecimento e respeito dos direitos e liberdades de outrem e de satisfazer as justas exigências da moral, da ordem pública e do bem-estar de uma sociedade democrática. 3. Esses direitos e liberdades não podem, em hipótese alguma, ser exercidos contrariamente aos objetivos e princípios das Nações Unidas" (ORGANIZAÇÃO DAS NAÇÕES UNIDAS, 1948).

de desenvolver livremente sua personalidade, estando sujeito tão somente às limitações impostas "pela lei, exclusivamente com o fim de assegurar o devido reconhecimento e respeito dos direitos e liberdades de outrem e de satisfazer as justas exigências da moral, da ordem pública e do bem-estar de uma sociedade democrática" (ORGANIZAÇÃO DAS NAÇÕES UNIDAS, 1948).

No contexto brasileiro, a repersonalização das relações jurídicas, que colocou a pessoa como centro do ordenamento jurídico,[36] também foi uma resposta aos períodos das codificações oitocentistas, as quais focavam em um prisma patrimonialista e individualista. Na visão tradicional do Direito Privado, a pessoa era vista como sujeito de direitos e deveres abstratos. Não interessavam ao Direito as vicissitudes de cada ser humano.

Contudo, com o transcorrer da história, o patrimonialismo, que sustentava essa visão, foi perdendo força, permitindo visualizar também questões existenciais voltadas à pessoa. Como dito, a Constituição Federal de 1988, ao colocar a pessoa no centro do ordenamento jurídico, passou a considerar a pessoa humana não mais de forma abstrata, mas com suas singularidades. De igual modo, passou a tutelar efetivamente as situações existenciais e as pessoas que apresentavam alguma vulnerabilidade, tais como, as crianças e os idosos, caracterizando-se, assim, a citada repersonalização do Direito Civil.

Nesse interregno, a acepção jurídica da personalidade também se modificou.[37] De aptidão genérica para adquirir direitos e contrair deveres passou a "ser entendida como o conjunto de características inerentes ao ser humano que serve à sua individualização e que, por isso, deve ser tutelado juridicamente"[38] (ALMEIDA; RODRIGUES JÚNIOR, 2012, p. 39).

---

36. "Assim, como consectário, impõe reconhecer a elevação do ser humano ao centro de todo sistema jurídico, no sentido de que as normas são feitas para a pessoa e para sua realização existencial, devendo garantir um mínimo de direitos fundamentais que sejam vocacionados para lhe proporcionar vida com dignidade" (FARIAS; ROSENVALD, 2019, p. 200).

37. "A abertura ontológica do conceito de pessoa também modifica a forma de pensar a personalidade, que não se restringe mais a identificar a mera aptidão para ser sujeito de direito e deveres, pois transcende para uma concepção axiológica (personalidade como valor) e assume uma perspectiva de proteção e promoção dos atributos essenciais à pessoa (direitos da personalidade), tutelando os seus diversos modos de ser, exteriorizados por meio da personalidade. Esses modos de ser da pessoa humana não são estáticos, isso porque compreendem uma dimensão dinâmica em que a liberdade assume papel primordial na definição da personalidade humana, sendo necessário o reconhecimento do direito ao livre desenvolvimento da personalidade para tutelar as decisões pessoais em relação à construção da personalidade única e irrepetível concernente a cada pessoa" (MOREIRA, 2016, p. 16).

38. Sobre a nova concepção da personalidade, convém destacar os ensinamentos de Gustavo Tepedino, que assevera: "A tutela da personalidade – convém, então, insistir – não pode se conter em setores estanques, de um lado os direitos humanos e de outro as chamadas situações jurídicas de direito privado. A pessoa, à luz do sistema constitucional, requer proteção integrada, que supera a dicotomia direito público e direito privado e atenda à cláusula geral fixada pelo Texto Maior, de promoção da dignidade humana" (TEPEDINO, 2008, p. 57).

Nessa linha de entendimento, a pessoa não deve ser vista como um ser pronto, acabado, mas como um sujeito que se constitui ao longo da vida como tal, numa esfera de relações de autonomia e alteridade. "A liberdade de construção da personalidade permite a eleição dos planos de vida valorados pela própria pessoa como sendo de uma vida boa e feliz. Este direito leva em consideração a autodeterminação da individualidade humana" (MOREIRA, 2016, p. 14).

Se a condição de ser pessoa ocorre fora do Direito, ou seja, o Direito não cria a pessoa, é natural que se tutele o ser humano, tendo em vista a proteção do livre desenvolvimento de sua personalidade, uma vez que pode ser por esse meio que a pessoa vai se autodeterminar. Por isso, é importante discorrer sobre o princípio do livre desenvolvimento da personalidade.

Desse modo, reconhecer que cada pessoa é titular de liberdades e que coexiste em uma rede de interligações sociais implica compreender que cada um possui uma personalidade que não pode ser imposta, posto que a pessoalidade não parte de um dever-ser, mas de uma construção do próprio projeto de vida. "A pessoa, como dona do seu próprio destino, escolhe cotidianamente os rumos da sua vida. Ao Estado e aos agentes particulares cabe respeitar (abstenção) e promover os meios para a realização destas decisões existenciais" (MOREIRA, 2016, p. 14).

O direito ao livre desenvolvimento da personalidade[39] traduz-se, portanto, em uma das formas de externalização da autonomia privada, pois garante ao sujeito a possibilidade de se autodeterminar, ou seja, de exercer livremente a construção do seu projeto de vida, conforme seus interesses.

É impossível tratar do princípio do livre desenvolvimento da personalidade sem, pelo menos, mencionar o princípio da dignidade da pessoa humana, porque a dignidade de uma pessoa só será efetivada se lhe for garantido o exercício da autonomia privada, ou seja, o direito de se autorregulamentar a fim de que possa desenvolver-se como pessoa.[40] Em outras palavras, o direito ao livre desenvolvimento da personalidade está em íntima conexão com a proteção da dignidade da pessoa humana e da autonomia privada, uma vez que, garantido o exercício individual da autonomia privada, possibilita-se ao sujeito se realizar enquanto

---

39. "A proteção dos direitos da personalidade se dá tanto no aspecto estático quanto no seu aspecto dinâmico. Do ponto de vista estático, os titulares do direito são protegidos diante da violação ou da ameaça de violação de situações jurídicas estabelecidas [...]. Sob o ponto de vista dinâmico, o ordenamento jurídico reconhece ao titular do direito uma esfera de liberdade, cabendo-lhe, portanto, nesse âmbito, a construção do livre desenvolvimento de sua personalidade, ou a construção de sua pessoalidade" (LIMA; SÁ, 2016, p. 54).

40. "Enfim, o postulado fundamental da ordem jurídica brasileira é a dignidade humana, enfeixando todos os valores e direitos que podem ser reconhecidos à pessoa humana, englobando afirmação de sua integridade física, psíquica e intelectual, além de garantir a sua autonomia e livre desenvolvimento da personalidade" (FARIAS; ROSENVALD, 2019, p. 200).

pessoa, não de modo isolado, mas em interlocução com múltiplos projetos de vida que permeiam a sociedade contemporânea.

Em virtude disso, ao garantir que a pessoa humana possa construir sua biografia de acordo com seu plano de vida boa, está também protegendo o direito à diferença. Assim, um paciente ao decidir, de forma consciente, que deseja se abster de um tratamento de saúde contínuo, o faz com base na construção da sua pessoalidade. Por isso, deve-se salvaguardar o direito do paciente de livremente efetivar sua personalidade por meio da tomada de decisão, afastando-se quaisquer tipos de discriminação, ainda que sua escolha fuja aos padrões da sociedade, o que inclui a própria visão médica.

Outrossim, falar sobre o princípio da dignidade da pessoa humana se justifica à medida que ele é estrutura-base fundamental do Estado Democrático de Direito e de toda a ordem jurídica, conforme prevê o legislador no art. 1º, III, da Constituição Federal.[41] Nesses termos, Tepedino (2008) explica que, ao promover a dignidade da pessoa humana a fundamento da República, está a se configurar verdadeira cláusula geral de tutela e promoção da pessoa humana, tomada como valor máximo pelo ordenamento jurídico.

Desse modo, frisa-se que a dignidade da pessoa humana é um princípio no qual estão contidos e associados outros princípios, tais como, o princípio da autonomia privada e o princípio do livre desenvolvimento da personalidade. Portanto, é inconcebível pensar em direitos de forma dissociada do conceito de dignidade, que não pode ter seu conteúdo restringido "a um modelo apriorístico, definido antecipadamente, sob pena de uma diminuição, de um amesquinhamento de suas potencialidades" (FARIAS; ROSENVALD, 2019, p. 201), "até porque o que mostra necessário para ter uma vida digna nas relações privadas vai se alterando e se construindo cotidianamente" (FARIAS; ROSENVALD, 2019, p. 201). Explica-se:

> Neste sentido, a referência ao pleno desenvolvimento da personalidade aponta para um modelo ideal de conteúdo inevitavelmente indeterminado, pois nem sequer temos os instrumentos para perceber qual é exatamente o conteúdo que se postula. Pelo contrário, a noção de livre desenvolvimento da personalidade incorpora em si o instrumento de definição do conteúdo ideal da personalidade. É o conteúdo que o indivíduo decide se dar. O desenvolvimento pessoal do indivíduo nada mais é do que o exercício livre, sem qualquer tipo de interferência do Estado ou de qualquer outro indivíduo em sua vontade (RAMOS, 2014, p. 105, tradução nossa).[42]

---

41. CF/88: "Art. 1º A República Federativa do Brasil, formada pela união indissolúvel dos Estados e Municípios e do Distrito Federal, constitui-se em Estado Democrático de Direito e tem como fundamentos: [...] III – a dignidade da pessoa humana" (BRASIL, 1988).

42. En este sentido, la referencia al pleno desarrollo de la personalidad apunta a un modelo ideal de contenido inevitablemente indeterminado, porque ni siquiera disponemos de los instrumentos que permitan concretar cuál es exactamente ese contenido que se postula. Por el contrario, la noción del

É possível concluir, portanto, que, apesar de o princípio do livre desenvolvimento da personalidade não estar expresso na Constituição Federal – havendo como única menção apenas a redação do artigo 205, no qual o legislador prevê que "a educação, direito de todos e dever do Estado e da família, será promovida e incentivada com a colaboração da sociedade, visando ao pleno desenvolvimento da pessoa, seu preparo para o exercício da cidadania e sua qualificação para o trabalho" (BRASIL, 1988) –, trata-se de direito fundamental que decorre do princípio da dignidade humana. Nesse entendimento, o Ministro Gilmar Mendes, quando do julgamento da Arguição de Descumprimento de Preceito Fundamental (ADPF) 132/RJ, que tratava das uniões homoafetivas, manifestou que o livre desenvolvimento da personalidade está implicitamente previsto no ordenamento jurídico brasileiro, uma vez que está associado à proteção da construção da individualidade e da liberdade:

> A doutrina nacional não se tem ocupado, talvez como devesse, de um dispositivo que consta do Direito Comparado, talvez a sua matriz moderna esteja na Lei Fundamental de Bonn, que fala no direito que cada indivíduo tem de autodesenvolvimento (Selbstentfaltungsrecht), quer dizer, o livre desenvolvimento de sua personalidade (die freie Entfaltung seiner Persönlichkeit), desde que não viole direitos de outrem e não se choque contra a ordem constitucional ou os costumes (Art. 2 I GG – Jeder hat das Recht auf die freie Entfaltung seiner Persönlichkeit, soweit er nicht die Rechte anderer verletzt und nicht gegen die verfassungsmäßige Ordnung oder das Sittengesetz verstößt). Claro que isso não nos impede de identificar esse direito no nosso sistema, a partir, sobretudo, do direito de liberdade e em concordância com outros princípios e garantias constitucionais (BRASIL. Supremo Tribunal Federal, 2011, grifo nosso).

Nesse cenário, ressalta-se que há diversas perspectivas de abordagem da dignidade. No campo filosófico, Kant (1724-1804), ao tratar, em sua obra *Fundamentação da Metafísica dos Costumes*, da Teoria da Obrigação Moral Única e Geral, segundo a qual cada um deve agir de tal modo que a máxima da sua ação possa tornar-se um princípio de uma legislação universal, esclarece:

> No reino dos fins, tudo tem um preço ou uma dignidade. Quando uma coisa tem preço, pode ser substituída por algo equivalente; por outro lado, a coisa que se acha acima de todo preço, e por isso não admite qualquer equivalência, compreende uma dignidade. [...] O que se faz condição para alguma coisa que seja fim em si mesma, isso não tem simplesmente valor relativo ou preço, mas um valor interno, e isso quer dizer, dignidade (KANT, 2003, p. 65).

Para Kant (2003, p. 64), a palavra *reino* significa "a ligação sistemática de vários seres racionais por meio de leis comuns", em que "todos os seres racionais

---

libre desarrollo de la personalidad incorpora a en sí misma el instrumento de definición de contenido ideal de la personalidad. Es el contenido que el individuo decide darse a sí mismo. El desarrollo personal del individuo no es otra cosa que el ejercicio libre, sin ningún tipo de interferencia ni estatal, ni de interferencia por parte de ningún otro individuo, de su voluntad.

estão, pois, submetidos a essa lei que ordena que cada um deles jamais se trate a si mesmo ou aos outros simplesmente como meios, mas sempre simultaneamente com fins em si" (KANT, 2003, p. 64). Em síntese, Kant insere o homem e sua subjetividade "no centro da indagação filosófica, reconhecendo-o como fim em si mesmo, dotado de autonomia a ponto de torná-lo legislador universal, que reconhece o outro também como fim em si mesmo e do mesmo modo dotado de autonomia" (MOUREIRA; SÁ, 2015, p. 8).

Na concepção kantiana, há duas categorias de valores: uma representada pelo preço; e a outra, pela dignidade, sendo que as coisas têm preço (conteúdo econômico); e as pessoas, dignidade (valor moral interior), que deve ser tutelada pelo Estado (KANT, 2003). Assim, o ser humano não pode ser visto como meio para a obtenção de determinado fim, pois ele não deve ser instrumentalizado, tratado como mero objeto. Pelo contrário. A cada indivíduo deve ser garantido o exercício de escolhas e liberdades, as quais permitam que ele possa livremente desenvolver sua personalidade.

Exatamente nesse ponto é que a pessoa humana ou natural se distingue das pessoas jurídicas como, por exemplo, das sociedades, associações, fundações etc. "A pessoa jurídica é uma entidade abstrata, concebida pelos juristas para que as pessoas humanas possam alcançar determinados resultados práticos" (SCHREIBER, 2021, p. 36). Desse modo, "a distinção é, portanto, radical: enquanto as pessoas humanas são fins em si mesmas, as pessoas jurídicas consistem em um dos muitos instrumentos jurídicos colocados a serviço das pessoas humanas" (SCHREIBER, 2021, p. 36).

Não obstante "não seja possível uma definição científica precisa e acabada do que seja a dignidade de alguém, é de se perceber a possibilidade de reconhecer um núcleo duro, um conteúdo mínimo a ela" (FARIAS; ROSENVALD, 2019, p. 201). Nesse sentido, Farias e Rosenvald (2019) lecionam que o Supremo Tribunal Federal já se manifestou no sentido de reconhecer a integridade física e psíquica das pessoas, como o mínimo existencial ou patrimônio mínimo, e a autodeterminação existencial e patrimonial, como um conteúdo mínimo que compõe a dignidade humana.

Por consequência, a regra precisa ser a liberdade, sem que haja uma interferência do Estado,[43] ou outras de ordem externa, justificando tal medida apenas com o intuito de garantir iguais liberdades às pessoas.

---

43. "Note-se, com isso, que pretender deixar a cada um seu *devir* – vir a ser – induz, inevitavelmente, a reconhecer a pessoa como titular de liberdade. Imposições externas seriam fatalmente comprometedoras da real formação de referências individuais. Daí dizer-se que o direito que possuem todas as pessoas, enquanto tais, não se completa meramente pelo desenvolvimento da personalidade, mas pelo *livre desenvolvimento da personalidade*. A espontaneidade é propriedade nuclear da tutela jurídica" (ALMEIDA; RODRIGUES JÚNIOR, 2012, p. 40, grifo do autor).

A missão é, portanto, funcionalizar e determinar, casuisticamente, o conteúdo do direito ao livre desenvolvimento da personalidade, permitindo, por exemplo, que, em situações que envolvam a relação médico-paciente, a autonomia de cada sujeito seja respeitada. Assim, o médico tem o dever, no exercício de sua função, de informar todas as nuances da doença e do tratamento ao paciente, sanando suas eventuais dúvidas para que ele consiga tomar uma decisão autônoma diante de um tratamento de saúde continuado. Nesta pesquisa, busca-se, justamente, averiguar a hipótese de que a relação dialógica e compartilhada entre médico e paciente pode ser construída pelo uso da mediação, preservando-se o direito deste de se autodeterminar e desenvolver livremente sua personalidade em busca da estruturação da sua autobiografia.

Espera-se, pois, que os princípios da dignidade da pessoa humana e do livre desenvolvimento da personalidade convirjam no sentido de que o ordenamento jurídico brasileiro promova meios para que os indivíduos possam realizar sua pessoalidade, segundo suas próprias concepções de vida digna e a partir de um processo que respeite sua autodeterminação. Se o homem "não tiver a liberdade de assumir as coordenadas da sua pessoalidade, e assim se autoafirmar, não poderá ser considerado pessoa. Negar ao homem a possibilidade de assumir as coordenadas da sua pessoalidade é negar a possibilidade de ser pessoa" (MOUREIRA; SÁ, 2015, p. 38).

Nesse prisma, em setembro de 2015, representantes de 193 Estados-Membros da Organização das Nações Unidas (ONU) reuniram-se em Nova York para elaborar a Agenda 2030, um plano de ação para as pessoas e o planeta, buscando promover, entre outros objetivos, a vida digna para todos. Entre os 17 objetivos, destaca-se: i) o que busca "assegurar uma vida saudável e promover o bem-estar para todos, em todas as idades" (ORGANIZAÇÃO DAS NAÇÕES UNIDAS, 2015) e ii) aquele que estabelece o dever de todos os países-membros de "promover sociedades pacíficas e inclusivas para o desenvolvimento sustentável, proporcionar o acesso à justiça para todos e construir instituições eficazes, responsáveis e inclusivas em todos os níveis" (ORGANIZAÇÃO DAS NAÇÕES UNIDAS, 2015).

Todas as propostas têm sua relevância, mas a escolha dos dois objetivos acima se justifica em razão de estarem mais próximos da temática deste trabalho (obra na qual se baseia na pesquisa realizada durante o Doutorado da autora), pois estão interligados com a humanização da área da saúde.

Isso quer dizer que assegurar uma vida saudável e o bem estar de todos passa por proteger o direito da pessoa de desenvolver sua individualidade de acordo com suas experiências e personalidade. Igualmente, as instituições e o Estado devem garantir o acesso à justiça como acesso a uma ordem justa, ou seja, não apenas garantir à pessoa o direito de acionar o Poder Judiciário, mas de ter, efetivamente, o direito de participar da solução de suas próprias demandas, as quais podem passar pela tomada de decisão sobre sua própria saúde.

Com efeito, a partir do momento em que se reconhece a subjetividade da pessoa humana, é necessário garantir-lhe o direito de se autodeterminar. Assim, não cabe ao Estado nem aos médicos estipularem que certo tratamento médico deve ser seguido por um paciente ou tomar decisões que consideram mais adequadas quanto ao estado de saúde de um paciente, sem observar o próprio interesse da pessoa adoecida.

Pelo contrário, o médico deve tutelar o melhor interesse do paciente e não os seus próprios interesses e valores. "A boa-fé objetiva deve iluminar fortemente essa relação, impondo ao profissional de saúde um dever de agir com lealdade, zelo e cooperação, abstendo-se de condutas que possam frustrar as legítimas expectativas do paciente" (FARIAS; BRAGA NETTO; ROSENVALD, 2019, p. 1.314). Isso quer dizer que os deveres de cuidado, os quais estão em consonância com a boa-fé objetiva, não dependem de um contrato para existirem, mesmo porque muitos atendimentos a pacientes ocorrem em estado de urgência, hipótese em que os centros de saúde não exigem grandes formalidades para os primeiros suportes médicos.

Com frequência, a relação médico-paciente se desenvolve em um ambiente desconfortável, permeado, por exemplo, por medo, incerteza, dor e angústia, condições comuns a um processo de adoecimento. Associado a isso, o fato de o médico, por vezes, desconhecer as necessidades existenciais de cada paciente faz com que o ambiente se torne ainda pior, dificultando para que o paciente possa ter melhores condições de autorregulamentar seus interesses.

Por consequência, torna-se latente a afronta, também, ao direito do paciente de desenvolver sua livre personalidade. Melhor dizendo, não se deve esquecer-se de que a construção da pessoalidade é impactada, também, pelo meio ambiente e pelas relações sociais interconectas. Desse modo, em um contexto de saúde conflituoso e desequilibrado, violam-se os preceitos dos princípios da autonomia privada e do livre desenvolvimento da personalidade, uma vez que se limita o direito do paciente de se autoafirmar.

As questões que envolvem "múltiplas partes são complexas e tendencialmente conflituosas, razão pela qual os processos dialógicos consensuais e colaborativos permitem alcançar benefícios mútuos, de forma célere, mais econômica e com menor desgaste" (NASCIMENTO, 2016, p. 206). Assim, analisar-se-á se a mediação pode contribuir para a melhoria na fluidez da comunicação entre médico e paciente, o que, por sua vez, contribuirá para a construção da autonomia deste, a partir de um exercício de liberdades e não liberdades a (re)configurar sua pessoalidade.

Nesse assente, o princípio da autonomia privada, sobre o qual se passa a estudar, comunga com o princípio do livre desenvolvimento da personalidade, devendo, também, os demais princípios, abordados nesta pesquisa, serem interpretados de forma não isolada, mas de modo integrado.

2.4 O PRINCÍPIO DA AUTONOMIA PRIVADA: DO ESTADO LIBERAL AO ESTADO DEMOCRÁTICO DE DIREITO

Inicialmente, destaca-se que, embora já se tenha falado sobre a autonomia privada do paciente, mostra-se relevante, neste momento, estudá-la de modo detalhado, haja vista que se trata de tema principal desta pesquisa. Ademais, o conteúdo apresentado nesta seção contribuirá para uma compreensão mais ampla e acertada sobre o problema e a investigação da hipótese de pesquisa.

Por sua vez, explicar as nuances do princípio da autonomia privada exige passar por um breve apanhado histórico, iniciando-se pela compreensão da distinção das expressões autonomia da vontade e autonomia privada,[44] as quais não possuem a mesma carga semântica.

Na égide do Estado Liberal, nos séculos XVIII e XIX, a vontade era a principal condição para a determinação da autonomia. Falava-se em autonomia da vontade, porque se caracterizava pela possibilidade de os contratantes pactuarem o que bem entendesse sem intervenção do Estado.

Essa autonomia estava associada a um conceito negativo de liberdade, isto é,

a concepção de autonomia da vontade estava relacionada à ausência de interferência externa no poder dos indivíduos de se autodeterminar, conferindo aos mesmos a possibilidade de praticar atos e negócios jurídicos com ampla liberdade (CARMINATE, 2014, p. 47).

Segundo Meireles (2009, p. 66), a concepção negativa da liberdade, no período do Estado Liberal, influenciou "a concepção de que a vontade individual representava a maior expressão da liberdade do indivíduo na esfera privada e, por si só, era suficiente para impedir qualquer ingerência externa no seu conteúdo e nos seus efeitos".

De fato, a concepção da autonomia da vontade fundava-se na vontade livre e na ampla liberdade de agir sem limitações do Estado, o que "facultava às pessoas total liberdade para contrair obrigações, para ser proprietário, comerciante, para

---

44. "Embora representem o mesmo fenômeno, a autonomia da vontade traz uma carga do subjetivismo liberal, da perquirição da vontade interna, enquanto a autonomia privada encontra-se vinculada a um aspecto objetivo, melhor representante do discurso jurídico do Estado Democrático de Direito. Privilegiamos a denominação 'autonomia privada', pois manifesta uma vontade dialogicamente construída no sistema aberto do Direito" (NAVES; REZENDE, 2007, p. 94).

testar, casar e desquitar, era, enfim, o princípio que regia a vida privada, quando ainda alvoreciam direitos da personalidade" (FIUZA, 2015, p. 35).

Portanto, havia total liberdade dos particulares para contratar e regulamentar as relações jurídicas, ou seja, o Estado não intervinha na manifestação de vontade dos sujeitos e tampouco nos efeitos que advinham dessas relações. Essa liberdade absoluta era também conhecida pelo brocardo *laissez faire, laissez aller, laissez passer*, que, numa tradução literal, significa *deixai fazer, deixai ir, deixai passar*.

Apesar dessa vasta liberdade, o Modelo Individualista e não Interventor promoveu grandes desigualdades, uma vez que prevalecia entre os particulares uma igualdade formal. Os "monopólios e práticas abusivas impunham aos consumidores a aceitação de cláusulas desvantajosas" (NAVES; REZENDE, 2007, p. 240), colocando-os vulneráveis em situação contratual desequilibrada. Nesse sentido, na prática, as partes não se encontravam em condições igualitárias no momento de pactuarem, existindo tão somente uma igualdade fictícia.

Diante desse cenário e com a grande depressão econômica vivida pelo Capitalismo em 1930, que se agravou em razão das duas guerras mundiais, o Estado passou a intervir nas relações contratuais e jurídicas, com o intuito de assegurar o reequilíbrio entre as partes, caracterizando-se, desse modo, o chamado *Estado Social*.

Tendo em vista que o mercado não mais conseguia se autorregular como desejado, o Estado "assume atividades econômicas tidas como essenciais ao desenvolvimento e passa a regular exaustivamente situações de desequilíbrio contratual" (NAVES; REZENDE, 2007, p. 240), em busca do *welfare state*, ou seja, passou-se a buscar a garantia pelo *Estado do bem-estar social*.

A autonomia da vontade começou a sofrer certa conformação em prol do bem estar da coletividade, buscando-se a harmonia entre os interesses particulares e os gerais.[45] Se a noção de autonomia no Estado Liberal "era equivocada por ser demasiadamente ampla, a do Estado Social é igualmente errônea pelo motivo oposto, ou seja, por privar o indivíduo da possibilidade de autorregulamentação de seus interesses" (CARMINATE, 2014, p. 48).

No que diz respeito à expressão conformação, alguns autores como, por exemplo, Raphael Furtado Carminate e Rose Melo Venceslau Meireles, utilizam a expressão limites, mas com o mesmo sentido de conformação.

---

45. Assim, era garantida a liberdade para os contratantes que pudessem pactuar, mas ao mesmo tempo essa "relação obrigacional contratual intenta promover o bem comum, o progresso econômico e o bem-estar social" (FIUZA, 2015, p. 38).

> A determinação do que chamam 'limites da autonomia privada' é efetuada pelo próprio orde-namento na constante tensão principiológica que as situações fáticas vêm determinar. Em vez de 'limitações', que traz a ideia de confrontação externa, preferimos o termo 'conformações', que traduz melhor a ideia de que o conteúdo da autonomia privada é determinado inter-namente pela conformidade com o próprio ordenamento, que estabelece qual o conteúdo dos poderes conferidos aos particulares[46] (NAVES; SÁ, 2021, p. 30).

Com o pós-guerra, as mudanças permaneceram, influenciando na transfor-mação da concepção de autonomia da vontade, isto é, começou-se a perceber que a vontade não era a fonte única e determinante das relações contratuais. Assim, a cláusula *pacto sunt servanda*, que previa que os contratos faziam lei entre as partes, cede lugar à cláusula *rebus sic stantibus,* permitindo que as cláusulas contratuais pudessem ser revistas em razão de circunstâncias supervenientes imprevisíveis à celebração do negócio jurídico.

Surge, portanto, a necessidade de um novo Estado, capaz de intervir no sis-tema econômico quando necessário, contudo, sem ser paternalista como o foi o Estado Social. A par dessas exigências, houve a reconstrução do Direito Privado no Estado Democrático de Direito, consagrado pela Constituição Federal de 1988, caracterizando-se como um novo paradigma, que adota um sistema aberto de regras e princípios (AMARAL, 2018).

Nesse momento, a autonomia da vontade passou a ser reconhecida como privada, entendida em sentido *lato* como uma forma de autorregulamentação dos interesses pessoais, em que os sujeitos autônomos possuem uma esfera de liberdade para estabelecer suas próprias normas, tendo em vista regrar seus próprios comportamentos. Assim:

> A autonomia privada é o poder que os particulares têm de regular, pela sua própria vonta-de, as relações de que participam, estabelecendo-lhes o conteúdo e a respectiva disciplina jurídica [...] A autonomia privada significa, assim, o espaço que o ordenamento estatal deixa ao poder jurídico dos particulares, uma verdadeira esfera de atuação com eficácia jurídica, reconhecendo que, tratando-se de relações de direito privado, são os particulares os me-lhores a saber de seus interesses e da melhor forma de regulá-los juridicamente (AMARAL, 2018, p. 131-132).

Perlingieri (2002, p. 17) explica que a autonomia privada pode ser entendida, de modo geral, como "o poder, reconhecido ou concedido pelo ordenamento

---

46. "Isso não quer dizer que o vocábulo 'limite' não possa ser utilizado nesse caso. Entretanto, *conformação* expressa de maneira mais correta a delimitação interna de conteúdo, que se faz, relacionalmente, de acordo com horizonte histórico, inclusive em conformidade com ordenamento jurídico como um todo. É redundante falar em 'intervenção do Estado na autonomia privada', pois ela só existe por atribuição dele" (NAVES; REZENDE, 2007, p. 238, grifo do autor).

estatal, a um indivíduo ou a um grupo, de determinar vicissitudes jurídicas como consequência de comportamentos – em qualquer medida – livremente assumidos.

Apesar de a autonomia privada ter ganhado *status* de princípio jurídico,[47] ela não é ilimitada, como foi no Estado Liberal, sofrendo conformações com o propósito de promover a dignidade da pessoa humana. A ideia de autonomia passa a ser compreendida de forma paradoxal, pois "só há autonomia frente a outros seres humanos, sozinho ninguém é autônomo. A autonomia pressupõe sociabilidade, intersubjetividade, exige, portanto, perspectiva relacional" (NAVES; REZENDE, 2007, p. 236). "Isso porque os indivíduos não nascem autônomos. É no desenvolvimento psicossocial e através da comunicação de valores e de regras que se torna viável a uma pessoa o desenvolvimento da autonomia crítica" (GUSTIN, 1999, p. 31).

Nesse sentido, "a autonomia privada constitui-se da interação da autonomia crítica com a autonomia de ação. A autonomia crítica é o poder do homem de se compreender e compreender o mundo à sua volta" (NAVES; REZENDE, 2007, p. 236-237). Sobre o tema, leciona Gustin (1999):

> Entende-se, outrossim, que o grau de compreensão que uma pessoa tem de si mesmo, de sua cultura e das relações interativas que é capaz de estabelecer com os demais é uma variável que afeta positiva, ou negativamente, seu limite de autonomia. Essa é a esfera da autonomia crítica, que não se refere somente ao poder de ação de um indivíduo, mas também e principalmente, a seu poder de aprender e de ordenar conceptualmente seu mundo, sua pessoa e suas interações e de deliberar de forma consciente sobre sua forma de vida. As categorias da *autonomia de ação* e da *autonomia crítica* são indispensáveis: há uma interação entre elas que inviabiliza qualquer tentativa de análise parcelada (GUSTIN, 1999, p. 31, grifo do autor).

Por sua vez, "a autonomia de ação é o poder de estabelecer dado comportamento, portanto, ela é determinada pela compreensão de mundo, isto é, pela autonomia crítica" (NAVES; REZENDE, 2007, p. 237).

Dessa forma, a autonomia privada, no Estado Democrático de Direito, difere-se da autonomia da vontade, típica do Estado Liberal, justamente porque o poder de autorregulamentação de cada indivíduo sofre conformações pelo Estado em observância aos direitos e às garantias fundamentais dos sujeitos por ele afetados.

Alguns dispositivos da Constituição Federal demonstram essa conformação. No artigo 5º, ao garantir a inviolabilidade do direito à liberdade, o legislador

---

47. "Como princípio jurídico, a autonomia privada é norma jurídica que atribui aos particulares um poder. Impregnada de imperatividade, atua como diretriz para outras normas (plano de justificação) ou como solucionadora direta de problemas jurídicos, com aplicação imediata a um caso concreto, que determinará seu conteúdo (plano de aplicação)" (NAVES; REZENDE, 2007, p. 237).

prevê, no inciso II, que "ninguém será obrigado a fazer ou deixar de fazer alguma coisa senão em virtude de lei." (BRASIL, 1988). Como se observa, a própria lei cumpre a função de conformação da autonomia privada. Da mesma forma, no inciso XIII desse artigo, garante-se também o livre exercício de qualquer trabalho ou profissão, desde que atendidas as qualificações profissionais que a lei estabelecer.

Além disso, outro exemplo de conformação da autonomia privada é o art. 421 do Código Civil, momento em que o legislador dispõe que "a liberdade de contratar será exercida em razão e nos limites da função social do contrato." (BRASIL, 2002). De modo semelhante, "os contratantes são obrigados a guardar, assim na conclusão do contrato, como em sua execução, os princípios de probidade e boa-fé" (BRASIL, 2002), inexistindo total liberdade de contratação como era permitido no Estado Liberal.

Essa autonomia, que saiu da seara exclusivamente patrimonial para permear também as áreas existenciais, é que permite que cada um tenha a liberdade de escolher as regras que servirão para a construção da sua própria biografia, coadunando com o modo de vida que mais satisfaça aos seus interesses. Essa mesma autonomia é que deve ser preservada diante da instauração de um conflito entre médico e paciente, justamente para que este possa ter a liberdade de se autodeterminar quanto aos assuntos envolvendo a própria saúde.

Ressalta-se que "a concepção de autonomia é apresentada no sentido de emancipação humana ou de liberdade positiva" (GUSTIN, 1999, p. 147), o que significa que "o Direito cumpre as funções de tornar possível a convivência de indivíduos ou de grupos que perseguem fins particulares e de viabilizar a cooperação entre indivíduos que se voltam para um fim comum" (GUSTIN, 1999, p. 147). Assim, deve-se garantir a "esses indivíduos ou grupos um mínimo de liberdade e autonomia para que as funções jurídicas possam ser realizadas" (GUSTIN, 1999, p. 147).

Essas considerações são congruentes à proposta deste trabalho, uma vez que, diante de um conflito nos contextos de saúde, estará presente a perspectiva relacional médico-paciente e, em certos casos, médico e familiares dos pacientes. Nesse sentido, ainda que o médico tenha posição diversa em relação ao paciente, devem-se criar condições para que ocorra a preservação da manifestação livre e esclarecida de vontade deste. É nesse cenário que o princípio da autonomia privada deverá ser analisado para que seu conteúdo seja determinado.

Além disso, nesse ambiente é que se busca averiguar se a mediação poderá ser um meio potencial à autodeterminação do paciente, uma vez que se trata de um método adequado de tratamento e de solução de conflitos não adversarial em que o principal objetivo é promover a abertura de diálogo, a fim de que ocorra a transformação da comunicação entre os mediandos. Esse método, como será estudado mais à frente, fomenta e permite o estabelecimento de um espaço de empoderamento e alteridade, isto é, ao mesmo tempo em que o sujeito se reconhece, ele também reconhece e respeita a singularidade do outro.

Assim, como se acredita que a mediação possibilita a acessibilidade ao diálogo, também se buscará demonstrar que ela pode contribuir para a construção da autonomia do paciente, possibilitando que ele tome decisões responsáveis e autônomas nas situações que envolvam tratamentos de saúde continuados. Dito de outra maneira, na hipótese em que se consiga estabelecer um diálogo saudável entre médico e paciente, ou entre médico e familiares do paciente, propicia-se um ambiente favorável à preservação da autonomia do paciente, ou seja, resguarda-se seu direito de autorregulamentar seus próprios interesses e comportamentos diante de um caso concreto, sem que lhe seja imposta uma concepção de vida boa pelo médico ou por seus familiares.

Nessa esfera de liberdade, o Estado deverá garantir uma igualdade material, de modo a tratar igualmente os iguais e desigualmente os desiguais, na proporção de suas desigualdades, o que inclui se abster de impor uma concepção de vida boa sobre todos, pois essa construção faz parte do exercício da autonomia privada de cada indivíduo. Afigura-se, assim, que "poder construir a pessoalidade pelo exercício da liberdade com outro e contra o outro implica assumir a existência de uma sociedade pluralista, que não determina e impõe um projeto de 'vida-boa'" (MOUREIRA; SÁ, 2015, p. 28). Ao revés, "reconhece na possibilidade de construção das pessoalidades a existência de vários projetos de 'vidas-boas'" (MOUREIRA; SÁ, 2015, p. 28).

Mas como a autonomia privada do paciente pode se manifestar? A fim de se buscarem respostas, ainda que não definitivas, a esse questionamento, deve-se considerar que o princípio da autonomia privada, como qualquer outro princípio jurídico, não tem seu conteúdo pronto e acabado, isto é, previamente definido. Logo, será diante do caso concreto, por meio de um processo dialético, que se conseguirá vislumbrar sua aplicação ou não, o que será discutido no tópico a seguir de forma ainda mais acurada.

2.5 A AUTONOMIA PRIVADA DO PACIENTE E O CONSENTIMENTO LIVRE E ESCLARECIDO

O estudo simultâneo da autonomia privada do paciente e do consentimento livre e esclarecido justifica-se, porque o consentimento informado é, atualmente, a forma de expressão da autonomia do paciente,[48] que "assume relevância à medida que a responsabilidade, que outrora recaía apenas sobre o médico, passa a ser compartilhada com o paciente, que assume um papel ativo na escolha dos métodos terapêuticos ou na recusa deles" (LIMA; SÁ, 2016, p. 42).

Como já exposto, "a palavra *autonomia*, do grego *autos* (próprio) e *nomos* (regras, autoridade, lei), foi utilizada originalmente para expressar o autogoverno das cidades-estados independentes" (RIBEIRO, 2010, p. 202). Posteriormente, na década de 70, "tomando como referência o Relatório Belmont, a palavra autonomia se incorporou definitivamente à biomedicina, para significar uma atribuição de poder, autodeterminação para se tomar decisões sobre tratamentos médicos" (RIBEIRO, 2010, p. 202).

O Relatório Belmont teve sua primeira versão publicada no final de 1978.[49] Em 18 de abril de 1979, foi publicado no *Federal Register* (Diário Oficial do Governo Federal dos Estados Unidos da América), correspondente no Brasil ao Diário Oficial da União. Esse Relatório é fruto dos trabalhos desenvolvidos pela *Comission for the Protection of Human Subjects of Biomedical and Behavioral Research*,[50] cujo objetivo era realizar estudos completos para identificar os princípios éticos básicos que norteavam as pesquisas em seres humanos na Biomedicina e nas ciências do comportamento (RIBEIRO, 2010).

Assim, foram identificados, como princípios básicos da Bioética, a beneficência, a justiça[51] e a autonomia. Quanto à autonomia, é importante elucidar que, originalmente, o Relatório Belmont tratou o princípio do respeito às pessoas como princípio da autonomia (RIBEIRO, 2010). "O princípio do *respeito às pessoa*s, como diretriz para o consentimento informado, não foi originalmente concebido como instrumento de proteção contra riscos, mas sim, como garantia da *autonomia* e da *dignidade pessoal*" (RIBEIRO, 2010, p. 204).

Constata-se, dessa maneira, que, na seara existencial, o princípio da autonomia[52] privada se faz muito presente na relação médico-paciente, demandando

---

48. "No campo biológico, o poder de autodeterminação do paciente pode ser sintetizado na expressão 'consentimento livre e esclarecido'. Essa expressão, porém, recebe outra nomenclatura no Direito, mais abrangente e própria – autonomia privada ou autonomia da vontade" (NAVES; SÁ, 2021, p. 65-66), preferindo-se o uso do termo autonomia privada pelas justificativas já apresentadas nesta obra.

49. "Após quatro anos de trabalho – reunidos no centro Belmont de Convenções, na cidade de Elkridge, Estado de Mariland –, os pesquisadores apresentaram um relatório final, em 1978" (NAVES; SÁ, 2021, p. 25).

50. Em tradução livre, Comissão Nacional para a Proteção dos Interesses Humanos de Pesquisa Biomédica e Comportamental.

51. Além dos princípios mencionados, Bruno Torquato de Oliveira Naves e Maria de Fátima Freire de Sá reconhecem a responsabilidade como outro princípio bioético (NAVES; SÁ, 2021).

52. "Esse entendimento sobre o princípio da autonomia no campo da bioética não se distancia da sua compreensão no Biodireito. A distinção se opera nos efeitos que produz sua não observância em cada

que o médico respeite a livre e consciente manifestação de vontade do paciente e, se for o caso, do seu representante, no momento de construção da vontade do paciente, na hipótese em que não puder mais expressar, por si só, seus interesses. Desse modo, o princípio jurídico da autonomia privada "reconhece o domínio do paciente sobre a própria vida e o respeito à sua intimidade. Limita, portanto, a intromissão dos outros indivíduos no mundo da pessoa que esteja em tratamento" (NAVES; REZENDE, 2007, p. 98).

Isso significa que, diante de um caso concreto, ainda que o médico "naturalmente opte pelo caminho que lhe pareça mais eficiente e de maior proveito, a decisão deve pertencer ao paciente. Informado, ele pode escolher segundo valores individuais que mais lhe sejam convenientes" (STANCIOLI, 2004, p. 64).

O fato é que, a partir do reconhecimento desse princípio, a relação médico-paciente sofre grandes transformações. A relação hierárquica, em que o médico tinha o poder de decisão, cede espaço para considerar a autonomia do paciente em construir sua própria história, que pode passar pela tomada de decisão referente a um tratamento de saúde continuado. Se outrora o médico tinha o poder de exigir do paciente que se submetesse a determinado tratamento, hoje, a função desse profissional é garantir que o paciente não só tenha o máximo de informações de qualidade possíveis, mas que também saiba interpretar quais são as consequências advindas da realização ou não de um tratamento.

"É por ter esse direito que o usuário pode reclamar do profissional a informação de que necessita e decidir se aceita ou não o tipo de plano que este lhe propõe" (GRACIA, 2020, p. 94-95). Assim, "em medicina, a autonomia expressa um direito, é o descobrimento de um direito, o direito a definir o que é saúde e o que é doença, a saber, o que é uma necessidade de saúde" (GRACIA, 2020, p. 95). Só assim, em um relacionamento interpretativo e deliberativo entre médico e paciente, será possível garantir a autonomia para que este possa, de forma livre e esclarecida, determinar o procedimento de saúde que mais atenda aos seus interesses.

A partir da ampliação da possibilidade de participação do paciente no próprio processo terapêutico, apresenta-se a figura do consentimento livre e esclarecido, que, como representação máxima da autonomia do paciente,[53] trata-se da:

área: para a bioética haverá violação de um dever ético, ensejando a responsabilidade moral e, em alguns casos, disciplinar, do médico; para o Biodireito, o médico terá violado um direito do paciente, descumprindo seu dever, sujeitando-se à responsabilização civil e, dependendo do caso, também penal e administrativa" (BARBOZA, 2012, p. 59-60).

53. Nesse sentido, "também sob o ponto de vista jurídico, pode-se afirmar que o consentimento é a expressão máxima do princípio da autonomia, constituindo um direito do paciente e um dever do médico" (BARBOZA, 2012, p. 60).

> Anuência do sujeito da pesquisa e/ou de seu representante legal, livre de vícios (simulação, fraude ou erro), dependência, subordinação ou intimidação, após explicação completa e pormenorizada sobre a natureza da pesquisa, seus objetivos, métodos, benefícios previstos, potenciais riscos e o incômodo que esta possa acarretar, formulada em um termo de consentimento, autorizando sua participação voluntária na pesquisa[54] (CONSELHO NACIONAL DE SAÚDE, 1996).

Em outras palavras, "o consentimento informado é um ato autônomo de um agente capaz [...]. Esse consentimento visa a tornar explícita a vontade do paciente, na qual recusa ou aceita o tratamento" (STANCIOLI, 2004, p. 48). Especificadamente, quanto aos tratamentos de saúde continuados, um dos recortes deste estudo, o consentimento livre e esclarecido do paciente não ocorrerá apenas em um momento pontual, mas durante todo o processo terapêutico. Isso importa dizer que, durante um tratamento de saúde sequencial, o paciente poderá vir a tomar diversas decisões ao longo do tempo, as quais necessitarão de seu consentimento. Assim, pode-se afirmar que, nos tratamentos de saúde prolongados, o consentimento livre e esclarecido do paciente é um processo contínuo.

Juridicamente, para que produza efeitos, a relação médico-paciente deve ser regida pelas regras que norteiam os negócios jurídicos, a fim de que a manifestação de vontade do paciente seja devidamente considerada como válida. Contudo, o atual Código Civil brasileiro "ainda usa expressões paternalistas, demonstrando que não assimilou totalmente o novo ideário das relações entre médico e paciente, como se comprova pelo art. 13"[55] (RIBEIRO, 2010, p. 205), no qual o legislador dispõe que, "salvo por exigência médica, é defeso o ato de disposição do próprio corpo, quando importar diminuição permanente da integridade física, ou contrariar os bons costumes" (BRASIL, 2002).

Em sentido semelhante, no art. 15[56] desse Código,[57] o legislador estabelece que "ninguém pode ser constrangido a submeter-se, com risco de vida, a tra-

---

54. Segundo a Resolução 196/96 do Conselho Nacional de Saúde, o consentimento livre e esclarecido pode ser materializado por meio de um documento formal denominado Termo de Consentimento Livre e Esclarecido (TCLE).

55. CC/02: "Art. 13. Salvo por exigência médica, é defeso o ato de disposição do próprio corpo, quando importar diminuição permanente da integridade física, ou contrariar os bons costumes. Parágrafo único. O ato previsto neste artigo será admitido para fins de transplante, na forma estabelecida em lei especial" (BRASIL, 2002, grifo nosso).

56. Essa redação é realmente perigosa, porque pode conduzir o leitor a uma interpretação equivocada. Nesse sentido, "a interpretação literal do artigo nos permite pensar que o tratamento médico e a intervenção cirúrgica, com risco de vida, só podem ser levados a termo se houver consentimento do paciente. A *contrário sensu*, se não houver risco para a vida, o consentimento será dispensável, podendo o médico constranger o paciente a submeter-se a determinada intervenção" (NAVES; SÁ, 2017, p. 120), o que se monstra totalmente contrário aos princípios jurídicos da dignidade e da autonomia privada.

57. "É necessário lembrar que o Código Civil foi aprovado em 2002, mas sua tramitação no Congresso Nacional começou em 1975, antes, portanto, do *Relatório Belmont*. Nesse um quarto de século de sua preparação, não houve mudança nos dois artigos citados (13 e 15)" (RIBEIRO, 2010, p. 211-212).

tamento médico ou a intervenção cirúrgica" (BRASIL, 2002). Ao realizar uma leitura não conectada

> dos princípios bioéticos aplicados a tratamentos médicos ensejaria a conclusão de que o paciente teria a obrigação de aceitar a ordem médica quando o tratamento ou a cirurgia fosse *sem risco de vida*, o que seria um contrassenso ético e jurídico (RIBEIRO, 2010, p. 205-206, grifo do autor).

Nas duas situações, "o paciente não pode ser submetido a qualquer procedimento terapêutico sem seu consentimento, ou seja, contra sua vontade, em nenhuma hipótese, principalmente quando esse procedimento o expuser a risco de vida" (RIBEIRO, 2010, p. 206).

Da mesma forma que a autonomia passou por um longo percurso histórico, o consentimento informado também desbravou vasto caminho até chegar às concepções atuais. As informações históricas concernentes à pesquisa e experimentos

> com seres humanos, *sem* o consentimento informado, especialmente no século XIX, são surpreendentes, envolvendo notáveis pesquisadores como Hansen, Koch e Pasteur e práticas hoje inconcebíveis, como a utilização de condenados e crianças[58] (BARBOZA, 2012, p. 57).

Mesmo após o estabelecimento de requisitos mínimos para a realização de pesquisa e experimentos em pessoas humanas e já existindo a necessidade do consentimento informado do paciente, na década de 1960 e 1970, houve graves denúncias de violações éticas e metodológicas em face dos direitos fundamentais. Cita-se, como exemplo, o Estudo de Sífilis de Tuskegee, realizado desde 1932, em que, das 600 pessoas (afro-americanos pobres) com sífilis, 299 foram mantidas sem tratamento a fim de verificar a evolução da doença (BARBOZA, 2012). "Os sujeitos da pesquisa[59] foram impedidos de terem acesso ao tratamento, mesmo após este já estar disponível na rede de saúde pública dos Estados Unidos, na década de cinquenta" (BARBOZA, 2012, p. 58). Esse estudo, com todas as violações à dignidade da pessoa humana, só foi interrompido após forte pressão da opinião pública e da imprensa em 1972 (BARBOZA, 2012).

---

58. "Os horrores nazistas, rotulados de experimentação médica, chocaram o mundo, impondo que se estabelecesse a voluntariedade como requisito do consentimento. Não bastava que fosse informado, o consentimento havia de ser voluntário. Nesse sentido, dispôs o Código de Nuremberg, seguido por diretrizes e declarações, como a Declaração de Helsinki I, aprovada em 1964. Desde então o consentimento, livre e esclarecido do paciente é indispensável para a pesquisa clínica" (BARBOZA, 2012, p. 57).

59. "As pessoas pesquisadas sequer tinham conhecimento de que estavam sendo submetidas a um experimento. Deixados sem receber qualquer tratamento, aos sujeitos pesquisados foi omitida a informação de início da disponibilização da penicilina como fármaco a partir da década de 50, para que apenas fossem submetidos a placebo" (VASCONCELOS, 2020, p. 33).

Os avanços científicos e tecnológicos, após a segunda metade do século XX, influenciaram os debates, em especial os éticos, na área da saúde, o que impactou a relação médico-paciente, dando força, também, à necessidade de efetivamente se respeitar o consentimento livre e esclarecido como parte integrante da construção da autonomia do paciente.

O termo consentimento livre e esclarecido[60] não é usado de forma unânime, sendo usadas, também, as expressões consentimento pós-informado, consentimento consciente e consentimento livre e informado. Mas todos os termos expressam o dever que o médico tem de informar o paciente sobre seu estado de saúde e tratamento. O médico deve apoiá-lo a compreender "tudo que possa influir na sua decisão, como resultados esperados, ações alternativas, efeitos, custos. O paciente tem direito a recusar o procedimento proposto, optar por outro, inclusive revogar o consentimento dado anteriormente" (BARBOZA, 2012, p. 61).

Sobre o tema, Stancioli (2004), ao fazer referência ao art. 1º do Código de Nuremberg,[61] marco importante no histórico da relação médico-paciente, assevera que:

> O consentimento voluntário do ser humano é absolutamente essencial. Isso significa que as pessoas que serão submetidos ao experimento devem ser legalmente capazes de dar consentimento; essas pessoas devem exercer o livre direito de escolha sem qualquer intervenção de elementos de força, fraude, mentira, coação, astúcia ou outra forma de restrição posterior; devem ter conhecimento suficiente no assunto em estudo para tomar uma decisão. Esse último aspecto exige que sejam explicados às pessoas a natureza, a duração e o propósito do experimento; os métodos segundo os quais será conduzido; as inconveniências e os riscos esperados; os efeitos sobre a saúde ou sobre a pessoa do participante, que eventualmente possam ocorrer, devido à sua participação no experimento [...]. (STANCIOLI, 2004, p. 53).

A seu turno, Carbonera (2012) salienta três elementos principais que podem ser identificados ao trabalhar o consentimento livre e esclarecido, quais sejam, informação necessária, de modo que se utilize de linguagem que possibilite a compreensão do paciente, a concordância de forma livre e autônoma, sem qual-

---

60. "Assim, por entender-se ser o consentimento exercício da autonomia manifestada dentro da ideia de não existência de condicionantes e após prévia informação real e cabal, é que se adota a nomenclatura consentimento livre e esclarecido" (SOUZA, 2014, p. 23) como a mais adequada.
61. "O Código de Nuremberg pode ser colocado como o grande marco da resposta ético-jurídica às intervenções médicas não autorizadas. Esse Código foi promulgado em 1948, como parte do julgamento Estados Unidos versus Karl Brand, um dos médicos nazistas. Dentre outras acusações, o médico respondeu pelas intervenções 'médicas' nas quais obrigava seus 'pacientes' a ingerirem venenos, a tomarem doses de gasolina intravenosa, a serem imersos em água gelada etc. É certo que, mesmo anteriormente ao Código, houve esboços de busca do consentimento dos pacientes antes de intervenções médicas [...]. Mas a influência cosmopolita do Código de Nuremberg, seu impacto mundial, fez dele o marco da intervenção médica em pacientes humanos" (STANCIOLI, 2004, p. 52-53).

quer tipo de coerção e a possibilidade deste de recusar ou interromper a qualquer momento o tratamento ou experimentação.

O paciente precisa, portanto, além de ser capaz para consentir ou dissentir, ter acesso às informações necessárias para decidir de forma autônoma. O médico tem a função de transmitir todas as possibilidades de tratamento ao paciente e apoiá-lo, revelando-lhe o conhecimento da sua real situação, do tratamento proposto, seus riscos e benefícios, sua duração e possíveis complicações.

Essa interação não pode, contudo, ocorrer por meio de um discurso científico, posto ser inacessível ao seu interlocutor" (NAVES; REZENDE, 2007, p. 101). "O paciente estará apto a tomar decisões conscientes acerca de sua saúde a partir do conhecimento amplo, completo e suficiente dado pelo profissional médico" (SOUZA, 2014, p. 14). Assim,

> se eu posso gerir meu corpo, e portanto minha vida e minha morte de acordo com meus valores e crenças, é lógico que deva ser informado pelo médico do que se vai fazer com meu corpo e que tenha o poder e a liberdade de consenti-lo ou recusá-lo (GRACIA, 2010, p. 312).

Ressalta-se que, em respeito à autonomia privada, o paciente tem o direito, também, de não saber das informações sobre seus dados médicos. Ainda que exista autores como, por exemplo, Pilar Nicolás Jiménez (2006), que defendem que tal situação configuraria abuso de direito de autonomia, nos termos do art. 187 do Código Civil, discorda-se dessa concepção. Sugere-se que, na hipótese de o paciente não querer ser informado, o médico busque obter o seu consentimento livre e esclarecido da mesma forma que buscaria se ele quisesse ser informado. Essa postura pode resguardar o médico quanto a eventuais responsabilizações profissionais e reclamações, inclusive judiciais.

Observados os critérios apresentados, o consentimento livre e esclarecido estará dentro das balizas estabelecidas pelos regulamentos médicos nacionais[62] e internacionais,[63] como é o caso da Resolução 196/96 do Conselho Nacional de Saúde e do Código de Ética Médica do Conselho Federal de Medicina.

---

62. Há realmente diversas legislações nacionais e internacionais que tratam do Consentimento Livre e Esclarecido, muitas das quais foram citadas ao longo desta obra. Nesse contexto, "o Conselho Federal de Medicina, em sua Recomendação 01/2016, especifica que o Termo de Consentimento Livre e Esclarecido deve conter, dentre outros requisitos, a liberdade em consentir o tratamento, sem qualquer penalização ou sem prejuízo ao seu cuidado; a Portaria de Consolidação 01/2017, do Ministério da Saúde, garante ao paciente o consentimento livre, voluntário e esclarecido, sem que sejam imputadas à pessoa sanções morais, financeiras ou legais (art. 6º, V) [...]" (NAVES; SÁ, 2021, p. 83-84).

63. No âmbito internacional, pode-se citar, como exemplos de cartas éticas que trabalham o consentimento informado, a Declaração de Helsinque e a Convenção de Direitos Humanos e Biomedicina (Conselho da Europa). Sobre a Declaração de Helsinque, "tratou-se de uma iniciativa da própria classe médica (Associação Médica Internacional), que reconheceu a necessidade de novos parâmetros éticos para

No que diz respeito ao Código de Ética Médica, merecem destaque os artigos 22, 24, 31, 34, 39, 42 e 101, os quais determinam, entre outras medidas, que é vedado ao médico "deixar de obter consentimento do paciente ou de seu representante legal após esclarecê-lo sobre o procedimento a ser realizado, salvo em caso de risco iminente de morte" (CONSELHO FEDERAL DE MEDICINA, 2009). Da mesma forma, nos termos do artigo 31, não pode o médico "desrespeitar o direito do paciente ou de seu representante legal de decidir livremente sobre a execução de práticas diagnósticas ou terapêuticas, salvo em caso de iminente risco de morte"[64] (CONSELHO FEDERAL DE MEDICINA, 2009).

Desse modo, o médico não pode "deixar de obter do paciente ou de seu representante legal o termo de consentimento livre e esclarecido para a realização de pesquisa envolvendo seres humanos, após as devidas explicações sobre a natureza e as consequências da pesquisa" (CONSELHO FEDERAL DE MEDICINA, 2009). Isso torna evidente que "a aplicação do princípio da autonomia no âmbito da saúde tende a horizontalizar a relação, protegendo o paciente de tudo que possa limitar ou reduzir sua autonomia." (BARBOZA, 2012, p. 59).

Embasadas nas diretrizes da Constituição Federal, outras legislações reforçam o princípio da autonomia privada e o consentimento livre e esclarecido. Assim, "as ações e serviços públicos de saúde e os serviços privados contratados ou conveniados que integram o Sistema Único de Saúde (SUS)" (BRASIL, 1990) devem obedecer, entre outros princípios, à "preservação da autonomia das pessoas na defesa de sua integridade física e moral" (BRASIL, 1990), conforme prevê o legislador no art. 7º da Lei 8.080/90.

Outro exemplo encontra-se no Estatuto do Idoso (Lei 10.741/03), que prevê, no art. 17, que "ao idoso que esteja no domínio de suas faculdades mentais é assegurado o direito de optar pelo tratamento de saúde que lhe for reputado mais favorável" (BRASIL, 2003).

---

a biomedicina" (STANCIOLI, 2004, p. 59-60). Tal Declaração também mostrou sua relevância por ser "o primeiro documento internacional a se referir, textualmente, à ética na pesquisa biomédica com seres humanos" (STANCIOLI, 2004, p. 59). De igual modo, a Convenção de Direitos Humanos e Biomedicina teve importância na relação médico-paciente, pois "despendeu grandes esforços para regulamentar o consentimento informado, elevando-o ao *status* de "direitos humanos" (STANCIOLI, 2004, p. 61).

64. Em sentido semelhante, o artigo 34 do mesmo Código dispõe que é vedado ao médico "deixar de informar ao paciente o diagnóstico, o prognóstico, os riscos e os objetivos do tratamento, salvo quando a comunicação direta possa lhe provocar dano, devendo, nesse caso, fazer a comunicação a seu representante legal" (CONSELHO FEDERAL DE MEDICINA, 2009). Por sua vez, o art. 42 também determina que é proibido ao médico "desrespeitar o direito do paciente de decidir livremente sobre método contraceptivo, devendo sempre esclarecê-lo sobre indicação, segurança, reversibilidade e risco de cada método" (CONSELHO FEDERAL DE MEDICINA, 2009).

Caso o idoso não esteja em condições de exercer sua autonomia, o parágrafo único desse artigo determina uma ordem de preferência de quem poderá tomar a decisão.[65]

Nesse sentido, novamente, mostra-se importante ressaltar um dos recortes deste trabalho, o paciente. Cabe-lhe, tendo competência para tanto, a tomada de decisão sobre sua saúde, ainda que isso contrarie a vontade do médico e de seus familiares. Contudo, caso ele não possa se manifestar, de forma livre e esclarecida, e não tenha competência para isso, caberá aos seus familiares, se possível, a tomada de decisão a partir da reconstrução de sua vontade.[66]

Embora o recorte desta pesquisa não passe pela discussão da tomada de decisão, pela família do paciente, quanto ao tratamento de saúde continuado, uma vez que demandaria estudo específico e investigações teóricas que extrapolam o objeto desta pesquisa, como, por exemplo, o estudo do conceito de família, a análise de critérios para a reconstrução da vontade e a escolha de quem teria legitimidade para expressar a vontade do paciente, mostra-se inevitável a menção à família neste escrito, mesmo porque, tratando-se de tratamentos de saúde sequenciais ou prolongados, normalmente, ela estará presente durante o processo de adoecimento do paciente e em contato com o médico que presta os cuidados a este.

Desse modo, o foco é a tomada de decisão pelo próprio paciente competente, mas não sendo sua atuação possível por si só, a família terá o direito de decidir sobre a tomada de decisão em saúde ou contribuir para ela. Nesse contexto, posiciona-se no sentido de não haver uma ordem de prelação já definida[67] pela legislação brasileira.

---

65. "Art. 17. Ao idoso que esteja no domínio de suas faculdades mentais, é assegurado o direito de optar pelo tratamento de saúde que lhe for reputado mais favorável. Parágrafo único. Não estando o idoso em condições de proceder à opção, esta será feita: I – pelo curador, quando o idoso for interditado; II – pelos familiares, quando o idoso não tiver curador ou este não puder ser contactado em tempo hábil; III – pelo médico, quando ocorrer iminente risco de vida e não houver tempo hábil para consulta a curador ou familiar; IV – pelo próprio médico, quando não houver curador ou familiar conhecido, caso em que deverá comunicar o fato ao Ministério Público" (BRASIL, 2003).

66. Para melhor compreensão do posicionamento quanto ao recorte desta pesquisa no que diz respeito ao paciente competente para a tomada de decisão em saúde, sugere-se, novamente, a leitura da primeira nota de rodapé.

67. Observe-se que há legislações brasileiras como, por exemplo, a Lei de Doação de Órgãos (Lei 9.434/97), especificadamente, em seu art. 4º, que estabelece uma ordem de preferência dos familiares que terão direito de decidir sobre a retirada de tecidos, órgãos e partes do corpo do parente falecido. Contudo, tratando-se de tratamentos de saúde continuados e visando a maior preservação da autonomia privada do sujeito, o ideal é que o próprio paciente, independentemente de uma imposição legislativa, possa livremente escolher essa ordem de atuação de seus familiares quando da impossibilidade de sua manifestação de vontade.

Com o intuito de prestigiar o exercício da autonomia privada do paciente, a melhor opção seria conferir-lhe o direito de escolher a ordem de preferência de quais familiares poderiam tomar a decisão sobre sua saúde nas situações de impossibilidade de sua atuação autônoma. Observa-se que essa opção teria melhores condições de preservar a autonomia privada do paciente e a construção de sua biografia, posto que uma ordem de prelação imposta por uma legislação pode não coincidir com os interesses do paciente.

O Estatuto do Idoso, no já mencionado parágrafo único do art. 17, prevê que, na hipótese em que o paciente idoso não conseguir se manifestar por não estar no domínio de suas faculdades mentais, caberá ao seu curador, quando o idoso for interditado, e aos seus familiares, quando o idoso não tiver curador ou este não puder ser contactado em tempo hábil, tomar a decisão que mais beneficie o paciente.

Conquanto esse artigo estabeleça uma ordem de preferência seguida pelo curador, família e, por fim, médico, quando o paciente idoso não conseguir manifestar sua tomada de decisão em saúde, de forma competente, a legislação não prevê quais seriam os familiares que teriam legitimidade para isso.

Além disso, o Estatuto da Pessoa com Deficiência, no art. 1.783-A, confere possibilidade semelhante à exposta acima, por meio do instituto Tomada de Decisão Apoiada, em que a pessoa com deficiência e capaz pode escolher, pelo menos, duas pessoas, com as quais mantenha vínculo e confiança, para lhe prestar apoio na tomada de decisão sobre atos da vida civil.

Assim, de modo parecido, o paciente também pode escolher uma ordem de preferência de quem pode participar da reconstrução de sua vontade quando não puder de forma competente se manifestar.

Portanto, a melhor alternativa é a que prestigia a escolha dos familiares pelo próprio paciente, o que poderia ocorrer em qualquer momento em que o paciente venha a prestar seu consentimento livre e esclarecido.

Embora haja interesse legislativo em preservar a autonomia do sujeito, "no Brasil, infelizmente o consentimento livre esclarecido tem se convertido em mais um documento a ser assinado pelo paciente, sem real preocupação de verificar sua compreensão dos riscos e demais opções de tratamento" (NAVES; SÁ, 2021, p. 26). Normalmente, o paciente tem acesso a um documento formal, de linguagem de difícil compreensão ao homem médio, no momento que já está bastante vulnerável em razão da doença que o acomete. "Nesse momento, junto de vários procedimentos, filas e temores, é-lhe apresentado um documento padronizado, que não parece lhe dizer nada, pois não houve diálogo que conformasse sua consciência deliberativa" (NAVES; SÁ, 2021, p. 26).

Contudo, deveria ser nesse contexto que, por si só, já se desenha de forma bastante delicada, haja vista que envolve temas como dor, medo, angústia, incertezas, entre outros, o paciente deveria ser mais apoiado a compreender as melhores possibilidades para tomar uma decisão diante de um tratamento de saúde continuado.

Sobre o tema, Stancioli (2004) explica que o consentimento livre esclarecido deve preencher determinados requisitos, mas sem criar uma lista *numerus clausus*, isto é, o caso concreto é que determinará o conteúdo específico a ser explicado pelo médico ao paciente. Todavia, o autor também reconhece que alguns requisitos gerais devem ser apresentados, como, por exemplo, a necessidade de o médico informar o quanto é invasiva ou não a intervenção a ser realizada, a duração do tratamento, as partes do corpo humano a serem tratadas, a natureza e magnitude do risco, indicando a probabilidade de perda de função, debilidade permanente ou transitória, efeitos colaterais, possíveis complicações pós-operatórias etc. (STANCIOLI, 2004).

Nesse cenário, apresentar-se-á, no último capítulo, uma proposta a partir da mediação para que o paciente tenha espaço de diálogo com o médico, com o intuito de que este possa auxiliá-lo na formação de seu consentimento livre e esclarecido.

A partir dessas considerações, passa-se a aprofundar a temática, tratando da capacidade e da competência do paciente para a tomada de decisão quanto a um tratamento de saúde continuado, porque, na busca pela validade jurídica do consentimento livre e esclarecido, alguns critérios deverão ser analisados, conforme será exposto a seguir.

2.6 A CAPACIDADE E A COMPETÊNCIA DO PACIENTE NA RELAÇÃO MÉDICO-PACIENTE

Faz-se necessário, antes de trabalhar os temas sobre a capacidade e a competência do paciente, trazer algumas observações sobre a pessoalidade, substantivo feminino, do latim *personalitas,* que significa *qualidade de ser pessoa* (HOUAISS; VILLAR, 2001, grifo nosso).

Na Antiguidade grega e, depois, na romana, a pessoalidade estava longe do significado adotado atualmente. Estava ligada à ideia teatral, em que os atores utilizavam máscaras (*prósopon*) para expressar seus sentimentos e suas experiências de vida.

De acordo com Spaemann (2000, p. 41), "persona era, em princípio, simplesmente a máscara através da qual ressonava a voz do ator. Depois, em sentido figurado, passou a significar [...] o status social.".

A concepção de pessoalidade passa por modificações e, hoje, a pessoalidade está interligada à ideia de alteridade. Isto é, nos dias atuais, a pessoalidade pode ser compreendida como um processo de autodeterminação em um universo intersubjetivo, no qual há diferentes projetos de vida que se entrelaçam.

Logo, a construção da pessoalidade, ou seja, da condição de ser pessoa ocorre fora do Direito. O Direito não cria a pessoa. A partir da autodeterminação, da criação da pessoalidade, o Direito vai intervir, fazendo certa conformação nessa construção. Assim, a personalidade jurídica só vai existir a partir da pessoalidade se a pessoa se reconhecer como tal. É certo dizer, portanto, que o Direito não pode criar uma realidade que não seja a que exista. Em verdade, ele tem que conformar a partir da realidade já existente. Portanto, essa ciência jurídica não pode criar o que é incapacidade. A incapacidade é o que existe ou não existe.

Tendo em vista o exposto e para melhor compreensão da temática, vislumbra-se, também, a necessidade de discutir os requisitos de validade para que o exercício da autonomia privada produza seus efeitos. Em outras palavras, para que o exercício de autodeterminação, em certos casos, materializado no consentimento livre e esclarecido do paciente, venha a produzir os efeitos jurídicos pretendidos,

> exige requisitos de validade especiais, que excepcionam ou apenas complementam os requisitos dos atos jurídicos em geral, determinados no artigo 104 do Código Civil.[68] São eles: informação, discernimento e ausência de condicionadores externos diretos (NAVES; SÁ, 2021, p. 67-68).

Quanto à informação, a própria Constituição Federal, no art. 5º, inciso XIV,[69] consagra como direito fundamental o acesso à informação a todos os cidadãos, podendo eles, inclusive, solicitar a órgãos públicos informações pessoais ou de interesse coletivo ou geral que estejam em seu poder. "A plenitude do conhecimento para todos funda a verdade "democrática. E é, certamente, péssima para o interesse geral uma deliberação baseada em informações enganosas ou falsas" (RODOTÀ, 2013, p. 16). Esse sistema de informação "cumpre a função essencial de fornecer aos cidadãos conhecimentos que de outra forma seria inacessível"[70] (RODOTÀ, 2013, p. 16).

---

68. CC/02: "Art. 104. A validade do negócio jurídico requer: I – agente capaz; II – objeto lícito, possível, determinado ou determinável; III – forma prescrita ou não defesa em lei" (BRASIL, 2002).
69. CF/88: "Art. 5º Todos são iguais perante a lei, sem distinção de qualquer natureza, garantindo-se aos brasileiros e aos estrangeiros residentes no País a inviolabilidade do direito à vida, à liberdade, à igualdade, à segurança e à propriedade, nos termos seguintes: [...] XIV – é assegurado a todos o acesso à informação e resguardado o sigilo da fonte, quando necessário ao exercício profissional" (BRASIL, 1988).
70. "O direito de buscar, obter e difundir informações tornou-se uma possibilidade concreta para um número crescente de pessoas graças à Internet. A verdade na democracia, portanto, exige força dos parlamentos, liberdade dos sistemas informativos em relação a condicionamentos econômicos e à censura, direito de acesso à rede. A democracia apresenta-se, assim, como um regime de verdades 'múltiplas', não de verdades 'reveladas'. E de verdades tornadas acessíveis a todos" (RODOTÀ, 2013, p. 16).

Esse tema já foi abordado neste trabalho em mais de uma oportunidade, uma vez que está interligado ao direito ao consentimento, bem como à relação médico-paciente, principalmente, quando se trata da confidencialidade dos dados do paciente e de sua proteção. Por isso, não se irá pormenorizar o conteúdo do direito à informação neste tópico.

No que concerne ao elemento da ausência de condicionadores externos diretos, pode-se afirmar que o exercício da autonomia privada somente produzirá efeitos válidos se a vontade for "livre, não podendo comportar quaisquer vícios, sejam sociais ou de consentimento. Os únicos condicionantes admitidos são os da própria consciência do paciente"[71] (NAVES; SÁ, 2021, p. 68).

Por fim, o paciente, para ter sua manifestação de vontade considerada juridicamente válida, terá que ter discernimento. "Discernimento significa estabelecer diferença; distinguir, fazer apreciação. Exige-se que o paciente seja capaz de compreender a situação em que se encontra" (NAVES; SÁ, 2021, p. 68).

Ao falar em discernimento, mostra-se necessário fazer uma pausa para trazer algumas considerações, ainda que sucintas, sobre o regime jurídico das incapacidades adotado atualmente no Brasil, haja vista que tais explicações podem contribuir para o melhor entendimento das diferenças entre a capacidade e a competência do paciente.

Inicialmente, explica-se que a "capacidade é a aptidão inerente a cada pessoa para que possa ser sujeito ativo ou passivo de direitos e obrigações" (FIUZA; NOGUEIRA, 2017, p. 12).

Nesse âmbito, a "capacidade de direito é, portanto, o potencial inerente a toda pessoa para o exercício de atos da vida civil"[72] (FIUZA; NOGUEIRA, 2017, p. 12). Já a "capacidade de fato, a seu turno, é o poder efetivo que capacita as pessoas para a prática plena de atos da vida civil" (FIUZA; NOGUEIRA, 2017, p. 12).

A capacidade de direito é conhecida também como capacidade de aquisição ou gozo; e a capacidade de fato é denominada também de capacidade de exercício ou ação. Em suma, "a capacidade de direito materializa a pessoa, tornando-a sujeito de direito, e a capacidade de fato realiza a pessoa, habitando-a ao exercício efetivo da subjetividade, ou seja, dos direitos e deveres" (FIUZA; NOGUEIRA, 2017, p. 13).

---

71. "É claro que, psicologicamente, toda decisão se baseia e, por isso, é condicionada por variados elementos, internos e externos. Todavia, quando os condicionantes foram externos, sua incidência não deve ser de tal forma direta que induza à tomada de decisão. Esse é, por exemplo, o caso da coação, que em condições de vulnerabilidade do paciente, pode adquirir feições mais sutis" (NAVES; SÁ, 2021, p. 68).

72. Nesse sentido, dispõe o artigo 1º do Código Civil de 2002 que "toda pessoa é capaz de direitos e deveres na ordem civil" (BRASIL, 2002).

O regime jurídico das incapacidades alterou-se bastante após a edição do Estatuto da Pessoa com Deficiência (Lei 13.146/15), que, por sua vez, alterou diversos artigos do Código Civil, entre eles o 2º e o 3º (BRASIL, 2015a).

Antes dessas alterações, eram considerados absolutamente incapazes os menores de 16 anos de idade, as pessoas que, por enfermidade ou deficiência mental, não tinham discernimento necessário para a prática de atos da vida civil, bem como aqueles que, mesmo por causa transitória, não podiam exprimir sua vontade.

Contudo, hoje, são absolutamente incapazes apenas os menores de 16 anos,[73] haja vista que o Estatuto da Pessoa com Deficiência revogou todos os incisos do art. 3º do Código Civil. Por sua vez, atualmente, são considerados relativamente incapazes os maiores de 16 e menores de 18 anos de idade, os ébrios habituais, os viciados em tóxicos, os que, por causa permanente ou transitória, não podem exprimir sua vontade, bem como os pródigos[74] (BRASIL, 2002).

Conquanto o Direito Civil contemporâneo busque a proteção e a promoção da dignidade dos incapazes, adotando medidas voltadas à inclusão dos vulneráveis ao meio social e à prática dos atos da vida civil, destacam-se algumas críticas no que diz respeito a certas alterações trazidas pelo Estatuto da Pessoa com Deficiência ao atual Código Civil. A discussão dessas críticas será limitada aos critérios de fixação da capacidade, uma vez que não se pretende trazer toda a polêmica sobre o assunto e correr o risco de perder o foco argumentativo central deste trabalho.

A primeira crítica está no fato de constar, na categoria de absolutamente incapazes, somente os menores de 16 anos de idade, uma vez que com essa postura adota-se a idade como o único critério para se estabelecer a incapacidade absoluta, o que gera um verdadeiro vácuo dogmático. "Antes das alterações ocorridas em 2015, além da idade, o outro critério para a fixação da incapacidade absoluta era ausência de discernimento ou a impossibilidade total de expressão da vontade, o que na prática, resultava no mesmo" (FIUZA; NOGUEIRA, 2017, p. 17). Além disso, isso significa que, diante da redação do art. 4º do CC/02, mesmo na ausência de discernimento ou na impossibilidade de expressão da vontade pelo paciente, ele será considerado relativamente incapaz.

Suponha a situação em que um paciente esteja em coma e seja interditado. Ele será considerado, pela legislação brasileira vigente, relativamente incapaz,

---

73. CC/02: "Art. 3º São absolutamente incapazes de exercer pessoalmente os atos da vida civil os menores de 16 (dezesseis) anos" (BRASIL, 2002).
74. CC/02: "Art. 4º São incapazes, relativamente a certos atos ou à maneira de os exercer: I – os maiores de dezesseis e menores de dezoito anos; II – os ébrios habituais e os viciados em tóxico; III – aqueles que, por causa transitória ou permanente, não puderem exprimir sua vontade; IV – os pródigos. Parágrafo único. A capacidade dos indígenas será regulada por legislação especial" (BRASIL, 2002).

sendo-lhe nomeado um curador, uma vez que não será possível utilizar, na prática, o instituto da assistência. É no mínimo bizarro imaginar uma situação de incapacidade relativa em que o incapaz não tem sua vontade levada em consideração, sendo representado, possivelmente, para a prática de todos os atos da vida civil.

De modo semelhante, o legislador brasileiro perdeu a oportunidade de fazer melhorias na redação do art. 4º do CC/02 ao tratar da incapacidade relativa, porque, ao falar dos ébrios habituais e dos viciados em tóxicos, está a se dizer de uma mesma categoria.[75] Logo, eles poderiam estar inseridos no critério adotado no inciso III do mesmo artigo, qual seja, naqueles "que, por causa transitória ou permanente, não puderem exprimir sua vontade." (BRASIL, 2002). O fato é que, caso não seja implementado um ajuste interpretativo sistemático e teológico no regime jurídico das incapacidades, estará se convalidando uma incapacidade absoluta disfarçada de incapacidade relativa, desprotegendo os vulneráveis.

A complexidade da psique exige, do Direito e do sistema jurídico como um todo, respostas flexíveis às demandas humanas, as quais se baseiem numa principiologia constitucional e em uma hermenêutica renovada que venha a evitar situações de esvaziamento da autonomia privada e de restrições impostas ao livre desenvolvimento da personalidade.

Nota-se que, para exercer a autonomia privada, a pessoa precisa ser capaz. Todavia, o conteúdo dessa capacidade varia conforme as peculiaridades de cada caso. Se o regime jurídico das incapacidades adotado pelo Código Civil se mostra insuficiente e até mesmo inadequado, qual seria a saída? Longe da intenção de trazer respostas prontas e inflexíveis, talvez a resposta, como se demonstrará a seguir, passe por repensar a competência para a tomada de decisão em saúde e a capacidade de entendimento do paciente, ambas a serem utilizadas na relação médico-paciente.

O conceito de competência é pouco divulgado no Brasil se comparado aos Estados Unidos,[76] onde o conceito é vastamente aplicado (NAVES; SÁ, 2017). Para melhor compreensão do tema, Culver (2002) assevera que:

---

75. "Desnecessário, porque, na verdade, pouco importa a substância viciante; o que interessa é que o discernimento do viciado esteja prejudicado, total ou parcialmente, de forma permanente ou transitória, incapacitando-o de expressar sua vontade. Portanto, bastava um inciso que reunisse todas as pessoas com discernimento reduzido (no caso da atual redação, pessoas sem discernimento ou impossibilitadas de manifestar sua vontade, fosse qual fosse a razão)" (FIUZA; NOGUEIRA, 2017, p. 18).

76. "A literatura sobre a correta definição de 'competência' existe amplamente nos Estados Unidos. O assunto se demonstra remoto e um tanto 'distante' para os leitores da América Latina, onde o conceito de competência parece pouco relevante para avaliar a justificabilidade de indeferir recusas de tratamento. Uma das razões para a diferença cultural é a forte ênfase legal dada à noção de competência nos Estados Unidos, e ao princípio, associado, de que aos pacientes competentes devem ser permitidas decisões sobre cuidados médicos sem interferência" (CULVER, 2002, p. 105).

> [...] Um paciente é competente se souber entender e valorizar a informação que o levará a tomar uma decisão. A informação relevante, logicamente, e a 'informação adequada', discutida acima, que é dada ao paciente durante o processo para o consentimento. Se um paciente entende essa informação, e avalia que se aplica a ele, então ele é competente de acordo com esta definição, e sua decisão subsequente de aceitar ou recusar o tratamento sugerido deve ser respeitada; se ele não entende nem avalia informação, então ele não é competente sua decisão não deve ser respeitada (CULVER, 2002, p. 98).

O conceito de competência torna-se ainda mais importante nos casos em que há objeção de consciência do paciente. "O assunto ético latente é: quando podemos considerar eticamente justificável indeferir uma recusa de tratamento e prosseguir com ele apesar das objeções do paciente?" (CULVER, 2002, p. 97). Nesse cenário, "a resposta mais frequente dada a essa pergunta por bioeticistas e pelas cortes de Justiça é: quando, e somente quando, o paciente não for competente para recusar" (CULVER, 2002, p. 97).

A equação E (Entender) + A (Avaliar) = C (Competente), ou seja, na hipótese em que o paciente *entende* as informações fornecidas pelo médico e *avalia* se vai consentir ou dissentir, significa, em um primeiro plano, que ele é *competente* para a tomada de decisão. O problema parece surgir quando essa equação não coincide com a vontade do médico, com o que ele acredita ser mais benéfico ao paciente. Normalmente, nessa situação é que o conflito se instaura, especialmente, quando o paciente escolhe não fazer determinado tratamento e correr o risco de morrer (CULVER, 2002). Por isso, alguns autores, como, por exemplo, Culver e Gert, defendem ser necessário introduzir o elemento *racionalidade* à equação E+A. Assim, "a decisão de indeferir a recusa de um paciente vai depender não só de ser o paciente competente, mas também de ser a recusa do paciente racional ou irracional" (CULVER, 2002, p. 101).

Em breve síntese, "esses autores definem a decisão irracional sobre um tratamento, aquela que provavelmente resultará em danos pessoais ao paciente, na ausência de benefícios compensatórios" (CULVER, 2002, p. 101), o que deve ser, segundo eles, analisado objetivamente. Adotar esse parâmetro pode ser arriscado, pois, em certos casos, a morte pode ser a escolha feita pelo paciente de forma livre e consciente. Logo, não seria adequado dizer que esse paciente seria incompetente para a tomada de decisão, porque fez objeção a se submeter a um tratamento que apenas prolongaria seu sofrimento. "O que se procura é um conceito que respalde o paciente na tomada de decisões ou um conceito que ampare o médico a não aceitar a decisão do paciente?" (NAVES; SÁ, 2017, p. 123).

Além dos critérios utilizados para definir competência, quais sejam entender, avaliar e racionalizar, Culver (2002) explica ainda o Modelo de Competência de

Drane,[77] também conhecido como Modelo de Escala Ajustável, que apresenta três níveis de gravidade em situações médicas e os padrões correspondentes que apoiarão a definir se, em dado momento, o paciente é competente:

> Nível um – Situação médica: tratamento não perigoso; alto benefício, baixo risco; alternativas de tratamento limitadas. Padrão de competência: o paciente, deve estar 'ciente' de sua situação médica e concordar com o tratamento, porém não necessita passar por teste de compreensão (CULVER, 2002, p. 102).

Em seguida, apresenta-se o nível dois:

> Nível dois – Situação médica: diagnóstico duvidoso; ou diagnóstico certo, porém sendo o tratamento algo perigoso ou até mesmo ineficaz; ou existem tratamentos alternativos; ou nenhum tratamento é a alternativa. Padrão de competência: o paciente deve compreender os riscos e as consequências das diferentes opções e estar em condições de tomar uma decisão baseada na sua compreensão (CULVER, 2002, p. 102).

Por derradeiro, no nível três, a situação médica se mostra ainda mais complexa, porque envolve risco de morte:

> Nível três – Situação médica: a decisão do paciente é 'perigosa'; ela é 'contrária' à 'racionalidade pública e profissional', é 'irracional e há provável risco de morte'. Padrão de competência: o paciente 'deve estar em condições de dar razões para sua decisão que mostrem que ele cogitou os fatos médicos e relacionou essa informação com seus valores pessoais. As razões pessoais do paciente não necessitam ser científicas ou publicamente aceitas, porém também não podem ser exclusivamente privadas ou 'idiossincrásicas" (CULVER, 2002, p. 102).

Pelo exposto, pode-se afirmar que o Modelo de Competência de Drane possui boa aplicação nos dois primeiros níveis, haja vista que respeita o exercício da autonomia do paciente em tomar decisão diante de um tratamento médico. Contudo, no nível três, nas hipóteses em que envolvem risco de morte, se o paciente manifestar sua vontade de forma contrária ao entendimento médico, sua decisão será considerada perigosa e irracional, como se verifica na citação acima. "Então, até que ponto podemos falar em autonomia, se esta só é garantida diante de coincidências de vontade? Essa pergunta nos instiga a responder, não no sentido de invalidar o conceito de competência, mas de tentar aprimorá-lo" (NAVES; SÁ, 2017, p. 124), da seguinte maneira:

> (i) Não mais é possível transferir para o médico toda e qualquer escolha de tratamento médico. O paciente deve ser ouvido e informado e sua decisão precisa ser respeitada, ainda que ela

---

77. "Drane (1985) e Buchanan & Brock (1986, 1989), sugeriram que 'competência' deva ser definida diferentemente em situações clínicas diferentes [...]. Drane (1985) sugere três níveis diferentes de gravidade em situações médicas, e três padrões correspondentes para determinar se um paciente, em determinado momento, é ou não competente" (CULVER, 2002, p. 101-102).

seja contrária à vontade do profissional; (ii) não cabe ao médico impor sua construção de vida boa ao paciente. Cada pessoa é dotada de valores morais que lhe são próprios; (iii) a competência precisa ser repensada e utilizada na relação médico-paciente tendo em vista que o regime das capacidades do Código Civil se mostra insuficiente para regular situações dessa natureza (NAVES; SÁ, 2017, p. 124-125).

À vista disso, Stancioli (2004) explica que, para que um indivíduo realize um ato autônomo, são necessários três elementos: compreensão, intenção e ausência de influências controladoras. No caso específico da relação médico-paciente, para que o paciente compreenda sua doença e os possíveis tratamentos, é necessário que se estabeleça um diálogo entre ele e o médico, no qual uma comunicação não violenta[78] e efetiva poderá contribuir no sentido de preservar a autonomia do paciente para a tomada de decisão.

Por sua vez, a partir do momento em que há a compreensão de toda a situação médica que envolve a doença e o tratamento do paciente, "os atores podem delinear suas metas, segundo seus interesses volitivos [...]. O indivíduo deve ter ciência de que vários fatores supervenientes e imprevistos podem ocorrer [...]. Todo ato autônomo envolve um certo risco"[79] (STANCIOLI, 2004, p. 39). Logo, aquele ato autônomo é intencional na hipótese em que o paciente não só compreende, mas age voluntariamente e de modo a seguir seu próprio plano de interesses pessoais.

Seguindo esse raciocínio, como já disposto em outra oportunidade, "a ausência total de influências controladoras parece não existir na prática, em especial na relação médico-paciente" (STANCIOLI, 2004, p. 42). Contudo, deve-se atentar para que as condicionantes externas ou as influências controladoras que serão aceitas sejam advindas da consciência do próprio paciente, a fim de que se tenha um ato substancialmente autônomo ou que o grau de autonomia seja satisfatório.

Nessa linha de pensamento, Stancioli (2004) também traz excelente contribuição ao falar sobre a capacidade do agente, dividindo esse instituto em capacidade genérica ou negocial e capacidade específica ou de entendimento.

Ao explicar capacidade de direito e capacidade de fato, o autor afirma que o critério único de idade é insuficiente para constatar que uma pessoa tem condições reais de consentir ou dissentir quanto a um tratamento de saúde, posicionamento com o qual se coaduna, como já manifestado nesta pesquisa.

---

78. Quanto à comunicação não violenta, será abordada em tópico específico no último capítulo da obra.
79. "Nunca é demais lembrar que o sucesso (ou fracasso) de uma terapia não resulta somente da ação médica, mas também de conjunturas alheias à sua vontade [...]. No entanto, quando o médico age sem atender à autonomia do paciente, arcará sozinho com todo o ônus de sua intervenção. Por outro lado, se a autonomia do paciente é respeitada, há uma *repartição do ônus do risco* entre médico e seu paciente" (STANCIOLI, 2004, p. 40-41, grifo do autor).

Por isso, Stancioli (2004, p. 45, grifo do autor) sustenta a necessidade de se adotar a capacidade específica, trazendo o seguinte esquema: "Capacidade genérica: "P" é capaz para *qualquer tarefa*, se uma idade alcançada [...]. Capacidade específica: "P" é capaz *para essa tarefa*, se a habilidade *para essa tarefa* é alcançada". Aprofundando o entendimento nessa dicotomia, ele leciona que:

> A capacidade negocial [...] é aquela cujos critérios são fixados em lei [...]. Não há que se perquirir o grau de cognição, ou entendimento, da pessoa natural, que não se enquadre nas idades fixadas normativamente. Os critérios são objetivos e inflexíveis. Por oposição, tem-se a capacidade de entendimento [...] que denota o domínio cognitivo e habilidade decisional, ou 'poder de avaliar, julgar'. Essa capacidade leva em conta, portanto, o *ethos* crítico da pessoa natural, tendo em vista sua maturidade e educação. Não apresenta critérios objetivos, mas deve ser avaliada de forma situacional. Em outras palavras, busca-se analisar se o indivíduo tem capacidade para uma atividade determinada. A capacidade de entendimento tem, portanto, uma imbricação muito mais íntima com a autonomia da vontade (STANCIOLI, 2004, p. 46).

Assim, fica mais fácil compreender a objeção de consciência, que pode ser praticada tanto pelo médico quanto pelo paciente. Contudo, em razão do escopo principal desta pesquisa, debruçar-se-á, ainda que de modo breve, sobre o estudo da objeção de consciência do paciente capaz e incapaz.

Há situações em que o paciente não pode exercer, por si mesmo, sua manifestação de vontade. Nessa situação é importante que outras pessoas, como, por exemplo, representantes legais, decidam por ele de modo a construir sua própria vontade e não estabelecer o desejo dos familiares. Nesse cenário, insta salientar que, nos Estados Unidos, desde 1991, há um instrumento jurídico facilitador da tomada de decisão, em especial, nas situações de quadros crônicos e de pacientes em condições terminais, o chamado The Patient Sef-Determination Act (PSDA) ou Ato de Autodeterminação do Paciente (NAVES; REZENDE, 2007).

De acordo com os termos do PSDA, o paciente pode manifestar sua intenção no tocante à terapêutica das seguintes maneiras: "por meio de *living wills* – ou testamento vital ou do *durable power of attorney* – mandado[80] duradouro. Ambos os instrumentos jurídicos se designam genericamente como *advance directives* ou diretivas avançadas" (NAVES; REZENDE, 2007, p. 104, grifo dos autores).

Assim, "o *living will* ou 'testamento em vida' pretende estabelecer os tratamentos médicos indesejados, caso o paciente incorra em estado de inconsciência ou esteja em estado terminal" (NAVES; SÁ, 2021, p. 67, grifo dos autores).

---

80. Embora os autores façam referência a expressão mandado duradouro, talvez fosse melhor a utilização da terminologia mandato ou procuração duradoura, haja vista que caracterizam melhor o ato em que a pessoa teria autorização para participar da reconstrução da vontade do paciente, quando necessário.

Já o chamado *"durable power of attorney for health care* (poder duradouro do representante para cuidados com a saúde – ou, simplesmente, mandado duradouro) estabelece-se um representante para decidir e tomar providências cabíveis pelo paciente" (NAVES; SÁ, 2021, p. 67, grifo dos autores).

Por fim, o *"advanced core medical directive* (diretiva do centro médico avançado) diz respeito ao estado terminal. Por esse instrumento, o paciente estabelece os procedimentos a que não quer se submeter e nomeia um representante" (NAVES; SÁ, 2021, p. 67, grifo dos autores). As diretivas avançadas são, portanto, um documento que engloba as disposições do testamento em vida, bem como do poder duradouro.

A partir da compreensão de capacidade, competência e de todas as particularidades que envolvem o tema, a objeção de consciência se apresenta. No que diz respeito ao paciente maior de idade, podem existir duas situações.

A primeira delas, é aquela em que o paciente capaz, se recusa a passar por determinado tratamento médico, como, por exemplo, no caso das Testemunhas de Jeová, que se recusam a receber o sangue de outrem. Nessa situação, é incontestável que o direito à autodeterminação deve prevalecer, se o paciente é capaz e competente para entender, avaliar e tomar decisões, até mesmo sobre não realizar um tratamento. Esse direito foi, inclusive, exposto na Resolução 2.232 de 16 de setembro de 2019 do Conselho Federal de Medicina, que prevê, em seus primeiros artigos, que:

> Art. 1º A recusa terapêutica é, nos termos da legislação vigente e na forma desta Resolução, um direito do paciente a ser respeitado pelo médico, desde que esse o informe dos riscos e das consequências previsíveis de sua decisão (CONSELHO FEDERAL DE MEDICINA, 2019).

Ainda:

> Art. 2º É assegurado ao paciente maior de idade, capaz, lúcido, orientado e consciente, no momento da decisão, o direito de recusa à terapêutica proposta em tratamento eletivo, de acordo com a legislação vigente (CONSELHO FEDERAL DE MEDICINA, 2019).[81]

Na segunda situação, o paciente também é maior de idade, mas incapaz. Nessa hipótese, buscar-se-á reconstruir sua vontade, o que pode ser facilitado

---

81. No entanto, o Conselho Federal de Medicina, na mesma Resolução, no art. 11, se contradiz ao buscar justificativas para a não aceitação da recusa terapêutica do paciente em caso de perigo de morte, prevendo o referido artigo que: "Art. 11. Em situações de urgência e emergência que caracterizarem iminente perigo de morte, o médico deve adotar todas as medidas necessárias e reconhecidas para preservar a vida do paciente, independentemente da recusa terapêutica" (CONSELHO FEDERAL DE MEDICINA, 2019).

caso ele tenha deixado, preferencialmente, por escrito, as diretivas antecipadas.[82] Caso contrário, inexistindo formas para identificar qual era sua vontade, não há o que se falar em recusa de tratamento (objeção de consciência), devendo o tratamento ser realizado.

As circunstâncias se tornam um pouco mais complexas nas hipóteses que envolvem menores de idade. Nesse sentido, mais uma vez, a capacidade não pode ser analisada de forma isolada, mas deve ser examinada em harmonia com a competência casuisticamente, pois "a autonomia progressiva da criança e do adolescente, garantida pelo Estatuto da Criança e do Adolescente, não pode ser desconsiderada" (NAVES; SÁ, 2021, p. 81).

Todavia, não é essa a visão que prevalece na Resolução 2.232/19, que trata, com bastante inflexibilidade, os incapazes ao determinar que:

> Art. 3º Em situações de risco relevante à saúde, o médico não deve aceitar a recusa terapêutica de paciente menor de idade ou de adulto que não esteja no pleno uso de suas faculdades mentais, *independentemente de estarem representados ou assistidos por terceiros*[83] (CONSELHO FEDERAL DE MEDICINA, 2019, grifo nosso).

Ao dispor, na última parte do artigo, *independentemente de estarem representados ou assistidos por terceiros,* a Resolução desconsidera totalmente a possibilidade do uso do mandado duradouro ou do procurador para cuidados de saúde, o que, por consequência, viola o direito do paciente de construir sua própria biografia de vida. Em outros termos, "significa que os médicos devem desconsiderar a representação validamente construída e autorizada pelo próprio Conselho Federal de Medicina, na Resolução CFM 1.995/2012, sobre diretivas antecipadas de vontade" (NAVES; SÁ, 2021, p. 81).

De fato, "há pessoas que, mesmo incapazes legalmente, têm discernimento suficiente para expressar vontade contrária ao tratamento médico preconizado. A decisão final, se proferida pelo Judiciário, deve buscar a justiça para o caso concreto" (NAVES; SÁ, 2021, p. 81). Foi exatamente essa a situação narrada no caso de Adam Henry, descrito na obra *A balada de Adam Henry* (2014), cujo paciente

---

82. Resolução 2.232/19 do Conselho Federal de Medicina: "Art. 12. A recusa terapêutica regulamentada nesta Resolução deve ser prestada, preferencialmente, por escrito e perante duas testemunhas quando a falta do tratamento recusado expuser o paciente a perigo de morte. Parágrafo único. São admitidos outros meios de registro da recusa terapêutica quando o paciente não puder prestá-la por escrito, desde que o meio empregado, incluindo tecnologia com áudio e vídeo, permita sua preservação e inserção no respectivo prontuário" (CONSELHO FEDERAL DE MEDICINA, 2019).

83. Resolução 2.232/19 do Conselho Federal de Medicina: "Art. 4.º Em caso de discordância insuperável entre o médico e o representante legal, assistente legal ou familiares do paciente menor ou incapaz quanto à terapêutica proposta, o médico deve comunicar o fato às autoridades competentes (Ministério Público, Polícia, Conselho Tutelar etc.), visando o melhor interesse do paciente" (CONSELHO FEDERAL DE MEDICINA, 2019).

tinha dezessete anos de idade, o qual é considerado, pela legislação brasileira, como relativamente incapaz, e não podia exercer sua objeção de consciência segundo as regras do art. 3º da Resolução 2.232/19 do Conselho Federal de Medicina, uma vez que ela só avalia o critério idade, sem analisar a competência do menor para a tomada de decisão.

Em conclusão, conquanto não seja o enfoque principal desta obra, aproveita-se a oportunidade para dizer que ao médico também é conferido o direito de objeção de consciência[84] no exercício da sua autonomia privada.

Nesse sentido, a objeção de consciência pode ser entendida como o direito que a pessoa tem de não praticar determinadas condutas, tais como, seguir um procedimento ou tratamento médico, porque são contrárias às suas concepções religiosas, morais, éticas, políticas, econômicas ou de qualquer outra ordem pessoal, como, por exemplo, na relação médico-paciente.

No que se refere à objeção de consciência do médico, o capítulo I – Princípios Fundamentais – do Código de Ética Médica[85] assim prevê:

> VII – O médico exercerá sua profissão com autonomia, não sendo obrigado a prestar serviços que contrariem os ditames de sua consciência ou a quem não deseje, excetuadas as situações de ausência de outro médico, em caso de urgência ou emergência, ou quando sua recusa possa trazer danos à saúde do paciente[86] (CONSELHO FEDERAL DE MEDICINA, 2009).

O Código de Ética Médica ainda determina, no capítulo II, inciso IX, que é direito do médico "recusar-se a realizar atos médicos que, embora permitidos por lei, sejam contrários aos ditames de sua consciência" (CONSELHO FEDERAL DE MEDICINA, 2009).

Em redação bem semelhante, a Resolução 2.232/19, também do CFM, dispõe, no art. 8º, que a "objeção de consciência é o direito do médico de se abster

---

84. A palavra *consciência*, do latim *concientia*, significa *com conhecimento*, "convicção, discernimento, compreensão" (HOUAISS; VILLAR, 2001, p. 806). Por seu turno, a palavra *objeção* tem o significado de "ato de objetar [...], obstáculo, posição" (HOUAISS; VILLAR, 2001, p. 2.041).
85. Esse é considerado o *novo* Código de Ética Médica, que foi publicado no Diário Oficial da União, Resolução CFM 1.931, de 17 de setembro de 2009, entrando em vigor em 13 de abril de 2010.
86. Frederico Ferri de Resende, em sua dissertação de Mestrado intitulada *O Direito de objeção de consciência do médico no exercício da profissão e a preservação da autonomia privada do paciente* (2016), traz críticas relevantes sobre a objeção de consciência médica ao dizer que, "de acordo com o Código de Ética Médica, a objeção de consciência não poderia ser exercida pelo médico se sua decisão causar danos à saúde do paciente. Trata-se de exceção que deve ser analisada com ressalvas, sob pena de inviabilizar o próprio exercício daquele direito [...]. Se se entender que qualquer espécie de lesão à saúde do paciente, independentemente do seu grau de gravidade, for considerada dano à saúde do enfermo, não haveria espaço para o exercício da objeção de consciência, isso porque qualquer tipo de dano certo e efetivo seria capaz de provocar algum prejuízo [...]. Conclui-se que a recusa do atendimento ao paciente por ditames de consciência poderá ser exercida naquelas situações eletivas, ou seja, quando não houver riscos iminentes à saúde do enfermo" (RESENDE, 2016, p. 60, grifo nosso).

do atendimento diante da recusa terapêutica do paciente, não realizando atos médicos que, embora permitidos por lei, sejam contrários aos ditames de sua consciência" (CONSELHO FEDERAL DE MEDICINA, 2009).

Desse modo, o médico também tem o direito de recusar a seguir acompanhando um paciente que objetou ao tratamento, desde que não tenha risco iminente à saúde deste. Além disso, o médico que exercer sua objeção de consciência tem o dever de comunicá-la ao hospital, à clínica ou a qualquer instituição de saúde em que o paciente esteja em tratamento, justamente para que outro profissional competente possa seguir com os cuidados e a assistência,[87] conforme prevê o art. 9º da Resolução 2.232/19 do Conselho Federal de Medicina.

Vale também relembrar que, ainda hoje, a profissão médica não deixou de ser um ofício liberal, ainda que o médico exerça a profissão com vínculos celetistas ou estatutários, conforme previsto no art. 5º, XIII, da CF/88: "é livre o exercício de qualquer trabalho, ofício ou profissão, observadas as condições de capacidade que a lei estabelecer" (BRASIL, 1998). Isso fortalece o direito de o médico poder exercer sua autonomia da mesma forma que o paciente e, com certa conformação, manifestar sua objeção de consciência.

Na relação médico-paciente, deverá haver uma harmonização entre a autonomia do médico e a autonomia do paciente, de modo que uma não sobreponha a outra. O médico não pode desconsiderar o direito do paciente de se autodeterminar, ainda que confronte com o que ele considera melhor para o paciente, pois, caso contrário, estará a tratá-lo como mero objeto. De igual maneira, o exercício da autonomia do médico também deve ser garantido, a fim de que possa exercer sua objeção de consciência caso queira, respeitadas as limitações legais.

Entretanto, nem sempre a harmonização ocorre de modo fácil, o que, por vezes, leva médico, paciente ou familiares a um conflito.

No próximo capítulo, discutir-se-á o conflito, suas teorias, suas abordagens e seus impactos na autonomia do paciente para a tomada de decisão para um tratamento de saúde continuado, oportunidade em que a compreensão desse atual capítulo poderá ser conquistada ainda com mais qualidade a contribuir para o deslinde do problema apontado neste estudo.

---

87. Assim, ao exercer a objeção de consciência, o médico deve buscar tomar algumas atitudes de cuidado, entre elas, destaca-se: "Primeiro, o médico, ao manifestar sua recusa, deve fazê-la o quanto antes, aviso que permitirá ao paciente procurar por outro profissional, além de evitar, naquelas situações possíveis, que sua saúde seja colocada em risco. Segundo, se o paciente não conhecer outro profissional capaz de atender à sua pretensão, o médico objetor poderá indicá-lo, de preferência algum outro que não guarde a mesma ou outra objeção que também inviabilize a prática daquele ato médico" (RESENDE, 2016, p. 91).

3
ANÁLISE DO CONFLITO E SEU IMPACTO NA AUTONOMIA DO PACIENTE

O conflito é algo natural e intrínseco à condição humana. Por isso, é necessário que haja uma abordagem positiva sobre ele, tendo em vista a necessidade de sustentabilidade das relações sociais.

Neste capítulo, inicialmente, investigar-se-á o conflito a partir de seu conceito e suas abordagens, a fim de buscar alternativas que possam contribuir para assegurar a autonomia do paciente, cuja diretriz será a relação médico-paciente, a dignidade da pessoa humana e a promoção da personalidade.

Em um segundo momento, buscar-se-á demonstrar que, no Direito contemporâneo, o acesso à justiça transcende a noção de acesso ao Poder Judiciário. Essa concepção abre espaço para refletir sobre alternativas aos entraves interpessoais, o que engloba os conflitos na relação médico-paciente.

Sob essa perspectiva, o estudo dos métodos adequados de tratamento e resolução de conflitos ganha destaque nesta obra. Por essa razão, neste capítulo, estudar-se-ão alguns métodos de tratamento do conflito, para que nos capítulos seguintes possa-se analisar se a mediação pode ser um método preferencial no tratamento e solução dos conflitos entre médicos e paciente/familiares quando da tomada de decisão sobre um tratamento de saúde continuado.

Assim, passa-se, agora, a estudar as Teorias do Conflito, a fim de melhor compreender as dificuldades e os problemas típicos do cenário médico-hospitalar que podem impactar o exercício de autodeterminação do paciente quando da tomada de decisão sobre sua saúde.

3.1 TEORIAS DO CONFLITO

Partindo-se da narrativa do caso real[1] abaixo, continuar-se-á a averiguar a hipótese deste trabalho, demonstrando-se a complexidade que permeia a

---

1. O casal mencionado na narrativa abaixo buscou os serviços de consultoria advocatícia junto ao escritório em que a autora desta obra é sócia proprietária para verificar a viabilidade do ajuizamento de uma ação judicial em face da médica que realizou o parto. Assim, foi por essa forma que esta teve acesso as informações e os dados do caso.

relação médico-paciente, especialmente, quando surgem conflitos que levam os envolvidos a enfrentarem desafios para além do campo da Medicina. Para a preservação dos envolvidos no conflito, optou-se por apresentar nomes fictícios aos sujeitos do caso.

Isabel, 33 anos capaz e competente, decidiu, com o apoio do marido, ter um parto humanizado. Após a constatação da gravidez, o casal procurou uma médica que pudesse acompanhar o período de gestação e realizar o parto.

É relevante ressaltar que, antes do parto, a paciente assinou o Termo de Consentimento Livre e Esclarecido (TCLE), bem como o Plano de Parto. Contudo, foi mera formalidade documental, haja vista que o conteúdo desses documentos não foi discutido com a gestante.

Assim, no dia do parto, que foi planejado para ocorrer em um quarto Pré-parto, Parto e Puerpério (PPP)[2] de uma maternidade particular de Belo Horizonte/MG, estavam presentes a paciente grávida, seu marido, uma fotógrafa, a médica e a doula,[3] as quais acompanharam o período de gestação de Isabel.

Iniciaram-se os trabalhos de parto com a paciente dentro da banheira e depois com a utilização de bola suíça. Algumas horas depois, a gestante começou a se queixar de muita dor, e a médica disse que o quadro era natural ao momento.

Após mais de 5 horas, a paciente, em extremo sofrimento, literalmente gritando de dor, pediu que lhe fosse ministrada uma anestesia, o que foi prontamente negado pela médica sob o fundamento de que, se a anestesia fosse aplicada, não seria mais possível realizar um parto humanizado. Mesmo diante de tal justificativa, a paciente confirmou seu desejo imediato de tomar a anestesia.

O marido da paciente, percebendo a angústia, a dor e o conflito que se instauravam, buscou, junto à maternidade, o apoio de uma psicóloga ou de uma assistente social, mas, infelizmente, não obteve êxito.

A médica, percebendo que a criança estava com dificuldades para nascer, afirmou que iria fazer um parto fórceps, o que foi recusado pela paciente. Naquele momento, a gestante realmente já estava totalmente desacreditada e sem confiança na médica, haja vista a postura contraditória de não lhe aplicar uma anestesia por entender não ser um parto humanizado, mas desejar fazer um parto fórceps, o que foge aos procedimentos de um parto humanizado.

---

2. Para maiores informações sobre o quarto Pré-parto, Parto e Puerpério (PPP), sugere-se a leitura da Portaria 11/15 do Ministério da Saúde, especialmente o art. 2º, VI, que trata da temática.
3. Trata-se de uma assistente de parto que não precisa necessariamente ter formação em Medicina. A doula, basicamente, acompanha a mulher durante o período de gestação até os primeiros meses da criança, buscando não só orientar a mãe, mas contribuir para a criação de um ambiente favorável ao seu bem-estar.

Novamente, o marido, desesperado com toda a situação, procurou ajuda de outro médico, que estava disponível na maternidade. Daquela vez, teve mais sucesso, e o médico obstetra plantonista foi ao quarto. Seu posicionamento foi no sentido de que o parto por fórceps não era recomendado e que, no caso de Isabel, muito menos, pois a criança não estava em posição adequada para realizar tal procedimento. Assim, os riscos à gestante e à criança poderiam ser elevados. Por fim, Isabel acabou tendo o parto de sua primeira filha como nunca desejou. Saiu do quarto PPP e foi para o bloco cirúrgico fazer uma cesariana.

A criança nasceu com pequenos problemas respiratórios em decorrência da demora em nascer, e Isabel não conseguiu, mesmo tendo leite, amamentar a filha, estando hoje com depressão pós-parto.

De fato, é imensurável a dor dessa mãe que imaginou ter um parto humanizado e, nas suas próprias palavras, "um momento poético" que pudesse ser eternizado pelas fotografias,[4] e acabou sendo submetida a uma cesariana não planejada e nem desejada.

Outros detalhes poderiam ser relatados, mas os que foram expostos são suficientes para afirmar que, nitidamente, houve um conflito entre a médica e a paciente, em que aquela impôs sobre esta sua própria concepção do que seria um parto humanizado. Pior. Violou sua manifestação de vontade quanto ao desejo de tomar uma anestesia para aliviar a dor. Violou, também, o consentimento livre e esclarecido da paciente, anteriormente registrado de forma documental, em não fazer um parto fórceps, quando tentou prosseguir com tal procedimento.

O uso da mediação poderia ter preservado o exercício da autonomia da paciente? Ela poderia ter sido utilizada de forma preventiva à instauração do conflito? De que maneira? A mediação poderia contribuir para a melhoria da comunicação entre a médica e a paciente, marido e doula no período gestacional da paciente?

O caso em comento é pano de fundo para ilustrar uma relação conflituosa entre médico-paciente, sobretudo, por englobar questões existenciais e mostrar a importância de se estudar as Teorias do Conflito.

O caso convalida o entendimento de que pode haver vasta heterogeneidade na relação médico-paciente a exigir um estudo interdisciplinar, ambiente em que se investigará se a mediação poderá contribuir para o tratamento adequado desse tipo de conflito, com vistas a preservar a construção biográfica do paciente.

---

4. Quando surgiu o entrave e o aumento de tensão entre a médica e a paciente, o marido dispensou os serviços da fotógrafa que haviam contratado para os registros do parto humanizado.

As diversas concepções de vida, quando não tratados com ênfase no diálogo, sem a possibilidade de os próprios envolvidos construírem as melhores saídas, podem tornar o conflito ainda mais destrutivo aos envolvidos.

A comunicação deficitária entre médica e paciente e a falta de respeito da médica pelo desejo da gestante quanto ao tipo de parto e procedimentos desejados violaram a construção da pessoalidade da paciente. Possivelmente, esse cenário conflitivo impactou na construção pessoal do que é ser mãe para a paciente, contribuindo para o surgimento do seu quadro de depressão pós-parto.

Em contrapartida, a depender do método escolhido para o tratamento do conflito, ele poderá gerar um ambiente construtivo em que os envolvidos terão espaço de fala e de escuta, podendo cada um deles agir como protagonista na resolução dos próprios entraves.

É inevitável o surgimento de conflitos quando se vive em sociedade. Seja no ambiente hospitalar, como no caso narrado, seja no âmbito familiar, virtual, profissional, escolar ou de outra espécie, se há interação, há a possibilidade de aparecer controvérsias.

É fato que, nas sociedades modernas, especialmente, com o avanço tecnológico,[5] as interações humanas, ainda que virtuais, se tornaram mais intensas. "As notícias que, no começo do século XXI, eram acompanhadas minuto a minuto, nos últimos anos passaram a ser seguidas segundo a segundo"[6] (VASCONCELOS, 2017, p. 34). Esse cenário fortalece o surgimento de posições radicais, as quais podem levar a conflitos e, dependendo da relação vivenciada entre as partes, colocar em risco a autonomia privada dos indivíduos. Como ensina Bauman (2007, p. 12) em sua obra *Tempos Líquidos,* "todas as sociedades são agora total e verdadeiramente abertas, seja material ou intelectualmente.".

Segundo o autor, a "ideia de sociedade aberta" traz à mente uma sociedade impotente, vulnerável, composta por uma população heterônoma e infeliz. A insegurança e o medo fazem parte das sociedades modernas, as quais, buscando controle e segurança, fecham suas fronteiras, gerando a falsa sensação de pacificação.

---

5. Bauman traz uma visão sensível quanto à experiência virtual tecnológica, afirmando que "a miséria humana de lugares distantes e estilos de vida longínquos, assim como a corrupção de outros lugares distantes e estilos de vida longínquos, são apresentadas por imagens eletrônicas e trazidas para casa de modo tão nítido e pungente, vergonhoso ou humilhante como o sofrimento ou a prodigalidade ostensiva dos seres humanos próximos de casa, durante seus passeios diários pelas ruas das cidades" (BAUMAN, 2007, p. 11).

6. Nesse sentido, concorda-se com o entendimento de que "precisamos, portanto, desenvolver políticas públicas de capacitação para lidar, construtivamente, com o dissenso, validando sentimentos e evitando o imediatismo reativo" (VASCONCELOS, 2017, p. 34-35).

Esse movimento é denominado por Bauman como globalização negativa, que impulsiona, mesmo que indiretamente, o surgimento de conflitos e violência. "É como se os nossos medos tivessem ganhando a capacidade de se autoperpetuar e se autofortalecer, como se tivessem adquirido um ímpeto próprio" (BAUMAN, 2007, p. 15).

Esse ciclo ganha cada vez mais velocidade e é alimentado pelas instabilidades sociais, ou seja, os sujeitos temem a perda do emprego, a doença, a morte, o fim de uma amizade, o roubo, o término de um casamento etc. Essas inseguranças levam os mais favorecidos a contratarem planos de saúde, sistema de monitoramento e segurança residencial, escolas privadas para os filhos, entre outros serviços. De fato, "tal como o dinheiro vivo pronto para qualquer tipo de investimento, o capital do medo pode ser usado para obter qualquer espécie de lucro, comercial ou político" (BAUMAN, 2007, p. 18).

Nesse cenário, em suas diversas facetas, o Estado se enfraquece e se torna insuficiente no apaziguamento dos entraves, levando os indivíduos a procurarem, por conta própria, soluções particulares para problemas socialmente produzidos.

A diversidade étnico-cultural permeia diversas relações patrimoniais e existenciais. Nesse contexto, as relações médico-pacientes/família não ficam a salvo. Não é incomum as convicções religiosas, culturais ou a compreensão de vida boa serem distintas entre os que precisam de um tratamento de saúde e aqueles que o oferecem. Ilustrativamente, foi o que se apresentou sobre às Testemunhas de Jeová no capítulo 2. Tal desafio existe e pode levar ao desenvolvimento de conflitos, justamente porque falta a habilidade de cada indivíduo[7] de compreender as diferenças. Nas palavras de Bauman (2007):

> A democracia e a liberdade não podem mais estar plena e verdadeiramente seguras num único país, ou mesmo num grupo de países; sua defesa num mundo saturado de injustiça e habitado por bilhões de pessoas a quem se negou a dignidade humana vai corromper inevitavelmente os próprios valores que os indivíduos deveriam defender. O futuro da democracia e da liberdade só pode se tornar seguro numa escala planetária – ou talvez nem assim (BAUMAN, 2007, p. 32).

Assim, percebe-se que o cenário, não só brasileiro, mas planetário, está favorável à intensificação de conflitos, os quais podem receber uma pluralidade de significados.

---

7. "O novo individualismo, o enfraquecimento dos vínculos humanos e o definhamento da solidariedade estão gravados num dos lados da moeda cuja outra face mostra os contornos nebulosos da 'globalização negativa'. Em sua forma atual, puramente negativa, a globalização é um processo parasitário e predatório que se alimenta da energia sugada dos corpos dos Estados-nações e de seus sujeitos" (BAUMAN, 2007, p. 30).

O conceito tradicional de conflito, trazido pelos dicionários, revela seu lado negativo. Conflito é uma "profunda falta de entendimento entre duas ou mais partes" (HOUAISS; VILLAR, 2001, p. 796).

No aspecto jurídico, conflito é "concorrência de direitos antagônicos de dois ou mais indivíduos, que obriga a que nenhum deles tenha exercício pleno ou exerça gozo exclusivo do direito do qual se arroga titular, colisão de direitos" (HOUAISS; VILLAR, 2001, p. 796).

O conflito pode ser, então, uma divergência de perspectivas entre dois ou mais indivíduos, que podem ou não ter incompatibilidade de objetivos, isto é, há casos em que o conflito surge em cenários em que os envolvidos buscam o mesmo resultado. Inclusive, no caso descrito no início deste tópico, a médica e a paciente tinham o mesmo objetivo, que era realizar um parto humanizado. Contudo, tinham compreensões diferentes sobre o parto, as quais não foram respeitadas. A médica, ao impor sua concepção de parto humanizado sem o uso de uma anestesia e interessada em realizá-lo, violou a manifestação de vontade da paciente pelo uso da injeção, contribuindo, dessa forma, para a instauração do conflito.

É interessante também considerar que "todo conflito é um processo e como tal deve ser enxergado. O conflito pode conter uma curta ou uma longa sucessão de fatores, mas será invariavelmente, processo construído pelos envolvidos" (ARLÉ, 2017, p. 87).

Ao se referir a processo, Arlé não o vincula a um processo judicial, mas a um processo no sentido de desenrolar fático.

O conflito é um dado natural à convivência humana e, normalmente, é classificado pelos sujeitos por atributos exclusivamente negativos. Ter consciência de que o conflito é um fenômeno inerente às relações humanas é bastante importante, pois, a partir disso, "somos capazes de desenvolver soluções autocompositivas. Quando o demonizamos ou não o encaramos com responsabilidade, a tendência é que ele se converta em confronto e violência" (VASCONCELOS, 2017, p. 21).

A concepção tradicional de que o conflito é negativo, portanto, deve ser eliminada das relações sociais e de que a harmonia em sociedade se consegue com a ausência de conflito tornou-se bastante limitada a partir da moderna Teoria do Conflito, haja vista que, em uma visão sistêmica, a busca não deve ser pela exclusão, mas pela transformação do conflito.

Deutsch (2004), um dos autores de referência quanto à moderna Teoria do Conflito, ensina que, em sociedades flexíveis, o conflito pode ajudar a criar e a modificar normas, estabelecendo uma identidade coletiva no ambiente.

3 • ANÁLISE DO CONFLITO E SEU IMPACTO NA AUTONOMIA DO PACIENTE **75**

A principal contribuição de Deutsch foi propor uma nova tipologia do conflito, classificando-o em destrutivo e construtivo. O autor inovou ao destacar não só o lado negativo do conflito como tradicionalmente é feito, mas também o positivo. Para ele, "o conflito previne estagnações, estimula interesse e curiosidade, é o meio pelo qual os problemas podem ser manifestados e no qual chegam as soluções, é a raiz da mudança pessoal e social" (DEUTSCH, 2004).

Assim, o método escolhido para lidar com o conflito pode gerar consequências positivas, como, por exemplo, a abertura de diálogo entre os envolvidos e a melhoria da qualidade da relação interpessoal, ou pode levar a situações ainda mais nocivas, polarizando demasiadamente o vínculo existente.

Portanto, a nova visão de conflito trazida por Deutsch (2004) proporciona um novo olhar sobre as divergências instaladas ao longo de um tratamento de saúde continuado, possibilitando a adoção de abordagens não tradicionais, mas que contribuem para a realização da pessoalidade do paciente, o que, por exemplo, poderia ter contribuído, de forma preventiva, para o não surgimento do conflito entre a paciente grávida, Isabel, e sua médica obstetra.

Nesse sentido, "um conflito claramente tem consequências destrutivas se seus participantes estão insatisfeitos com as conclusões e sentem, como resultado do conflito, que perderam" (DEUTSCH, 2004). Por sua vez, "um conflito tem consequências produtivas se todos os participantes estão satisfeitos com os efeitos e sentem que, resolvido o conflito, ganharam" (DEUTSCH, 2004).

Deutsch (2004) ainda afirma que o conflito pode se desenrolar em um ambiente cooperativo ou competitivo.[8] No primeiro caso, "se um participante se comporta de maneira a aumentar suas chances de alcançar o objetivo, ele aumenta as chances de que os outros, a quem ele está ligado, também alcancem seus objetivos" (DEUTSCH, 2004). Essa situação pode ser nomeada como o sistema "ganha-ganha", pois todos os envolvidos saem beneficiados. Já no ambiente competitivo, "se um participante se comporta de forma a aumentar suas próprias chances de sucesso, ele diminui as chances dos outros" (DEUTSCH, 2004), caracterizando o sistema "vencedor-perdedor".

Portanto, conforme enunciado, os conflitos podem ou não apresentar interesses opostos, isto é, incompatibilidade de interesses. Às vezes, o conflito é instaurado com os envolvidos almejando o mesmo resultado. Por exemplo: imagine um paciente que esteja internado, sem possibilidade de se manifestar, e o médico responsável pelo caso indique a realização de um procedimento como

---

8. "Os termos competição e conflito são muito usados como sinônimos ou como substitutos, o que reflete uma confusão básica. Apesar de toda competição produzir um conflito, nem todo conflito reflete uma competição" (DEUTSCH, 2004).

a traqueostomia. Contudo, a família não é favorável à feitura de tal intervenção. Logo, percebe-se que há um conflito instaurado, mas que os interesses não são opostos, pois tanto o médico quanto os familiares do paciente buscam cuidar deste, trazendo uma saída que preserve sua vida.

Com raciocínio semelhante ao de Deutsch, Follet (1924) descreve quatro formas de solucionar um conflito. A primeira delas, denominada de *submissão voluntária*, uma parte cede, voluntariamente, aos interesses alheios. Em seguida, a autora afirma que o conflito também pode ser solucionado pela *dominação* com uso da força ou ameaça, em que os interesses e as necessidades dos mais fortes serão atendidos, sem abertura para o diálogo (FOLLET, 1924).

Sobre o tema, Rosenberg (2006) ensina que, por trás do uso da força, há o pensamento de evitar danos ou injustiças, o que ele chama de força protetora ou punitiva. Basicamente, o sujeito, atingido pelo uso da força, busca fazer o outro sofrer também, pelo mal que praticou, com o intuito de amenizar a injustiça sofrida segundo seus próprios critérios pessoais. Logo, o uso da força punitiva carrega em si a intenção do sujeito de fazer com que o outro sofra pelas práticas de atos percebidos como inadequados.

Assim, as ações punitivas "baseiam-se na premissa de que as pessoas fazem coisas ruins porque são más, e de que para corrigir a situação, é preciso fazer que elas se arrependam" (ROSENBERG, 2006, p. 225). Todavia, como bem salienta Marshall B. Rosenberg, na prática, as ações punitivas têm mais probabilidade de gerar ressentimentos e hostilidades do que arrependimento e aprendizado. Por certo, essa não seria a via mais adequada para o tratamento de um conflito, sobretudo o conflito médico-paciente, haja vista que não é o caminho para o desenvolvimento de uma consciência responsável e dialógica.

A terceira via, intitulada por Follet como *compromisso ou concessão*, é a situação em que os envolvidos fazem concessões recíprocas a fim de encontrarem uma solução para o conflito.

Por fim, a última forma apresentada pela autora é a *integração*, situação em que todos os interesses dos envolvidos serão considerados, levando-se à formação de um conflito construtivo, como classificado por Deutsch (FOLLET, 1924).

Antes de encerrar este tópico, é importante trazer breves apontamentos sobre a Teoria dos Jogos e o pensamento de Soler (2014), também, referência na temática conflito, tendo em vista compreender, melhor, a problemática.

A Teoria dos Jogos, compreendida como uma "análise matemática do processo de tomada de decisões de agentes racionais em situações de interação" (ANDRADE, 2014, p. 348), embora não tenha surgido no campo do Direito, tem grande utilidade em seu contexto, uma vez que traz estratégias e conceitos que possibilitam a previsão do impacto das normas em uma sociedade. Assim, ela tem sido aplicada no Direito, especialmente, na esfera das formas adequadas de solução de conflitos. Por isso, justifica-se a sua apresentação neste tópico, a fim de que tal Teoria possa trazer elementos favoráveis para o tratamento do conflito médico-paciente.

A Teoria dos Jogos ganha destaque a partir do século XX, quando alguns matemáticos, como, por exemplo, John von Neumann, começam a observar os jogos e a tecer algumas hipóteses sobre eles. Neumann pautava-se na ideia da competição como elemento essencial para garantir a maximização de ganhos individuais (ANDRADE, 2014).

Contudo, foi o aluno de Neumann, John Forbes Nash,[9] também matemático, que revolucionou a Teoria dos Jogos ao trazer os conceitos de cooperação e equilíbrio[10] como possibilidades de maximizar os ganhos individuais diante de um conflito.[11]

Assim, especialmente, nas relações continuadas, o chamado Equilíbrio de Nash vai agir a partir da cooperação, isto é, ao mesmo tempo em que a cooperação estimula a otimização de ganhos individuais, também gera ganhos mútuos.

Em outros termos, o Equilíbrio de Nash é aquele que "resulta de cada jogador adotar a estratégia que é a melhor resposta às estratégias adotadas pelos demais jogadores" (FIANI, 2009, p. 36). Em sentido semelhante, "diz-se que uma combinação de estratégias constitui um equilíbrio de Nash quando cada estratégia é a melhor resposta possível às estratégias dos demais jogadores, e isso é verdade para todos os jogadores" (FIANI, 2009, p. 93).

Na Teoria dos Jogos, há dois pressupostos fundamentais: i) a racionalidade dos jogadores e ii) a utilidade (preferências de estratégias e expectativa do resultado).

---

9. Nesse sentido, "John Forbes Nash Júnior formulou a noção de equilíbrio que ostenta seu nome e revolucionou a economia e outras ciências, o que o levou a conquistar o prêmio Nobel de economia, com a tese Non-Cooperative Games (Jogos Não Cooperativos, publicada em 1951)" (SILVA; VITALE, 2017, p. 104).

10. Marinho (2011) explica sobre o equilíbrio de Nash, afirmando que: "A Teoria dos Jogos é um modelo racional de modelagem dos processos de tomada de decisão, aplicável principalmente em situações em que a decisão de um agente econômico influencia a decisão do outro – ou, em outras palavras, situações em que 'eu penso que você pensa'. Modelado o problema, é possível identificar a decisão que apresenta o melhor resultado econômico, conhecido como 'equilíbrio de Nash': 'a melhor decisão possível, levando-se em conta a decisão do outro'" (MARINHO, 2011, p. 216, grifo do autor).

11. "Dessa forma, enquanto Neumann evidenciava a ideia de competição, John Nash inovou com o elemento cooperativo na Teoria dos Jogos, que, para ele, não seria incompatível com o pensamento de ganho individual" (SILVA; VITALE, 2017, p. 100).

A racionalidade é utilizada pelos jogadores quando vão tomar decisões estratégicas que busquem o melhor resultado no jogo. Para tanto, levam-se em consideração não apenas as habilidades e os objetivos individuais, mas também os objetivos dos demais jogadores. A partir de uma estrutura de jogo, composta por variáveis, é feita a análise das opções de ação e estratégias a serem adotadas pelos jogadores. Cada participante estrutura sua melhor estratégia de ação partindo do estudo da estratégia dos outros jogadores, assim como nas informações que pertencem ao jogo.

Na Teoria dos Jogos, há um cenário competitivo, que recebe o nome de jogo de soma zero, como também há um ambiente de cooperação chamado de jogo de soma não zero:

> *Jogos de soma zero* são aqueles nos quais o ganho de um jogador é equivalente à perda do outro, desse modo, os pares de recompensa sempre somam zero [...]. Os interesses dos jogadores são opostos e a vitória de um significa sempre a derrota do outro como, por exemplo, em um jogo de xadrez. Como apenas um jogador pode ganhar, não existe incentivo à cooperação entre os oponentes e, portanto, jogos de soma zero são sempre não cooperativos. *Jogos de soma não zero*, por sua vez, são mais comuns, principalmente nas análises das ciências sociais. Neles, os participantes têm interesses comuns e opostos, o que leva à combinação de resultados maiores ou menores que zero. O ganho de um jogador não corresponde necessariamente à perda de outro [...]. Nesse tipo de jogo, é possível induzir a cooperação entre os participantes (ANDRADE, 2014, p. 350, grifo do autor).

No primeiro cenário, a vitória de um ganhador implica a derrota do outro. É a ideia do "ganhador-perdedor". Fala-se em soma zero, porque as oposições antagônicas se anulam. Já no cenário trazido por Nash, a cooperação cumpre a função de agregar vantagens a todos os participantes, trabalhando com a lógica do "ganha-ganha". Logo, se todos ganham, o jogo será de soma não zero, mas positiva.

"A teoria dos jogos, em especial, permite demonstrar como a cooperação entre as partes agrega valor as relações e produz resultados melhores e mais equilibrados para os envolvidos no litígio" (ANDRADE, 2014, p. 360). Assim, "é possível concluir que os métodos de resolução de conflitos extrajudiciais, pela maneira como são estruturados, são mais propensos à inclusão do elemento cooperativo do que o processo judicial" (ANDRADE, 2014, p. 360).

Tendo em vista o tema deste trabalho, o mais adequado, diante de um conflito médico-paciente, seria trabalhar a partir da lógica cooperativa. Para isso, os atores devem se orientar por escolhas racionais, sabendo identificar os interesses e as restrições, sempre com foco na preservação da autonomia privada do paciente para a tomada de decisão sobre um tratamento de saúde continuado. Essa postura poderá, a partir do uso da mediação extrajudicial, ser estimulada por um mediador com vistas a buscar uma saída compartilhada ao entrave, que possa se instaurar na relação médico-paciente.

Contudo, no Brasil ainda é forte a judicialização[12] dos conflitos envolvendo pacientes e Estado, ou pacientes e médicos, muito em razão de a construção jurídico-institucional tender a aumentar "as expectativas dos cidadãos de verem cumpridos os direitos e as garantias consignadas na Constituição, de tal forma que a execução deficiente ou inexistente de muitas políticas sociais pode transformar-se no motivo de procura dos tribunais" (SANTOS, 2011, p. 25).

Realmente, a partir da Constituição de 1988 e com a redemocratização do País, aumentou-se a "credibilidade ao uso da via judicial como alternativa para alcançar direitos" (SANTOS, 2011, p. 25). Desse modo:

> As pessoas vão ao tribunal exatamente para poderem ter acesso a medicamentos ou a tratamento médicos que de outra maneira não teriam. Essa informação é facilmente corroborada em qualquer breve análise que se faça nos noticiários jurídicos no Brasil onde, cada vez mais, são publicitadas vitórias de cidadãos que, através do poder judiciário, obtêm o acesso a tratamentos especializados e a exames médicos gratuitos. Temos, assim, o sistema judicial a substituir-se o sistema da administração pública, que deveria ter realizado espontaneamente essa prestação social (SANTOS, 2011, p. 26).

Portanto, é necessário investimento do Estado na educação de crianças e adolescentes em solução de conflitos para que a cultura bélica perca força. Também, deve-se buscar a melhoria na formação dos profissionais de saúde quanto à essa temática, com o intuito de garantir uma prestação de serviço mais humanizada. Assim, o caminho para aumentar a utilidade dos atores, em um jogo estratégico, está ligado ao comportamento racional deles. A escolha do método adequado para a solução de um conflito está associada à possibilidade de os atores terem conhecimento acerca da existência e aplicabilidade desses mecanismos, o que passa pelo enfoque da educação.

De forma similar, Soler (2014), autor da obra *Mapeo de Conflictos,* afirma que parte importante do tratamento ou da resolução de conflitos passa por compreendê-lo, o que implica mapeá-lo. Para que isso seja possível, também se mostra necessário fazer investimentos educacionais a fim de que os sujeitos possam desenvolver habilidades para que se enxerguem diante de um conflito e tenham conhecimento suficiente para construir suas próprias soluções.

Segundo o autor, qualquer atividade de mapeamento de um conflito se estrutura a partir de duas fases: a análise da tipologia do conflito e os elementos que o compõem.

---

12. Registra-se que, ainda neste capítulo, será feita a diferenciação entre judicialização da saúde e judicialização da Medicina.

Soler ainda afirma que esse mapeamento se mostra relevante, uma vez que ele será um bom método para encontrar caminhos para o tratamento adequado da controvérsia. Ele ensina, também, que é um erro comum confundir o mapeamento do conflito com sua solução, lecionando que:

> É óbvio que existem certas relações entre o processo de análise e a busca da solução. A propósito, vou apontar dois deles. Por um lado, quanto melhor se conhece o conflito, maiores são as chances do analista[13] de traçar linhas de solução. Mas essa não é uma relação necessária. Além disso, o que não deve ser alterada é a ordem da dinâmica do processo; analisar para entender sem procurar ou ajudar a encontrar propostas para corrigir. De forma análoga e radical, isso seria como o caso de um médico que faz seu diagnóstico, identifica a doença de seu paciente, levando em conta qual é a droga a ser prescrita. Por outro lado, à medida que o mapeamento avança e a intervenção baseada nele, começam a se destacar e a aparecer propostas específicas para a solução (SOLER, 2014, tradução nossa).[14]

Soler (2014) continua seu raciocínio atestando que falta consenso quanto ao conceito de conflito, mas que sua investigação pode partir de três grupos de Teorias do Conflito: a) Teoria das Propriedades dos Indivíduos; b) Teoria das Estruturas Sociais; c) Teoria dos Processos de Interação.

Para a Teoria das Propriedades dos Indivíduos, "o conflito é visto como oposição a diferentes elementos psíquicos (desejos, valores, crenças etc.) que se manifestam externamente como sintomas ou problemas comportamentais." (SOLER, 2014, tradução nossa).[15] Logo, o conflito interpessoal (entre duas ou mais pessoas) é sempre uma manifestação do conflito intrapessoal (consigo mesma), ou seja, em um conflito entre duas pessoas, por exemplo, a disputa deve ser entendida como a manifestação do conflito interno que cada um tem consigo mesmo.

Já a Teoria das Estruturas Sociais, como o próprio nome sugere, vincula o conflito à estrutura das sociedades. "Nesse sentido, os conflitos não surgem, ao contrário do primeiro, das propriedades que definem o 'ser humano' como indivíduo, mas de sua inserção em um contexto social configurado a partir de

---

13. O analista é aquele que realiza o mapeamento do conflito, por exemplo, o mediador.
14. Es obvio que hay ciertas relaciones entre el proceso de análisis y la búsqueda de la solución. A modo de ejemplo, señalaré dos de ellas. Por un lado, cuanto mejor se conozca el conflicto, mayores son las probabilidades que tiene el analista de perfilar líneas de solución. Pero, esto no es una relación necesaria. Y además, lo que no debe pervertirse es el orden de la dinámica del proceso; analizar para comprender antes que buscar o ayudar a buscar las propuestas para solucionar. De una manera analógica y radical, esto sería como el caso de un médico que realiza su diagnóstico, identifica la enfermedad de su paciente, teniendo en consideración cuál es el medicamento que hay que recetar. Y, por el otro lado, a medida que avanza el mapeo, y la intervención basada en él, empiezan a ponerse de manifiesto propuestas específicas para la solución.
15. El conflicto es visto como la oposición de diferentes «elementos psíquicos» (deseos, valores, creencias etcétera) que se manifiestan externamente como síntomas o problemas de conducta.

determinadas estruturas" (SOLER, 2014, tradução nossa).[16] Para essa teoria, todo conflito interpessoal é, em última análise, um conflito social, um conflito de lutas pelo poder e pela dominação de um sobre o outro.

Por fim, a Teoria dos Processos de Interação "concebe o conflito como uma relação que surge de certos processos de interação, interdependência e incompatibilidade" (SOLER, 2014, tradução nossa).[17]

Essa teoria traz elementos das duas teorias anteriores e considera que o conflito diz respeito à interação com o outro, seja ele um indivíduo e/ou uma empresa. Para Soler, essa seria a teoria mais adequada ao tratamento dos conflitos, pois considera os processos de cooperação como meio adequado para a solução dos conflitos.

O autor critica a Teoria das Propriedades dos Indivíduos, porque ela não considera o valor da interação interpessoal, mas tão somente as propriedades do indivíduo isoladamente.

Ele critica também a Teoria das Estruturas Sociais, porque acredita que defender o conflito como luta pelo poder seria limitante, pois não abarcaria todas as situações conflitantes possíveis. "Uma coisa é afirmar que em cada conflito o poder desempenha um papel importante e outro papel distinto é argumentar que toda relação conflitante tem como causa e objetivo a luta pelo poder" (SOLER, 2014, tradução nossa).[18] Assim, conquanto não exista "nenhum problema em assumir a primeira das reivindicações, a segunda eu acho que entra em conflito com muitas de nossas intuições sobre o que é e como os conflitos funcionam" (SOLER, 2014, tradução nossa).[19]

As teorias apresentadas permitem que o estudo sobre o conflito possa ocorrer de forma sistemática. Contudo, mostra-se relevante levar em consideração não apenas a tipologia do conflito, mas também as partes envolvidas, o tipo de vínculo entre elas, os aspectos subjetivos como as crenças, os valores, as expectativas e a visão que cada um tem do outro, com o intuito de encontrar o tratamento para o empasse. Portanto, conhecer os elementos do conflito facilitará na investigação e no encontro das soluções mais adequadas ao tratamento do conflito médico-paciente. Por isso, passa-se a estudar esse tema a seguir.

---

16. En este sentido, los conflictos no surgen, a diferencia de las primeras, de las propiedades que definen al «ser humano» en tanto que individuo, sino de su inserción en un contexto social configurado a partir de unas determinadas estructuras.

17. Conciben al conflicto como una relación que surge a partir de ciertos procesos de interacción, interdependencia e incompatibilidad.

18. Una cosa es afirmar que en todo conflicto el poder juega un papel importante y otra bien distinta es sostener que toda relación conflictiva tiene como causa y objetivo la lucha por el poder.

19. Mientras que no veo problema en asumir la primera de las afirmaciones, la segunda pienso que choca con muchas de nuestras intuiciones acerca de lo que es y de cómo funcionan los conflictos.

3.2 OS ELEMENTOS DO CONFLITO

O estudo sobre conflito exige compreender seus elementos. Para tanto, o melhor é que se faça um estudo interdisciplinar. Sem dúvida, para se alcançar o adequado tratamento de um conflito, seja ele médico-paciente ou de qualquer outra natureza, não se devem considerar apenas os aspectos jurídicos, mas também os de outras ciências,[20] como da Sociologia, Psicologia, Psicanálise, Filosofia, História, Neurociência, Política, dentre outras.

A análise estática do conflito "é o termo utilizado apenas para fins de melhor entendimento dos elementos do conflito, já que pode soar paradoxal falar em análise estática de algo que é necessariamente dinâmico" (ARLÉ, 2017, p. 92).

É importante ressaltar a importância do estudo dos elementos que compõem o conflito, uma vez que "todos os operadores de conflitos devem saber diagramá-los, identificando e anotando, material ou mentalmente, para si, as questões, as posições, os interesses, as necessidades, os sentimentos [...] e os princípios envolvidos" (ARLÉ, 2017, p. 103).

Assim, pode-se dizer que, entre os elementos do conflito, estão as partes envolvidas, as quais recebem, pela doutrina brasileira, nomes variados: envolvidos, personagens, atores, partes e até mesmo protagonistas.

Os atores podem ser classificados em atores diretos, atores indiretos e terceiro. Como o próprio nome sugere, os atores diretos são aqueles que estão, diretamente, envolvidos no conflito e possuem condições de resolvê-lo. Já os atores indiretos, embora não estejam diretamente ligados ao conflito, influenciam ou são afetados por ele, ou seja, contribuem para os efeitos do conflito ou são atingidos por ele. É o caso, por exemplo, dos filhos menores,[21] que estão envolvidos indiretamente em um conflito familiar de divórcio, ou um conflito entre médico e paciente, no qual a família também pode ser atingida ou influenciar na relação.

Quanto aos terceiros, "podem ser terceiros imparciais (não implicados no conflito, mas que nele intervêm, como mediadores, facilitadores, árbitros e juízes) e os terceiros beneficiados no conflito" (ARLÉ, 2017, p. 94). Estes últimos, conquanto não influenciem no conflito, podem ser beneficiados pelo seu resultado.

---

20. O uso do estudo interdisciplinar também se justifica, nesta pesquisa, porque a própria "mediação tem suas raízes em diversos campos do conhecimento e fundamenta-se originalmente nas Teorias da Negociação, dos Conflitos e da Comunicação" (ZAPPAROLLI; KRÄHENBÜHL, 2012, p. 89).

21. "Quanto aos atores indiretos, em alguns casos, eles podem ser chamados à mesa, como ocorre, por exemplo, nos conflitos familiares que envolvem casais com filhos menores de idade, em que estes podem ser convidados a participar da mediação, desde que os mediadores contem com formação própria para tal mister, e os pais aceitem sua participação" (ARLÉ, 2017, p. 97).

Segundo Deutsch (2004), a intervenção de um terceiro interessado pode fomentar ou agravar o conflito, mas também pode trazer uma solução satisfatória a todos. Nessa última situação, o autor explica que "terceiros que têm prestígio, poder e habilidade podem [...] facilitar a resolução construtiva de um conflito usando seu prestígio e poder para encorajar tal resolução e ajudando a promover recursos para a resolução do problema" (DEUTSCH, 2004).

Para que os atores cumpram a função de transformar ou resolver o conflito, é necessário, em primeiro plano, que eles tenham consciência do entrave. Se não há esse despertar, ou seja, se as partes não se enxergam como pertencentes a um conflito, fica desafiador evoluir para as tratativas adequadas de tratamento dele. Por isso, às vezes, será necessário deixar o conflito escalar, ou seja, deixá-lo se intensificar para que os atores tomem consciência da situação conflitiva a fim de que, então, saídas cooperativas possam surgir.

Além disso, é necessário, também, observar quais são as questões, as posições, os interesses, as necessidades, os valores, os sentimentos e as emoções dos envolvidos no conflito.

No que tange às questões, são os assuntos e temas sobre os quais há controvérsia entre os atores. Por sua vez, a posição vai revelar os pedidos dos envolvidos, "é o termo que, para fins de tratamento de conflitos, foi trazido pela Escola de Negociação de Harvard [...] e passou a ser utilizada nos demais métodos de intervenção sobre os conflitos" (ARLÉ, 2017, p. 103).

Os interesses complementam o conceito da posição, ou seja, quando um sujeito toma uma posição, quer dizer que ele se decidiu conforme seus interesses, os quais podem surgir de necessidades, angústias, medos, preocupações, desejos etc. Assim, os interesses podem levar os atores de um conflito a assumirem determinadas e diferentes posições.

Quanto aos interesses, há autores[22] como, por exemplo, Roger Fisher e Elizabeth Kopelman, que os compreendem como sinônimos de necessidades. Contudo, o mais adequado é compreender que, na maioria das vezes, as necessidades envolvem questões mais profundas do que os interesses. Em determinado conflito, por exemplo, o paciente pode ter o interesse de aproveitar a oportunidade em que já vai se submeter a uma cirurgia para fazer uma intervenção estética, da qual o médico discorda.

---

22. Os autores da obra *Más allá de Maquiavelo: herramientas para afrontar conflito*, Roger Fisher, Elizabeth Kopelman, Andrea Kupfer Schneider, são adeptos da Escola de Negociação de Harvard e tratam, nesse livro, interesses como sinônimo de necessidades.

O conflito pode mudar de cenário se a intervenção não for por interesse do paciente, mas por necessidade urgente em prol de sua qualidade de vida. A identificação das necessidades dos atores de um conflito será primordial, juntamente com os demais elementos mencionados, para que se chegue ao tratamento adequado da controvérsia. Além disso, a partir da narrativa do paciente é que se identificam seus interesses e necessidades, permitindo-se que se preserve seu direito de construir sua história por meio da realização da sua pessoalidade.

Para reforçar que o conflito pode facilmente se instaurar no cenário médico hospitalar, sobretudo, em razão das falhas na comunicação entre médico, equipe médica, pacientes e familiares e para destacar a importância de se identificar os elementos que compõem o conflito, cita-se um caso que ocorreu no Hospital Geral de Fortaleza (HGF).

Uma médica, servidora do hospital, buscou ter acesso a uma paciente e ao seu prontuário, apesar de estar proibido qualquer tipo de visita à essa paciente, em função de ter sido vítima de uma tentativa de homicídio e por ainda correr perigo (ANDRADE, 2007).

A médica, impedida pela equipe responsável de ter acesso à paciente, iniciou uma grande discussão, que foi inclusive comentada por outros pacientes em tratamento no andar em que a paciente se encontrava.

Diante dessa situação, dias depois, a ouvidoria do hospital foi acionada pela equipe médica que estava cuidando da paciente para tentar resolver o problema, oportunidade em que se descobriu que "a médica era amiga da família da paciente e tinha ido visitá-la a pedido dos pais, não tendo, contudo, apresentado nenhuma autorização ou mencionado o motivo de sua visita" (ANDRADE, 2007, p. 79).

O fato é que "todos os envolvidos demonstraram desconhecimento sobre a real situação da paciente, pois nem a equipe sabia da relação de amizade entre a médica e a interna, tampouco a médica sabia dos reais motivos do isolamento" (ANDRADE, 2007, p. 79).

Percebe-se que o conflito pode ter se instaurado por falta de acesso às informações detalhadas sobre o caso. A ausência de comunicação potencializou a controvérsia e gerou a possibilidade de estender as consequências, já que a médica continuaria a trabalhar com seus colegas de profissão, os quais a impediram de ter acesso à paciente em comento.

Conseguir se perceber diante de um conflito e ter conhecimento sobre seus elementos podem facilitar sua gestão ou resolução. Por isso, se revela importante o estudo apresentado nesta seção. Contudo, também se sabe que a identificação, pelos envolvidos, de um conflito nem sempre é fácil, haja vista que, a depender do nível de complexidade do entrave, os sujeitos não conseguirão, sem auxílio, restabelecerem o diálogo.

Investigar-se-á a seguir se a mediação poderá, em casos semelhantes a esse, bem como naqueles que envolvem tratamentos de saúde continuados, ser utilizada como meio viabilizador para a abertura de diálogo, com o intuito de beneficiar a autodeterminação do paciente e a boa qualidade no ambiente de trabalho médico-hospitalar.

No caso acima, era importante a forma como o conflito seria tratado, uma vez que a médica e seus colegas continuariam mantendo relações profissionais no mesmo cenário.

Além disso, analisar-se-á se a mediação pode potencializar a melhoria da comunicação entre médicos e paciente/família. Veja que, se os familiares da paciente acima mencionada tivessem mais acesso às informações sobre seu estado de saúde, o conflito possivelmente não teria se instaurado, o que contribuiria para o maior bem-estar de todos.

Deveras, não se buscará apresentar a mediação como única forma ideal para solucionar todas as espécies de demandas de saúde, mesmo porque tal método se mostra mais adequado quando aplicado em relações continuadas. O que se buscará, com a aplicabilidade da mediação nesses contextos, é possibilitar a efetivação do direito à saúde para além da preocupação com as enfermidades físicas, mas com a valorização da individualidade dos envolvidos no conflito, com o intuito de favorecer a criação de um ambiente que contribua para a tomada de decisões autônomas pelo paciente, especialmente, no que diz respeito à tomada de decisão sobre um tratamento de saúde continuado.

Dando continuidade ao estudo dos elementos do conflito, destacam-se os valores, os sentimentos e as emoções, que podem se correlacionar diante de uma situação conflitiva.

Os valores, por serem crenças profundas dos sujeitos, são, normalmente, inegociáveis, o que não significa que o conflito não possa ser tratado por outras perspectivas.

Os valores, aliados às expectativas e aos interesses, expressam a prevalência de uma cultura de paz ou de dominação. Nesse contexto, em uma "cultura de dominação, prevalece a competição predatória, enquanto sob uma cultura de paz e direitos humanos pratica-se uma negociação cooperativa, com vistas aos interesses comuns, aos princípios, aos ganhos mútuos"[23] (VASCONCELOS, 2017, p. 35).

---

23. Em raciocínio semelhante, esse autor explica que "sob uma cultura de dominação prevalecem a litigiosidade, a coatividade, o decisionismo, enquanto sob uma cultura de paz e direitos humanos destacam-se a persuasão, a negociação e a mediação" (VASCONCELOS, 2017, p. 35).

No que se refere aos sentimentos, "podem ser descritos como aquilo que se tem, por alguém ou algo, como experiência registrada na mente" (ARLÉ, 2017, p. 108).

Por sua vez, as emoções "são um conjunto de respostas químicas[24] e neurais que formam um padrão diferente do habitual" (ARLÉ, 2017, p. 108).

Quando os atores de um conflito são levados a tomar consciência de seus sentimentos, emoções e das posições e interesses dos demais envolvidos na controvérsia, surge maior possibilidade de enxergarem as saídas construtivas e cooperativas para a situação.

Para a finalidade que se propõe nesta pesquisa, distinguir os sentimentos das emoções não é o mais importante. O que se releva como essencial é compreender os elementos que podem compor um conflito para que se possa melhor preveni-lo, geri-lo ou solucioná-lo.

Por arremate, destaca-se também que existem diversas outras espécies de conflito como, por exemplo, o conflito estrutural, de interesses, de valores ou até mesmo de informação. Entretanto, tais espécies não serão estudadas nesta trabalho, posto que seu objetivo não é o estudo aprofundado do conflito em si, mas analisar se, em situações conflitivas (que se desenvolvem em ambientes de cuidado com a saúde, tais como, hospitais, clínicas, maternidades, casas de repouso ou a própria residência do adoecido), a construção da autonomia privada do paciente pode ser potencializada pelo uso da mediação, possibilitando-lhe, de modo autônomo, consentir ou dissentir sobre um tratamento de saúde continuado.

Em geral, Soler (2014), também, defende que há três níveis distintos de abordagem do conflito, isto é, três níveis de abordagem do conflito para preveni-lo, geri-lo ou realmente resolvê-lo.

No campo da prevenção, o conflito ainda não ocorreu, e o analista, que pode ser um mediador, por exemplo, vai intervir para que as partes não combatam ou para amenizar os impactos, caso o conflito tenha surgido.

Já quanto à intervenção para gerir o conflito, o conflito já existe, e o analista buscará que os atores enxerguem a situação conflitiva e não entrem em uma espiral destrutiva.

A gestão é normalmente aplicada a conflitos que se desenvolvem de forma continuada e que são, a princípio, insolúveis, a fim de que se possa estabelecer

---

24. Para melhor compreender como as emoções são desencadeadas, inclusive a partir das estruturas celebrais, indica-se a leitura do livro *Inteligência Emocional* do psicólogo e jornalista científico americano Goleman (2012).

uma convivência sustentável entre os envolvidos, mesmo diante das diferenças que eventualmente existam.

Por fim, a intervenção para solucionar o conflito nem sempre vai ser possível, pois "o término de um conflito só é possível [...] quando a percepção de incompatibilidade dos objetivos e fatos da realidade não a sustenta e/ou quando os atores podem alcançar seus objetivos independentemente dos outros." (SOLER, 2014, tradução nossa).[25] Em outros termos, o conflito será solucionado por dissolução, em razão da perda do objeto e/ou por resolução, na situação em que as partes chegam a um acordo ou quando lhes é imposta uma solução por um terceiro.

Com base nas ponderações realizadas quanto às Teorias do Conflito, sua tipologia e seus elementos, é possível ter uma visão mais consistente dessa temática, o que permite avançar rumo ao estudo do acesso à justiça e às principais formas adequadas de tratamento de conflitos, a fim de que o conflito médico-paciente possa ser melhor compreendido em todas as suas particularidades.

Nesse ponto, elucida-se que apenas o método da mediação será analisado com especificidade no próximo capítulo, por ser ele um dos cernes principais desta obra. Quanto às demais formas adequadas de tratamento e solução de conflito como, por exemplo, a conciliação e a arbitragem, serão abordadas sucintamente e de modo genérico, pois não é o foco deste estudo.

3.3 PERSPECTIVAS DE ACESSO À JUSTIÇA NO CONFLITO MÉDICO-PACIENTE E PRINCIPAIS FORMAS ADEQUADAS DE RESOLUÇÃO DE CONFLITO

No Brasil, mesmo antes de sua independência, no período das Ordenações Filipinas, já havia certa preocupação com a resolução consensual dos conflitos. Após a independência, no período da Constituição do Império de 1824, isso também se manteve, inclusive, com a previsão, pelo legislador, no art. 161,[26] de que nenhum processo iniciaria sem a tentativa de uma reconciliação. Entretanto, essa visão não conseguiu se sustentar principalmente em razão da falta de políticas públicas e de suporte para sua implementação (WATANABE, 2011).

---

25. En mi opinión, y por coherencia con la definición anteriormente presentada, la finalización de un conflicto sólo es posible en dos supuestos: (a) cuando desaparece la percepción de incompatibilidad de los objetivos y los hechos de la realidad no la sustentan y/o (b) cuando los actores pueden conseguir sus objetivos con independencia de otras personas y así es como lo perciben. Sin embargo, éstas dos situaciones pueden producirse de dos maneras diversas: por la disolución del conflicto o por su resolución.

26. A Constituição do Império de 1824, no art. 161, assim previa *in verbis*: "Sem se fazer constar, que se tem intentado o meio da reconciliação, não se começará Processo algum" (BRASIL, 1824).

Atualmente, no Estado Democrático de Direito, pode-se afirmar que existe um cuidado com a resolução dos conflitos, os quais podem, por exemplo, ser tratados por meio da arbitragem, conciliação e mediação, bem como pela jurisdição mediante o monopólio estatal.

Em que pesem os avanços ocorridos no Brasil como, por exemplo, a criação de uma política judiciária nacional de tratamento adequado dos conflitos por meio da Resolução 125 do Conselho Nacional de Justiça (CNJ), a cultura brasileira ainda é fortemente marcada pela resolução de conflitos por meio da utilização dos processos judiciais. Sobre o tema Watanabe, afirma que:

> O mecanismo predominantemente utilizado pelo nosso judiciário é o da *solução adjudicada dos conflitos,* que se dá por meio de sentença do juiz. E a predominância desse critério vem gerando a chamada 'cultura da sentença', que traz como consequência o aumento cada vez maior da quantidade de *recursos,* o que explica o congestionamento não somente das instâncias ordinárias, como também dos Tribunais Superiores e até mesmo da Suprema Corte. Mais do que isso, vem aumentando também a quantidade de execuções judiciais, que sabidamente é morosa e ineficaz, e constitui o calcanhar de Aquiles da Justiça (WATANABE, 2011, p. 2, grifo do autor).

Assim, no que tange ao acesso à justiça, é válido iniciar a abordagem a partir do estudo realizado por Cappelletti e Garth (1988), conhecido como Projeto Florença, que deu origem à obra *Acesso à Justiça*, material referencial sobre o tema.

Os autores iniciam a obra afirmando que o acesso à justiça é de difícil conceituação, mas afirmam que se trata de um sistema pelo qual as pessoas podem reivindicar direitos e/ou solucionar seus conflitos por meio do poderio estatal, devendo ser um sistema acessível a todos e que produza resultados justos (CAPPELLETTI; GARTH, 1988).

Cappelletti e Garth (1988) traçam uma evolução teórica do acesso à justiça, dividindo-o em três etapas, as chamadas ondas do acesso à justiça. A chamada primeira onda tem seu ambiente instaurado no Estado Liberal, nos contornos do século XVIII e XIX.

No Estado Liberal,[27] o acesso à justiça era um acesso formal, haja vista que essencialmente significava o direito de a pessoa propor ou contestar uma ação judicial. "A justiça, como outros bens; no sistema do 'laissez faire'[28] só podia ser

---

27. Nesse período, "a concepção tradicional do processo civil não deixava espaço para a proteção de direitos difusos. O processo era visto apenas como um assunto entre duas partes, que se destinava à solução de uma controvérsia entre essas mesmas partes a respeito de seus próprios interesses individuais" (CAPPELLETTI; GARTH, 1988, p. 19).

28. Em uma tradução livre, trata-se de uma expressão francesa que significa "deixe fazer", que foi muito utilizada no período do Estado Liberal, justamente para identificar um estado que adotava um modelo político e econômico não intervencionista.

obtida por aqueles que pudessem arcar com os custos; aqueles que não pudessem fazê-lo eram condenados responsáveis por sua sorte o acesso formal" (CAPPELLETTI; GARTH, 1988, p. 4).

Contudo, com o transcurso do tempo e o aumento das ações que foram ganhando caráter mais coletivo do que individual, as sociedades modernas foram obrigadas a deixar a visão exclusivamente individualista de direitos, para ceder espaço a uma visão social, típica do Estado Social. "Esses novos direitos humanos, exemplificados pelo preâmbulo da Constituição Francesa de 1946, são, antes de tudo, os necessários para tornar efetivos, quer dizer, realmente acessíveis a todos, os direitos proclamados" (CAPPELLETTI; GARTH, 1988, p. 4).

A partir desse momento, sob a égide do Estado Social, inaugura-se a segunda onda do acesso à justiça. Se, no primeiro momento, preocupava-se exclusivamente com o acesso formal, no contexto da segunda onda, o Estado deveria assegurar o gozo dos direitos sociais básicos e não só os proclamar.

Naquele período, o Estado passa a intervir nas relações políticas, econômicas e sociais, a fim de garantir a efetivação de direitos como, trabalho, saúde e educação. Cappelletti e Garth (1988) afirmam que, naquela época, o acesso à justiça poderia ser visto como o mais básico dos direitos humanos.

Nesse ínterim, as ações judiciais continuaram aumentando, não só mais as individuais, mas também as coletivas. Esse fluxo foi acompanhado por modificações também no campo do Processo Civil, o que levou a uma nova visão do acesso à justiça, instaurando-se a terceira onda.

A chamada terceira onda de acesso à justiça[29] forçou os tribunais a perceberem que eles não eram os únicos aptos a solucionar os conflitos individuais e coletivos. "Eles precisaram, consequentemente, ampliar sua pesquisa para mais além dos tribunais e utilizar os métodos de análise da sociologia, da política, da psicologia e da economia, e ademais, aprender através de outras culturas" (CAPPELLETTI; GARTH, 1988, p. 5). Assim:

> Essa 'terceira onda' de reforma inclui a advocacia, judicial ou extrajudicial, seja por meio de advogados particulares ou públicos, mas vai além. Ela centra sua atenção no conjunto geral de instituições e mecanismos, pessoas e procedimentos utilizados para processar e mesmo prevenir disputas (CAPPELLETTI; GARTH, 1988, p. 25).

Justamente nesse ambiente é que a mediação se mostra como um método apropriado para o tratamento dos conflitos, conforme será melhor explicado adiante.

---

29. Propomos a denominar simplesmente de "enfoque de acesso à justiça", porque inclui os posicionamentos anteriores, mas vai muito além deles, representando, dessa forma, uma tentativa de atacar as barreiras ao acesso de modo mais articulado e compreensivo (CAPPELLETTI; GARTH, 1988, p. 12).

Nesse sentido, Cappelletti e Garth (1988) também trazem, na obra *Acesso à Justiça,* o ensinamento de que se o acesso à justiça deve ser considerado como acesso justo e efetivo, é necessário identificar quais são os obstáculos à essa acessibilidade. Para tanto, eles lecionam, de modo detalhado, sobre os entraves a esse acesso, os quais serão trabalhados de modo generalista neste estudo, uma vez que não é sua principal finalidade esmiuçar o tema acesso à justiça.

Em geral, os principais entraves ao efetivo acesso à justiça são as custas judiciais, a demora do processo e a falta de conhecimento. Na maioria dos casos, exceto quando se trata de situações envolvendo a gratuidade da justiça, as partes de um processo precisam suportar o alto custo de uma demanda judicial, o que compreende os honorários do advogado, as custas processuais e, nos países que adotam o princípio da sucumbência, como é o caso do Brasil, a parte vencida ainda terá que arcar com os honorários de sucumbência, ou seja, sofrerá com o pagamento dos honorários do advogado da parte vencedora.

Assim, para enfrentar as barreiras do efetivo acesso à justiça, devem-se levar em consideração os custos de uma demanda judicial. A situação se torna ainda mais complexa quando envolve as chamadas pequenas demandas ou pequenas causas. Isto é, nas demandas que envolvem baixo valor, os custos de um processo podem ultrapassar o valor em si questionado. Por exemplo, o valor de um processo judicial pode ser muito superior ao valor de uma pequena batida de carro (dano material). Logo, se o que se almeja é um justo acesso à justiça, as questões relativas aos custos processuais (honorários do advogado, honorários de sucumbência e custas processuais) devem ser consideradas e fazer parte de uma eventual solução ao acesso à justiça (CAPPELLETTI; GARTH, 1988).

Associado a isso, é popularmente reconhecida a demora de um processo. Não raro, no Brasil, é fácil encontrar alguém que já se envolveu em um processo judicial de três anos ou mais. Portanto, a longa duração de um processo também pode ser considerada como empecilho ao efetivo acesso à justiça, haja vista que, com a demora da demanda, as pessoas economicamente mais vulneráveis podem sofrer pressões e acabar fazendo acordos com valores inferiores ao que teriam direito.

No Brasil, as estatísticas relacionadas ao tempo de tramitação de um processo podem ser acompanhadas pelo relatório *Justiça em Números 2020,* emitido anualmente pelo Conselho Nacional de Justiça. "O tempo médio do acervo caiu de 5 anos e 6 meses em 2015 para 4 anos e 10 meses em 2018" (ANDRADE, 2019),[30] o que já se revela positivo mesmo ainda tendo progressos a serem feitos.

---

30. Os dados de 2020 podem ser conferidos no relatório *Justiça em Números 2020,* disponível no *site* do Conselho Nacional de Justiça (2020).

Os recursos financeiros das partes também podem impactar o acesso à justiça, uma vez que as partes que possuem mais recursos conseguem, na maioria das vezes, suportar as delongas do litígio e custear as provas de um processo, como, por exemplo, custas periciais.

Além disso, a falta de conhecimento e a desconfiança para com os advogados, especialmente, nas classes menos favorecidas, também podem ser consideradas como obstáculos ao acesso à justiça efetivo. Além disso, "procedimentos complicados, formalismo, ambientes que intimidam, como o dos tribunais, juízes e advogados, figuras tidas como opressores, fazem com que o litigante se sinta perdido, um prisioneiro num mundo estranho" (CAPPELLETTI; GARTH, 1988, p. 9).

Desse modo, ao reconhecer que existe dificuldade ao efetivo e justo acesso à justiça, se está mais próximo de encontrar as eventuais soluções, as quais não podem deixar de observar que os problemas são interrelacionados.

A partir desse mapeamento, muitas medidas de melhoria foram tomadas, inclusive, de progresso ao sistema de assistência judiciária direcionado aos economicamente impossibilitados de arcar com as custas processuais sem prejuízo do próprio sustento (CAPPELLETTI; GARTH, 1988).

Nessa perspectiva, percebe-se que a atual concepção de acesso à justiça não pode ser a que apenas garante ao cidadão o direito ao ajuizamento de ações, uma vez que tal acesso não se esgota nisso. De fato, o princípio do acesso à justiça, previsto no art. 5º, XXXV, da Constituição Federal de 1988, não deve assegurar apenas o acesso formal, mas também o acesso a uma ordem jurídica justa que possibilite a cada indivíduo o adequado tratamento de seus conflitos, bem como a devida efetivação de seus direitos.

Salienta-se que, nesse cenário, não se busca excluir a atuação do Estado,[31] uma vez que ele também cumpre função importante na pacificação social. Contudo, nem sempre a via pelo Poder Judiciário é a mais apropriada para solucionar os conflitos,[32] posto que, em certos casos, como, por exemplo, em conflitos que envolvem médico-paciente, demanda maior participação dos envolvidos na busca pela solução, o que é mais difícil de ser garantido em uma decisão impositiva judiciária.

---

31. Acredita-se que meios judiciários e não judiciários podem conviver e interagir, possibilitando ao cidadão um amplo e efetivo acesso à justiça. "Trabalhar pela paz social, assegurar a vida em comum de forma ordenada e integrar a sociedade, eis alguns objetivos comuns entre direito/justiça oficial e mediação. Ainda que eles remetam, a princípio, a lógicas diferentes, o estabelecimento de uma relação de complementaridade entre eles é altamente vislumbrável" (NICÁCIO, 2011, p. 35).

32. "Ressalta-se que pacificação, na concepção adotada nesta tese, não significa a eliminação do conflito, que é inerente às relações humanas e, porquanto, não é passível de extinção. O que se busca é, na realidade, sua administração e tratamento, seja em nível de prevenção, gestão ou resolução, com seguimento e resultados satisfatórios aos envolvidos e promotores de desenvolvimento individual e coletivo" (SOUZA, 2018, p. 51).

Além disso, os meios não judiciários possuem mais aptidão para tratar de certos aspectos do conflito como, por exemplo, sociológicos e existenciais, o que não se mostra propício pelos procedimentos judiciários.

A escolha adequada pela via do consenso deve parar de focar somente no problema para dar atenção à construção da solução, buscando encontrar saídas mais humanizadas. Almeja-se que haja uma mudança de pensamento no sentido de que a culpa seja transformada pelo viés da responsabilidade, o certo e o errado percam espaço a partir do resgate da autonomia privada, possibilitando que os envolvidos em um conflito possam efetivamente ter liberdade de escolha conforme seus interesses e necessidades.

Assim, cabe ao Estado, além da gestão da prestação jurisdicional, garantir, "também, e com grande ênfase, os serviços de solução dos conflitos pelos mecanismos alternativos à solução adjudicada por meio de sentença, em especial dos meios consensuais, isto é, da mediação e da conciliação" (WATANABE, 2011, p. 3).

Ademais, os processos judiciais são formas "de resolução de conflitos que não têm como escopo estimular a autonomia dos indivíduos, mas primordialmente substituí-la pela autoridade do juiz. Somado ao exposto, o método é marcado por viés adversarial" (SOUZA, 2018, p. 53). Nesse contexto, as sentenças judiciais fomentam, ainda que não tenham esse objetivo direto, a polarização entre vencedor e vencido.

Nesse cenário, para melhor análise da temática, é importante fazer algumas ponderações quanto ao surgimento da Resolução Alternativa de Disputas (RAD) até o contexto atual.

Por volta de 1906, houve nos Estados Unidos, na cidade de Saint Paul, Minnesota, o 29º Encontro Anual da Ordem dos Advogados norte-americanos, no qual foi criticado o sistema de justiça estadunidense.

Alguns anos depois, em 1976, houve nova conferência que contou com a participação do professor de Direito de Harvard, Frank Sander, que defendeu que nem toda demanda levada ao Poder Judiciário deveria ser resolvida pela corte americana, isto é, ele sustentou que o sistema judiciário não era o mais adequado para resolver diferentes conflitos (ARLÉ, 2017).

A partir dessa Conferência, ocorreu o marco da Resolução Alternativa de Disputas (RAD) ou *Alternative Dispute Resolution* (ADR). À época, o Presidente da Suprema Corte norte-americana, Warren Burger, reforçou, em seu discurso, "a necessidade de serem encontradas melhores ferramentas e melhores caminhos para fazer justiça, que equiparou a um resultado aceitável, no menor tempo possível, com o menor custo e o mínimo estresse para os participantes" (ARLÉ, 2017, p. 133).

Assim, nota-se que a Resolução Alternativa de Disputas (RAD) teve início como sendo métodos de solução *alternativos* ao processo judicial. Contudo, não só o termo sofreu críticas como também a sua utilização, vindo a se transformar naquilo que, hoje, denomina-se *Tratamento Adequado de Conflitos*.

Essa transformação ocorreu com base na perspectiva de que o termo *disputa* é limitador. Conforme explicado, a Moderna Teoria do Conflito não resume o conflito a um aspecto negativo, mas entende que ele pode ter também efeitos positivos. Assim, quando se considera apenas a disputa, está se dando relevância tão somente à incompatibilidade de interesses, que pode ser momentânea. Quando se substitui o termo *disputa* por *conflito*, leva-se em consideração um contexto mais amplo, podendo a situação conflitiva ser tratada de modo não só negativo, mas também pelo viés positivo.

Por sua vez, a substituição do termo *resolução alternativa* para *tratamento adequado* também se mostra coerente, posto que, ao escolher apenas o termo *resolução*, desconsideram-se as intervenções nos conflitos por meio da prevenção ou gestão. "Assim, nem toda intervenção se dará na fase de resolução do conflito, razão pela qual propõe-se o uso da palavra 'tratamento', no lugar de 'resolução'" (ARLÉ, 2017, p. 134, grifo do autor).

Para finalizar, os métodos não adversariais não podem ser considerados como segunda categoria, mas devem ser tratados com a mesma importância que é dada à intervenção judiciária. Por isso, o mais propício é não usar o termo *alternativo*, pois ele remete à segunda opção. Desse modo:

> Diante da peculiaridade de cada conflito e da situação das partes envolvidas na relação subjacente, métodos diferenciados devem ser utilizados para gerar a mais idônea e adequada resposta possível. Os métodos não judiciais de intervenção sobre os conflitos não são substitutivos do processo judicial, mas sim complementares em relação a ele (ARLÉ, 2017, p. 136).

Por essas razões, o ideal é que se utilize a expressão *Tratamento Adequado do Conflito*,[33] que pode ser dividido em métodos autocompositivos e heterocompositivos.[34]

---

33. "Com efeito, todos esses meios judiciais ou extrajudiciais de acesso à justiça compõem o hoje denominado sistema multiportas, que engloba as práticas restaurativas, a facilitação de diálogos apreciativos etc. e pode ser livremente apropriado pela cidadania, que escolhe o meio que se mostre mais adequado, consoante as necessidades e circunstâncias pessoas e materiais de cada situação. Com efeito, a consagrada expressão *multi-door courthouse* (corte de muitas portas) foi originalmente utilizada pelo Prof. Frank Sander (Harvard), 1976, numa conferência que veio a ser publicada em 1979" (VASCONCELOS, 2017, p. 59-60).

34. Também se pode classificar em métodos "*adversariais* (aqueles em que os protagonistas do conflito estão enfrentados como adversários, um contra o outro, e em que o ganho de um deles representa a perda do outro) e *não adversariais* (aqueles em que os envolvidos num conflito não estão enfrentados como adversários e são buscadas soluções que permitem que 'todos ganhem')" (ARLÉ, 2017, p. 140-141).

Entre os métodos de *Tratamento Adequado do Conflito*, está a mediação, foco desta obra, que será estudada no capítulo a seguir. Contudo, para uma compreensão geral sobre o tema, demonstrar-se-ão alguns métodos que também podem ser adotados no Brasil.

Iniciando-se pela autotutela, pode-se afirmar que ela se configura como resolução unilateral, isto é, trata-se da situação em que o próprio sujeito busca afirmar sua vontade a outra parte, impondo, unilateralmente, seus interesses. Tal atitude acaba abrindo espaço para a atividade coercitiva e o uso da força.

No Brasil, a autotutela é permitida excepcionalmente como, por exemplo, em casos de legítima defesa ou no exercício do direito de greve, podendo ainda nessas situações ocorrer o controle pelo Estado.

Na autocomposição, o sujeito pode utilizar a renúncia, a aceitação e a submissão/resignação. Nesse caso, a pacificação do conflito ocorrerá pela atuação dos próprios envolvidos, isto é, os próprios atores construirão a melhor solução para a controvérsia, sem intervenção externa. Já nos métodos heterocompositivos, há a intervenção de um terceiro, alheio à controvérsia, que atuará na solução do conflito, sendo que o nível de intervenção dependerá do método escolhido.

Cumpre salientar que não há unanimidade na doutrina em classificar a mediação, a conciliação e a arbitragem em métodos autocompositivos ou heterocompositivos. Desse modo, existem autores, como Warat (2001), por exemplo, que defendem que a jurisdição e a arbitragem são formas heterônomas, haja vista que o poder de decisão é de um terceiro; e que a negociação, a mediação e a conciliação são formas autônomas de resolução de conflitos, pois as próprias partes resolvem o conflito, não delegando o poder de decisão a um terceiro.

Por sua vez, Orsini (2007) defende que, dentre as formas de heterocomposição, encontram-se a jurisdição, a conciliação, a arbitragem e a mediação (em certo grau), pois haveria, em maior ou menor nível, a intervenção de um terceiro.[35]

Para o que se propõe nesta pesquisa, tais diferenciações não se mostram essenciais. O relevante é compreender a distinção entre a mediação e os demais métodos, a fim de que se possa entender a justificativa pelo uso da mediação no conflito médico-paciente para a tomada de decisão em tratamentos de saúde

---

35. Adriana Goulart de Sena Orsini ainda explica que "a divisão acima não é consensual na doutrina. Existem autores que consideram a conciliação e a mediação como meios autocompositivos e como meios heterocompositivos a arbitragem e a jurisdição. Repita-se: a prevalência da divisão acima funda-se no fato de a classificação levar em consideração os sujeitos envolvidos e na sistemática operacional do processo utilizado. [...] É de se salientar que a mediação é o método que confere menor destaque ao papel do agente exterior, uma vez que este apenas aproxima e instiga as partes à pacificação" (ORSINI, 2007, p. 95). Tal fato, pode, sim, influenciar alguns autores a classificarem a mediação como método autocompositivo, justamente por não considerar a participação de um terceiro.

continuados. Para tanto, passa-se a explicar, sucintamente, os principais métodos adequados de tratamento de conflitos.

A negociação[36] pode ser compreendida como o "planejamento, a execução e o monitoramento, sem a intervenção de terceiros, envolvendo pessoas, problemas e processos, na transformação ou restauração, na solução de disputas ou trocas de interesses" (VASCONCELOS, 2017, p. 60). Por excelência, a negociação pode ser considerada o núcleo dos demais métodos autocompositivos.

Já a arbitragem[37] é considerada método heterocompositivo, regulada pela Constituição Federal de 1988 e pela Lei 9.307/96, que foi alterada pela Lei 13.129/15c.

Nesse método, as partes elegem, previamente, um terceiro denominado árbitro, que irá decidir a controvérsia que venha a surgir a partir da execução de um contrato.[38] Esse terceiro, externo ao conflito, proferirá o laudo ou a sentença arbitral, que se limitará aos direitos patrimoniais disponíveis.

Por sua vez, a conciliação é também um método heterocompositivo não adversarial que pode ser aplicado judicialmente, inclusive como fase obrigatória do processo, como ocorre no Brasil. Um terceiro, denominado conciliador, "poderá sugerir soluções para o litígio, sendo vedada a utilização de qualquer tipo de constrangimento ou intimidação para que as partes conciliem" (BRASIL, 2015a). Entre as principais diferenças entre a conciliação e a mediação, pode-se citar:

> [...] c) A conciliação é mais adequada para tratar de questões entre partes que não têm ou não terão um relacionamento continuado e a mediação para os casos em que há vínculo anterior entre as partes ou em que haverá vínculo continuado entre elas; d) A conciliação prevê o

---

36. Fisher, Ury e Patton, na obra referencial *Getting to Yes: Negotiating Agreement without Giving* (no Brasil, o livro recebe o nome de *Como chegar ao sim: como negociar acordos sem fazer concessões*, 2014), foram os criadores do método de negociação de Harvard, os quais "propuseram uma maneira metodológica de praticar a negociação integrativa, que chamaram de 'métodos de negociação baseada em princípios' [...] que consiste em procurar soluções para os conflitos (que os teóricos de Harvard chamam de 'problemas') com base em seus méritos, ao invés de usar um processo de regateio, em que, em regra, há um 'ganhador' e um 'perdedor'" (ARLÉ, 2017, p. 157).

37. Tendo em vista que a arbitragem não faz parte do tema principal desta obra, não se aprofundará no assunto. Contudo, vale informar que existem diversas modalidades de arbitragem, quais sejam, a arbitragem facultativa, obrigatória, de direito, de equidade ou de última oferta. Esse conteúdo pode ser facilmente encontrado nos Manuais de Arbitragem, como, por exemplo, na obra publicada em 2018 pelo autor Luiz Antônio Scavone Júnior, *Manual de Arbitragem, Mediação e Conciliação*.

38. "Assim, a arbitragem pressupõe a livre opção das partes (autonomia da vontade) por meio de uma convenção de arbitragem – cláusula contratual denominada 'compromissória', firmada antes do surgimento de qualquer conflito, ou 'compromisso arbitral', quando já há conflito, e as partes, de comum acordo, decidem solucioná-lo por intermédio de arbitragem. Firmada a convenção de arbitragem, as partes ficam irrevogavelmente vinculadas à jurisdição arbitral, consoante regulamento previamente aceito, podendo contar com o apoio de instituição arbitral especializada na administração desse procedimento" (VASCONCELOS, 2017, p. 65-66).

poder do conciliador de sugerir às partes opções para soluções dos conflitos, enquanto na mediação isso não deve, em regra, acontecer (ARLÉ, 2017, p. 146).

Ainda quanto aos métodos adequados de tratamento do conflito, pode-se indicar a facilitação assistida, em que um terceiro imparcial ao conflito vai apoiar um grupo de pessoas a se comunicar melhor a fim de que resolvam, de modo construtivo, a controvérsia. "É um processo técnico para a solução de problemas e demandas específicas de amplo espectro, sejam eles coletivos, difusos ou individuais homogêneos, através da articulação de diversos instrumentais e de redes" (ZAPPAROLLI; KRÄHENBÜHL, 2012, p. 41).

Também há métodos mistos, nos quais as partes acordam que, se o conflito não for resolvido, por exemplo, pela mediação, passarão a tratar a demanda por meio da arbitragem. Os métodos mistos misturam características adversariais e não adversariais e são denominados *med-arb* e *arb-med*.

A mediação será trabalhada em capítulo próprio a seguir, tendo em vista a importância do tema para esta pesquisa. O que se pode adiantar é que se trata de método não adversarial em que o objetivo "não é necessariamente a obtenção de um acordo, mas gerar a transformação no padrão de comunicação entre os mediandos, para a construção da funcionalidade relacional" (ZAPPAROLLI; KRÄHENBÜHL, 2012, p. 38). Segundo o Código de Processo Civil (CPC/15), em seu art. 165, § 3º:

> O mediador, que atuará preferencialmente nos casos em que houver vínculo anterior entre as partes, auxiliará aos interessados a compreender as questões e os interesses em conflito, de modo que eles possam, pelo restabelecimento da comunicação, identificar, por si próprios, soluções consensuais que gerem benefícios mútuos (BRASIL, 2015a).

Esta pesquisa busca aplicar a mediação aos conflitos emergentes[39] entre médico e pacientes, ou a familiares do paciente, "como via cooperativa e construtiva, tomando-a não somente enquanto técnica de solução consensual de conflitos, mas, essencialmente, enquanto promovedora de uma cultura de regulação social calcada no direito da alteridade" (SILVA, 2015, p. 395).

De fato, "se o discurso do paciente no contexto do médico não alcança a sustentação esperada, e têm-se o surgimento de um conflito não resolvido pelo diálogo, é possível dar-se a judicialização" (VASCONCELOS, 2020, p. 126). Por isso, a proposta deste estudo, também, se revela adequada, pois, uma vez que

---

39. Os conflitos emergentes "são disputas em que as partes são identificadas, a disputa é reconhecida e muitas questões estão claras. Entretanto, não ocorreu uma negociação cooperativa viável ou um processo de resolução de problemas. [...]. Neste caso, o mediador ajuda a estabelecer o processo de negociação e auxilia as partes a começarem a se comunicar" (MOORE, 1998, p. 29).

se busca um método adequado para restabelecer a confiança e o diálogo entre médico e paciente, contribui-se, consequentemente, para diminuir as demandas judiciais que envolvem temas relacionados à saúde e a conflitos advindos da relação médico-paciente ou médico e familiares do paciente.

Nesse ponto, é relevante diferenciar judicialização da saúde de judicialização da Medicina,[40] para que se possa compreender que, em ambos os casos, o uso da mediação pode levar a bons resultados quanto ao tratamento do conflito.

Assim, a judicialização da saúde refere-se à busca do paciente ao Poder Judiciário, a fim de efetivar, amplamente, seu direito à saúde, tendo normalmente como parte contrária o poder público ou ente privado que trabalha com concessão pública de saúde (VASCONCELOS, 2020).

Por outro lado, a judicialização da Medicina tem uma esfera mais limitada, abarcando os conflitos que envolvem, especificadamente, a relação médico-paciente (VASCONCELOS, 2020).

Para os objetivos deste trabalho, serão mais discutidos os conflitos entre médicos e paciente ou entre médicos e familiares dos pacientes. Contudo, serão relatados alguns conflitos que envolvem questões mais amplas do direito à saúde, pois também envolvem a pessoalidade do paciente. Por isso, tal diferenciação não será feita com rigidez nesta pesquisa. Todas as vezes que se apresentar um caso real ou hipotético, serão expostos os elementos que envolvem o caso, a fim de identificar se a situação é de judicialização da saúde, da Medicina ou se inexiste judicialização do conflito, sendo esta última situação o foco desta obra.

Tal como se discutirá no próximo tópico, os problemas e as dificuldades que afetam a construção da autonomia do paciente nascem por diversas razões, como, por exemplo, em virtude da comunicação desigual entre médico e paciente, o que leva, às vezes, à judicialização da Medicina. Assim, com o fito de evitar tais situações, apresentar-se-á a mediação como uma saída adequada à prevenção, gestão ou resolução de conflitos médico-paciente.

Para tanto, buscar-se-á "identificar o processo de mediação que promova uma ordem participativa e consensual, que auxilie no empoderamento dos indivíduos e que abra ou amplie espaços de diálogo e de elaboração de soluções compartilhadas" (SOUZA, 2018, p. 55).

Uma vez que o conflito instaurado no âmbito da saúde, sobretudo, na relação médico-paciente, não é só jurídico, se investigará se a mediação pode ser uma via

---

40. Didaticamente, a diferenciação entre judicialização da saúde e judicialização da Medicina está "em busca de uma precisa compreensão das conjunturas, embora tenha o mesmo fenômeno da 'judicialização' como elemento comum" (VASCONCELOS, 2020, p. 129).

adequada e potencial para trabalhar a controvérsia sob outros aspectos como, por exemplo, o psicológico e o sociológico, possibilitando maiores chances de resguardar o direito de autoderminação do paciente sobre sua própria saúde.

3.4 REFLEXÕES SOBRE OS PROBLEMAS E AS DIFICULDADES NO AMBIENTE HOSPITALAR QUE SÃO IMPACTANTES NA CONSTRUÇÃO DA AUTONOMIA DO PACIENTE

Conforme demonstrado ao longo desta obra, o conflito é inerente à convivência humana e pode se instaurar em diversos contextos e ambientes, entre eles, nos espaços que lidam com a saúde humana.

Com frequência, a angústia, o medo, a falta de informação adequada à realidade do paciente e a insegurança que, normalmente, se misturam às demais cargas emotivas, tornam próspera a instauração de conflitos no ambiente hospitalar ou em outro espaço em que são prestados os cuidados de saúde como, por exemplo, no próprio lar do paciente.

Justamente, nesse cenário, por vezes, conflituoso, o paciente com competência terá que tomar decisões sobre sua saúde, ou não tendo competência para tanto, seus familiares assumirão esse papel. Contudo, a falha na comunicação entre médico e paciente, ou entre médico e familiares do paciente, pode levar ao conflito, e uma vez instaurado, o exercício da autorregulamentação do paciente poderá ser afetado.

Nesse sentido, apresenta-se, novamente, o problema de pesquisa: Nos tratamentos de saúde continuados, se surgir conflito na relação médico-paciente de forma a comprometer o exercício da autonomia privada do paciente para a tomada de decisão sobre o tratamento de saúde, a mediação pode ser um meio facultado às partes para contribuir com o exercício de autodeterminação do paciente?

Se a resposta ao problema for positiva, como a mediação pode ser utilizada, ou implantada, diante dos conflitos médico-paciente-família? Quem teria a legitimidade para buscá-la no contexto conflitivo? Em que ambiente ela poderia ocorrer?

As eventuais respostas a essas indagações percorrem todos os capítulos desta obra, uma vez que se parte, primeiramente, do estudo sobre a autonomia privada, para depois compreender o conflito e, finalmente, caminhar para à conclusão de que a preservação da pessoalidade do paciente, diante de um conflito médico-paciente, pode ser potencializada pelo uso da mediação.

Por isso, neste tópico, a proposta é trazer algumas peculiaridades que permeiam, especialmente, as unidades de saúde, suscitando reflexões sobre os problemas e as dificuldades que podem impactar na autonomia do paciente caso ele venha a tomar decisões sobre um tratamento de saúde continuado.

Levando-se em consideração que, ainda, hoje, a relação médico-paciente, não raro, releva-se assimétrica, o paciente normalmente é a parte vulnerável,[41] o que deve ser analisado caso a caso. Nesse horizonte, vale também dizer que a autonomia do paciente não elimina sua vulnerabilidade. Ao revés, convivem juntas. "De tal modo, ainda que se pretenda incidir reforços na majoração da condição autônoma do sujeito, esta não é capaz de excluir ou anular a sua condição de vulnerável" (VASCONCELOS, 2020, p. 79). Por isso, o médico deve dar atenção a cada aspecto da pessoalidade do paciente, respeitando tanto sua vulnerabilidade como sua autonomia, e as inferências dessas na vida daquele.

Vasconcelos (2020) ensina que a vulnerabilidade pode-se apresentar por meio de dois sentidos: o sentido adjetivo e o sentido substantivo. O sentido adjetivo caracteriza-se em razão da pessoa humana (indivíduo ou grupo) poder ter seus interesses lesados por outras pessoas em determinada situação. "Já a vulnerabilidade em sentido substantivo refere-se ao reconhecimento de sua presença na contribuição do ser, como inerente à condição humana" (VASCONCELOS, 2020, p. 77), uma vez que é a notória a fragilidade de cada indivíduo em razão da sua própria finitude de vida.

Como demonstrado no segundo capítulo, a vulnerabilidade do paciente pode se intensificar a partir do momento em que o médico vem exercer seu poder, isto é, sua superioridade a nível de domínio do saber em dada situação. Faz-se necessário, então, compreender melhor alguns conceitos sobre o poder para entender que a comunicação deficitária entre médico e paciente pode potencializar o surgimento do conflito e, por consequência, a dificuldade de o paciente tomar uma decisão autônoma diante desse contexto desarmonioso.

Para tratar da temática sobre poder, apresentar-se-ão alguns ensinamentos de Foucault (2010), que desenvolve o assunto com bastante recorrência em suas obras, sempre permeado pelo que nomeou de *experiências fundamentais*: a da loucura, a da prisão e a da sexualidade.

Foucault (2010) explica que, na maioria das vezes, quando se pergunta a alguém o que é poder, o primeiro pensamento que vem à mente são os assuntos relacionados com a dominação do Estado como, por exemplo, o exército, a polícia

---

41. "A vulnerabilidade tem, em sua etimologia, a palavra latina *vulnus*, que significa 'ferida', e traz a acepção simbólica de fragilidade do sujeito, assim como a de susceptibilidade de ser magoado, ferido" (VASCONCELOS, 2020, p. 74). O conceito de vulnerabilidade ganhou força no campo da bioética, tornando-se um princípio a nortear a relação médico-paciente na década de 90, a partir da publicação internacional da Declaração Universal sobre Bioética e Direitos Humanos.

e a justiça. Entretanto, para Foucault, as relações de poder ultrapassam essa visão, pois o poder está em todos os ambientes em que há resistência.

Sob essa ideia, o autor exemplifica que "as relações de poder existem entre um homem e uma mulher, *entre aquele que sabe e aquele que não sabe,* entre os pais e as crianças, na família" (FOUCAULT, 2010, p. 231, grifo nosso). Diz ainda que, "na sociedade, há milhares e milhares de relações de poder e, por conseguinte, relações de forças de pequenos enfrentamentos, microlutas, de algum modo" (FOUCAULT, 2010, p. 231).

Assim, embora seja inegável que o Estado abrace o controle de muitas relações, é preciso compreender que o poder não se resume ao domínio estatal. O poder é exercido entre pequenos focos de enfrentamento, nas diversas relações do cotidiano, sem obedecer a uma regra ou a um formato predeterminado. "A existência humana não é possível sem a conjunção de um complexo sistema de poderes" (GRACIA, 2010, p. 21). Em verdade, "a cultura é um sistema complexo e multifacetado de poderes positivos e negativos"[42] (GRACIA, 2010, p. 24). Entre essas relações, se inclui a relação médico-paciente/familiares, na qual é possível identificar, em certos casos, o poder assumido pelo médico em seu discurso.

Na obra *A Ordem do Discurso,* Foucault explica o discurso, conceituando-o como "procedimentos", os quais podem ser compreendidos a partir da maneira em que os controles e as exclusões são exercidos. Entre os controles externos, ou melhor dizendo, procedimentos externos, trabalhar-se-á apenas o conceito do que o autor denominou como *vontade de verdade,* pois esse coaduna-se melhor aos fins deste trabalho (FOUCAULT, 2009).

Para Foucault, a *vontade de verdade* pode ser entendida "pelo modo como o saber é aplicado em uma sociedade, como é valorizado, distribuído, repartido e de certo modo atribuído" (FOUCAULT, 2009, p. 19, grifo nosso). Nessa perspectiva, o discurso não pode ser entendido como uma retórica, um conjunto de palavras nem sob a visão de apenas um indivíduo, mas deve ser visto como a possibilidade de não só representar a realidade, mas também de construí-la ou reconstruí-la.

Assim, os envolvidos em um discurso podem construir sua própria realidade em conjunto com a realidade material que já vivenciam. O discurso,

---

42. "Em resumo, pois, diga-se que a história é possibilitação e que a cultura é sistema objetivo de poderes. Sem eles a vida humana é impossível. Isto equivale a dizer que o poder não é em si bom nem mal, mas que resulta antes imprescindível para a vida humana, e que, portanto, é a condição de possibilidade do desenvolvimento do homem. O problema é que esses poderes podem ser positivos ou negativos. A saúde é um poder positivo por que nos possibilita fazer coisas, realizar nossa vida, ao passo que a doença nos impede ou impossibilita. E isso do ponto de vista físico. Mas há uma segunda dimensão do poder, que não é física, mas moral. A poderes morais e imorais portanto negativos ou positivos do ponto de vista moral" (GRACIA, 2010, p. 31).

cumpre, dessa forma, algumas funções, pois, ao mesmo tempo em que permite a construção do conhecimento por meio do que pode ou não ser dito, pelo que é ou não verdadeiro, ele também define os sujeitos envolvidos a partir da posição que ocupam (FOUCAULT, 2009).

Nesse ponto, Foucault (2009) sinaliza a possibilidade de hierarquização dentro do discurso, pois "a fala do senso comum é percebida na realidade como não participante [...], portanto potencialmente inferiorizada no contexto do discurso da relação entre médico e pacientes" (VASCONCELOS, 2020, p. 113). Nesse diapasão:

> O discurso médico, que reproduz o que até então a ciência toma por verdadeiro, apresenta-se com o comentário que tem na sua origem aquilo que pode ser dito, repetido e perpetuado, mesmo que até a sua possível informação por um novo saber que porventura venha a surgir posteriormente. O discurso do paciente, por sua vez, ainda que recorra a um conhecimento popular perpetuado, no meio científico não adquirirá o estatuto de verdadeiro para perspectiva médica até então institucionalizada (VASCONCELOS, 2020, p. 113).

Nesse sentido, a chamada vontade do saber/verdade vai permitir que se compreenda que o sujeito que tem a "verdade"[43] detém o saber e tem privilégio em sua fala, assumindo, dessa forma, uma posição de superioridade em detrimento da fala do outro sujeito. A partir disso, pode-se atestar que, na relação médico-paciente, "há um poder institucionalizado, posto na ordem do discurso médico, que eleva esse profissional de saúde a uma condição de sujeito determinante – ou dominante – de condutas no contexto relacional – sejam elas ações e omissões" (VASCONCELOS, 2020, p. 116). Como resultado, essa hierarquização[44] estimula a desigualdade na relação médico-paciente, fortalecendo a possibilidade do aparecimento de conflitos, que impactam na liberdade do paciente de livremente se autodeterminar.

Por essa razão, esta obra busca apresentar a mediação não só como possibilidade de redução da vulnerabilidade do paciente, mas também como meio a potencializar a construção da sua autonomia diante de um conflito que venha a se instaurar na relação com seu médico.

---

43. "No âmago desses discursos, assim, está o poder, manifestado pela capacidade do discursante de emitir 'verdades' – o saber –, que o posiciona em condição hierárquica superior, dando à relação entre sujeitos o caráter de assimetria" (VASCONCELOS, 2020, p. 120).

44. Insta mencionar que "esta superioridade do discurso médico, entretanto, pode vir a ser relativizada, especialmente em contextos capazes de vulnerabilizá-lo, como o contexto da judicialização da Medicina, em que a ameaça constante por tornar-se réu de processos judiciais promove um permanente questionamento quanto à licitude de suas condutas, ensejando um comportamento defensivo" (VASCONCELOS, 2020, p. 116).

Feitos esses pontuais debates sobre o poder no discurso médico, inicia-se, doravante, a análise de outros motivos que levam à instauração do conflito médico-paciente, muitos, inclusive, provenientes de uma comunicação deficiente, como será devidamente explicado a seguir.

A título ilustrativo, pode-se aludir, como impulsor de conflitos, as divergências quanto a um tratamento de saúde em que o paciente não sente confiança nas informações prestadas pelo médico e acredita que o tratamento não seja adequado ao seu caso.

Lamentavelmente, ainda hoje, vários pacientes "saem do consultório sem terem a certeza dos seus diagnósticos e prognósticos, confusos sobre o significado e a necessidade de realizar mais exames de diagnóstico e com dúvidas sobre o tratamento, sentindo-se desgastados por essa situação" (JÓLLUSKIN; SILVA, 2021, p. 19).

Outro motivo que pode levar ao entrave pode surgir em razão da insuficiência de tempo para atender o paciente e seus familiares, especialmente, nas instituições públicas e nos atendimentos privados, realizados por meio dos planos de saúde. Essa situação dificulta a compreensão do médico sobre a história de vida do paciente, suas necessidades e expectativas, bem como o entendimento do paciente sobre seu estado de saúde.

Além disso, "os conflitos na área da saúde se caracterizam, maioritariamente, por envolverem multipartes" (NASCIMENTO, 2020, p. 175), o que exige dos envolvidos conhecimentos específicos para conseguir alcançar possível gestão ou solução do conflito. Para tanto, antes de tomar uma decisão a respeito de como proceder, é necessário que cada parte "consiga diagnosticar os diferentes elementos, sujeitos, posições, interesses e particularidades da situação tida como divergente, incompatível e conflitante" (NASCIMENTO, 2020, p. 175).

Por isso, neste capítulo, dedicou-se ao estudo do conflito, pois, a partir do momento em que se conhecem seus elementos, há maior possibilidade de se chegar a uma solução compartilhada da controvérsia, de modo a respeitar a dignidade de cada indivíduo.

Efetivamente, nos hospitais, observa-se uma gama variada de interações que podem ter papéis interdependentes como, por exemplo, entre médicos de especialidades diferentes, os quais podem ter entendimentos incompatíveis sobre um caso clínico, levando ao surgimento de um conflito. Conquanto o impasse entre os profissionais da saúde não seja o foco deste trabalho, mostra-se inevitável, também, descrevê-los, ainda que brevemente, pois eles impactam na qualidade do serviço de saúde prestado ao paciente. Se o serviço não é bem prestado, pode, consequentemente, afetar a construção da autonomia do paciente na tomada de decisão sobre os aspectos de sua saúde.

Realmente, trata-se de uma cadeia de consequências. Um médico que se desentende com outro da equipe sobre os cuidados de um paciente com câncer, internado há bastante tempo em uma unidade de terapia intensiva, por exemplo, pode atender, precariamente, o paciente, não lhe prestando a devida atenção e escuta, em razão de estar com raiva, desatento ou distante daquela realidade. Por sua vez, esse médico não terá condições adequadas para compreender as características da pessoalidade do paciente, que, por sua vez, não será informado, suficientemente, a ponto de ter condições apropriadas para decidir sobre um tratamento de saúde continuado. Nesse contexto, naturalmente pode surgir um conflito entre médico e paciente/familiares.

Confirmando a exposição acima, é válido trazer as considerações de Souza (2018), que desenvolveu trabalho de conclusão de Mestrado a partir das análises realizadas dentro do Hospital das Clínicas da Universidade Federal de Minas Gerais, onde teve a oportunidade de entrevistar vários médicos.

Entre os entrevistados, foi relatado que os eventuais conflitos também ocorrem em virtude da "discordância sobre a condução de tratamento em relação a um paciente, especialmente quando este é acompanhado por mais de uma especialidade" (SOUZA, 2018, p. 96). Eles também falaram sobre "as dificuldades geradas pelo fato de outro profissional questionar o diagnóstico obtido ou a conduta adotada pelo profissional responsável pelo cuidado com o paciente" (SOUZA, 2018, p. 97).

Em síntese, as divergências, não raras, "se dão de forma rude, amparadas em vaidades, ou são expostas diante de residentes ou do próprio paciente, o que deslegitima ou desautoriza o profissional responsável e pode, porventura, macular a confiança que o usuário deposita nele" (SOUZA, 2018, p. 97), o que fortalece a criação de um ambiente conflituoso e dificulta o exercício da autonomia privada pelo paciente.

Até mesmo atividades aparentemente corriqueiras de atendimento médico exigem desses profissionais determinada atenção, pois, normalmente, se está lidando com pessoas fragilizadas em razão de suas enfermidades. Da mesma forma, os familiares que acompanham o paciente nem sempre conseguem conduzir as circunstâncias tranquilamente, o que também pode influenciar no desgaste das relações.

Realmente, a posição dos médicos, em um contexto de saúde, especialmente, médico-hospitalar, não se releva de facilidades, pois, associado ao cenário emocional e de vulnerabilidade do paciente e de seus familiares, há também um elevado número de demandas, o que não contribui para um processo de individualização do atendimento.

Como explicado no segundo capítulo, os hospitais privados são atualmente vistos como empresas e exigem dos profissionais da saúde o cumprimento de metas de atendimentos, o que dificulta a manutenção da qualidade do serviço prestado. Isto é, o excesso de atendimentos, em especial, aqueles realizados por médicos ligados ao setor público ou aos planos de saúde, normalmente com tempo de consulta previamente definida, afasta a construção de um ambiente adequado a garantir o bem-estar do paciente.

Salientam-se, também, nesse ambiente, as dificuldades que os médicos e demais profissionais da saúde encontram em conviver com pacientes em estado terminal e com os que são portadores de doenças crônicas.

Andrade (2007) relata que os médicos do Hospital Geral de Fortaleza confirmam essa informação no sentido de que "a ausência de respostas positivas do tratamento para a cura da enfermidade gera uma frustração no meio médico-hospitalar, dificultando que os profissionais da saúde percebam o indivíduo além da doença" (ANDRADE, 2007, p. 81).

Se, não raro, o enfrentamento do término da vida mostra-se desafiador aos pacientes e a seus familiares, com os médicos também não é diferente, pois normalmente se sentem frustrados pela impossibilidade de agir a fim de trazer uma cura ao paciente. Talvez o sentimento de impotência desses profissionais venha como resquício da concepção paternalista de outrora, em que a Medicina estava intimamente ligada à religião. De fato, naquela época, os médicos tinham a concepção de que poderiam trazer a cura, eram os chamados curandeiros. Hoje, porém, esse sentimento de impotência pode levar a uma postura de distanciamento do médico em relação ao paciente.

Relata-se, a título exemplificativo, o caso de uma paciente de 18 anos, portadora da doença autoimune e crônica – Lúpus –, que era acompanhada pela equipe médica de reumatologia do Hospital Geral de Fortaleza.

Em síntese, a paciente não apresentava melhoras e nem havia mais nenhuma intervenção a se fazer. A jovem já tinha perdido os dedos das mãos e dos pés em razão de necrose causada em virtude de deficiência vascular (ANDRADE, 2007).

Diante dessa gravidade, "alguns médicos têm se recusado a visitá-la, pois não conseguem conviver com a irreversibilidade do quadro. Há outros que ao sair da visita são amparados por colegas, vez que deixam o apartamento da paciente demasiadamente abalados" (ANDRADE, 2007, p. 82).

Nesse contexto, alguns familiares da paciente começaram a reclamar de descaso e abandono da equipe médica, o que foi combatido pelos profissionais. Tais conjunturas fizeram com que o ambiente se tornasse ainda mais desgastante e sofrido, propiciando a fomentação de conflitos.

3 • ANÁLISE DO CONFLITO E SEU IMPACTO NA AUTONOMIA DO PACIENTE — 105

Outro relato que confirma os desafios dos médicos em lidarem com os pacientes em estado terminal[45] pode ser visto no livro *Por um fio*, de Drauzio Varella. Ele relata o momento que cuidou de seu irmão Fernando Varella, também médico, sabendo que ele estava com um câncer que não reagia bem aos tratamentos:

> Foi terrível a frustração que tomou conta de mim ao perceber a inutilidade do esquema de tratamento concebido com tanto cuidado. Não que essa sensação me fosse desconhecida; infelizmente, o exercício da cancerologia pressupõe aprender aceitar a derrota no final, a lidar com a dúvida mais dolorosa que pode afligir o médico diante do paciente que evolui mal a despeito de seguir à risca o tratamento prescrito: 'Onde terei errado?', 'Será que em algum momento deixei de fazer a escolha mais adequada?'. A diferença é que dessa vez o sentimento de culpa, o arrependimento por decisões tomadas, a decepção com desfecho e as incertezas cortavam minha própria carne. Como Fernando dissera anteriormente, todo médico devia passar por isso[46] (VARELLA, 2004, p. 213-214).

Muitos hospitais, especialmente, os públicos, apresentam-se para os pacientes como "um local triste, sem esperança, com estruturas precárias e antigênicas. Há ausência de privacidade, longas e desconfortáveis esperas em macas e filas e incertezas quanto aos atendimentos e a seus desfechos, entre outros problemas" (REIS, 2018, p. 121).

Diante disso, diversas contingências permeiam o ambiente médico-hospitalar, as quais podem contribuir para o surgimento de um conflito que, mal administrado, pode desequilibrar as relações a ponto de afetar a construção da autonomia do paciente.

Por isso, a proposta desta obra é buscar saídas que valorizem o paciente e não sua doença. Humanizar é

> verbo ativo e transitivo que significa 'tornar humano', 'tornar as pessoas humanas', 'dar humanidade' ou também 'ajudar os outros a ser humanos', isto é, ajudá-los a realizar seus próprios objetivos como seres humanos, ajudá-los a 'viver humanamente' (GRACIA, 2010, p. 105).

Com efeito, "humanizar a medicina é valorizar os desejos do paciente, reconhecendo suas vontades e suas demandas. É dialogar não só com ele, mas

---

45. "É essencial que o profissional reexamine sua atuação diante da morte e do morrer para estar disposto e aberto a tratar com tranquilidade e acolher não apenas o paciente em suas necessidades, mas também incluir os familiares que estarão próximos no momento. Para tanto, o sistema deveria guarnecer e direcionar amparo especial aos profissionais, a fim de que pudessem dirimir a suas aflições, e não apenas testar os seus limites a todo instante" (CALLEGARI, 2021, p. 41-42).

46. Fernando, médico e irmão de Drauzio Varella, ao falar do seu estado de saúde grave em razão de um câncer de pulmão, afirma que: "Todo médico devia passar pelo que eu estou passando. Experimentar na carne a fragilidade que a doença traz, as agruras das dores persistentes, náuseas e mal-estares, incertezas. Sentir nostalgia da felicidade despreocupada de outras épocas, amargura ao imaginar o vazio que nossa ausência poderá deixar nas pessoas queridas, o desejo insensato de acordar desse pesadelo" (VARELLA, 2004, p. 211).

também com seus acompanhantes e com cada integrante da equipe responsável por seu tratamento" (REIS, 2018, p. 120). Assim, "humanizar a assistência aos doentes implica tomar conta e cuidar do doente considerado pessoa integral, assisti-lo e atender a seus anseios, percebendo que, na dor e no sofrimento, suas necessidades de afeto e de acolhimento se intensificam" (REIS, 2018, p. 120).

Logo, o processo de humanização implica mudanças comportamentais por parte dos envolvidos nos contextos de saúde, as quais poderão impactar na relação médico-paciente, tornando-a saudável e, por consequência, fortalecendo a possibilidade de o paciente tomar uma decisão mais autônoma diante de um tratamento prolongado, uma vez que um ambiente harmonioso pode trazer ao paciente menos incertezas, medos e angústias.

A mudança deve ocorrer, também, na formação dos médicos, uma vez que, atualmente no Brasil, "94% das instituições de ensino superior que oferecem vagas para medicina estão em municípios com déficit em pelo menos um dos três parâmetros considerados ideais para o funcionamento do curso"[47] (CONSELHO FEDERAL DE MEDICINA, 2021), o que será mais discutido no último capítulo.

Em síntese, o Conselho Federal de Medicina estabelece três critérios mínimos para o processo de ensino-aprendizagem na área da Medicina, sendo eles: "1) oferta de cinco leitos públicos de internação hospitalar para cada aluno no município sede de curso" (CONSELHO FEDERAL DE MEDICINA, 2021). Além disso, "2) acompanhamento de cada equipe da Estratégia Saúde da Família (ESF) por, no máximo, três alunos de graduação; e 3) presença de hospital com mais de cem leitos exclusivos para o curso" (CONSELHO FEDERAL DE MEDICINA, 2021).

Se falta estrutura e qualidade na formação básica do médico brasileiro, quem dirá ter acesso a disciplinas, estudo e desenvolvimento de uma cultura de humanização. Nesse sentido, o diretor de Comunicação do Conselho Federal de Medicina, Hideraldo Cabeça, também professor e coordenador da Comissão de Residência Médica do Estado do Pará, afirma que, durante a formação, o estudante de Medicina

> deve ter contato com o maior número de pacientes possível. Só assim, ele aprende a colher histórias, a fazer uma boa anamnese e diagnósticos certeiros. Com a falta de campos de estágio, ele chega ao mercado sem ter desenvolvido essas habilidades (CONSELHO FEDERAL DE MEDICINA, 2021).

É notório que "essa lacuna é agravada pela formação inicial na faculdade, pois ainda são poucos os cursos que desenvolvem reflexões, ensinam sobre pa-

---

47. Esses dados são da Radiografia das Escolas Médicas Brasileiras 2020, divulgado pelo Conselho Federal de Medicina (CFM).

radigmas e manejos adequados de atenção e manejo direcionado a essa filosofia de cuidado integral"[48] (CALLEGARI, 2021, p. 38).

Além disso, o processo de atomização do conhecimento é também um problema que esbarra na autonomia do paciente. Como já se explicou nesta obra, o desenvolvimento tecnológico e científico trouxe grandes avanços para a área da saúde, ofertando tratamentos e medicações antes inimagináveis. Contudo, por outro lado, colocou em risco a relação médico-paciente, uma vez que contribuiu para o distanciamento do médico em relação ao paciente.

Vasconcelos (2020) explica que, nas faculdades de Medicina, a atomização do conhecimento é como uma especialização "realizada por um médico formado que, ao mesmo passo em que se dedica ao aprofundamento de uma especialidade do corpo humano, vem a se refutar de sua obrigação moral e profissional de observância integral da pessoa" (VASCONCELOS, 2020, p. 90). Por consequência, esse distanciamento deixa o paciente ao abandono ou inseguro quando tem necessidade de tomar uma decisão sobre sua saúde.

Nessa perspectiva, também se pode dizer que os avanços tecnológicos e científicos auxiliaram na democratização do acesso à informação, permitindo que alguns pacientes e seus familiares se tornassem mais questionadores quanto às condutas médicas. Mas, como nem sempre as informações obtidas pelos pacientes e familiares são corretas ou compreendidas, inevitavelmente, nascem alguns conflitos, como os citados a seguir.

Nesse sentido, embora não seja o objetivo desta pesquisa, é importante ressaltar que "os profissionais da saúde constituem um dos grupos com maior risco de serem vítimas de violência e agressão no local de trabalho" (CUNHA; LOPES; MONTEIRO, 2021, p. 2). Entre os tipos de violência, encontram-se "violência física; discriminação/ameaça; injúria; difamação; pressão moral; assédio moral; calúnia; e dano contra a propriedade pessoal" (CUNHA; LOPES; MONTEIRO, 2021, p. 5).

Em Portugal, por exemplo, "os últimos dados da Direção-Geral da Saúde (DGS) no relatório de 2015, que resulta da notificação de episódios de violência contra os profissionais de saúde, apontam para um aumento significativo nos últimos anos" (CUNHA; LOPES; MONTEIRO, 2021, p. 2).

Segundo esses dados, em 2015, "os agressores foram cerca de 307 pacientes, em que 129 eram familiares do paciente, 109 profissionais de saúde da instituição e 17 acompanhantes dos pacientes" (CUNHA; LOPES; MONTEIRO, 2021, p. 5).

---

48. Trata-se, então, da necessidade de se buscar a "concretização de filosofia de assistência integral centrada na pessoa, segundo a qual se oferece atendimento diferenciado dentro da individualidade de cada paciente, sob um prisma holístico e não apenas de acordo com protocolos fechados" (CALLEGARI, 2021, p. 40).

Essa realidade também é vivenciada por médicos brasileiros. Por meio de uma pesquisa simples na *Internet*, o leitor pode encontrar vários casos de violência de pacientes contra médicos. Pode-se citar um exemplo real de um paciente com suspeita de Covid-19, que estava isolado em uma ala de uma Unidade de Pronto Atendimento (UPA) de Curitiba e fora informado pelo médico que deveria ser transferido para um hospital da cidade.

O paciente discordou da decisão, não aceitando ser transferido. O médico lhe informou que não poderia sair do local em razão do sério risco de contaminação do vírus a outras pessoas. Novamente, o paciente discordou da decisão, proferindo um soco no médico responsável pelo atendimento (MÉDICO..., 2020).

Esse caso poderia ser investigado para verificar se as técnicas da mediação auxiliariam na melhor condução do conflito. Poder-se-ia verificar se o método contribui para uma melhor comunicação, auxiliando o médico na transmissão das informações de modo compatível com a realidade do paciente, para que ele entendesse a gravidade da situação e pudesse escolher, dentre as possibilidades, caso quisesse exercer seu direito de não ser tratado em um hospital. Por consequência, isso garantiria a construção da autonomia do paciente e a prevenção do conflito, cooperando para um desfecho melhor da demanda, possivelmente sem que o médico fosse agredido fisicamente.

Outro motivo que leva a conflitos na área da saúde, sobretudo, na relação médico-paciente, é a falta de estrutura para o atendimento nas instituições públicas. Souza (2018) afirma que os médicos que foram entrevistados por ela no Hospital das Clínicas (Belo Horizonte/MG) disseram que a falta de estrutura, como a falta de materiais, medicamentos e vagas de leitos, dificulta a prestação de serviço de qualidade e, com grande frequência, faz com que os pacientes e seus familiares se revoltem, imputando, em alguns casos, a culpa pelo mau atendimento aos médicos.

Frisa-se que essa realidade é mais presente nas instituições públicas. Os hospitais privados tendem a ter melhor suporte para o atendimento do cliente, uma vez que a manutenção dessas instituições é custeada pelos próprios usuários. Assim, apesar de os contextos que levam ao conflito, nos setores públicos e privados, serem diferentes, a mediação poderia ser aplicada em ambos os cenários, desde que fosse feita uma análise casuística de sua implementação.

Nesse sentido, embora a comunicação possa ser vista "como um tema óbvio, já que desde tenra idade nos comunicamos, importa desenvolver o quanto complexa essa temática pode ser, em especial quando nos referimos à comunicação institucional ou organizacional na área da saúde" (NASCIMENTO, 2020, p. 182).

Os dados e o exemplo expostos acima evidenciam que, realmente, a obtenção de uma comunicação adequada é também um desafio na relação médico-paciente, ou entre médico e familiares do paciente, o que pode desencadear conflitos. "Infelizmente, parte dos profissionais de saúde tem pouco treinamento em técnicas de comunicação, o que os distanciam da compreensão do contexto do paciente" (CALLEGARI, 2021, p. 44). Diante disso, por vezes, adotam conduta de tratamento nem sempre apropriada àquele contexto de quem recebe os cuidados médicos.

Souza (2018) também assevera que, entre os médicos que entrevistou no Hospital das Clínicas, percebeu que a falha na comunicação entre eles e o paciente, e/ou familiares do paciente, é geradora do conflito, afirmando que "foi relatado pelos profissionais entrevistados (médicos e outros) a ocorrência usual de dificuldades relacionadas à comunicação com pacientes e familiares" (SOUZA, 2018, p. 94). O que inclui a dificuldade de compreensão, tanto pelo médico do que o paciente deseja e quer dizer, de seu sofrimento, tanto pelo paciente e seus familiares das questões envolvidas ao seu estado de saúde e tratamento.

A situação torna-se, ainda, mais complexa nas hipóteses em que os pacientes possuem pouca instrução primária:

> Especialmente quando envolve usuário analfabeto ou de contextos sociais e educacionais precários, com destaque para aqueles oriundos de cidades do interior, sua dificuldade de se expressar é grande, como também de compreender as orientações e indicações médicas. Quando a dificuldade existe, ela é eventualmente agravada pela rotina de trabalho intensa, que pode não permitir um tempo hábil para 'sentar, explicar e ouvir', conforme esclarece o Médico 3, o que pode gerar atritos até que se consiga efetivamente conversar e esclarecer todas as questões (SOUZA, 2018, p. 94-95).

Com efeito, pelas peculiaridades dos ambientes médico-hospitalares, "deve a relação ser construída não apenas com o paciente, mas também com a família, para que não haja dúvidas, ruídos de comunicação e insegurança a se fomentar eventuais desgastes e consequentes demandas judiciais" (CALLEGARI, 2021, p. 44).

É inconcebível

> refletir sobre comunicação no contexto dos cuidados de saúde e sobre a forma como ela pode potenciar conflitos entre profissionais de saúde e utentes/pacientes contornando uma questão que nos parece central nesta relação: a literacia em saúde (JÓLLUSKIN; SILVA, 2021, p. 22).

Segundo a Direção-Geral de Saúde de Portugal (2019), "a literacia em saúde é entendida como a capacidade para compreender, processar, assimilar e aplicar informação sobre saúde à qual cada pessoa tem acesso [...] para tomar decisões sobre a sua saúde" (JÓLLUSKIN; SILVA, 2021, p. 22).

As debilidades da comunicação entre médico e paciente fazem com que o paciente tenha baixo nível de literacia em saúde, o que afeta diretamente a construção de sua autonomia, pois ele não sente confiança nas hipóteses nas quais precisa tomar decisão sobre dado tratamento médico.

Essa realidade é alarmante em Portugal, que, por meio de um estudo intitulado *Health Literacy Survey – EU*, realizado desde 2009, demonstrou que boa parte da população tem "nível de literacia em saúde problemático ou inadequado, seja a nível geral (61,4%), relacionado com os cuidados de saúde (5,8%), com a prevenção das doenças (55,1%) e com a promoção da saúde" (60,2%)"[49] (JÓLLUSKIN; SILVA, 2021, p. 22).

No Brasil, também há pesquisas que revelam o baixo nível de literacia em saúde dos pacientes. Como exemplo, pode-se citar uma pesquisa desenvolvida pela Universidade de São Paulo (USP), realizada com 100 (cem) pacientes, os quais estavam em tratamento de insuficiência cardíaca.

Esses pacientes foram submetidos à avalição da Literacia em Saúde (LS), durante a internação, por meio do "*Newest Vital Sign* (NVS),[50] instrumento que fornece aos pacientes a informação nutricional de um rótulo de uma embalagem de sorvete, que deverá ser utilizada para responder seis questões." (OSCALICES et al., 2019, p. 2).

Para cada pergunta acertada pelo paciente era atribuído um ponto; e zero, para cada resposta errada. Na hipótese em que "nenhuma resposta é alcançada ou somente uma resposta é correta, o paciente é categorizado como literacia marginal, entre 2 e 3 respostas corretas indicam literacia limitada, e 4 ou mais respostas corretas demonstram elevada literacia em saúde" (OSCALICES et al., 2019, p. 2).

Assim, realizando a análise LS, mediante o teste NVS, constatou-se que "11,0% dos pacientes apresentaram adequada literacia em saúde, 21,0% foram categorizados em literacia em saúde marginal, e 68,0% dos pacientes tinham literacia em saúde inadequada." (OSCALICES et al., 2019, p. 3).

Sem se aprofundar nos detalhes da pesquisa, uma vez que esse não é o objetivo desta obra,[51] é notória a baixa literacia entre os pacientes brasileiros que participaram do estudo. Além disso, "os resultados mostraram que existe relação significativa entre escolaridade e literacia. Pacientes com menos estudo

---

49. As autoras ainda, fazendo considerações sobre o referido estudo, chamam a atenção para o fato de os níveis problemáticos ou inadequados de literacia em saúde geral também estarem "presentes nos profissionais de saúde e estudantes dessa área (45%)" (JÓLLUSKIN; SILVA, 2021, p. 22).

50. "Esse instrumento possui um tempo de administração de 6 minutos, é amplamente aceito para a avaliação de literacia em saúde e é traduzido em diversos idiomas, inclusive para a língua portuguesa" (OSCALICES et al., 2019, p. 2).

51. Contudo, caso o leitor queira ter acesso às informações completas dessa pesquisa, sugere-se buscar a fonte nas referências ao final deste escrito.

apresentaram maior percentual de inadequada literacia em saúde do que os outros grupos de escolaridade" (OSCALICES et al., 2019, p. 3).

De toda forma, estando presente a baixa escolaridade entre os pacientes de hospitais públicos ou privados, pode-se afirmar que a falta, ou a baixa escolaridade, atinge o nível de literacia sobre saúde. Uma vez que o paciente não tem a ampla compreensão do seu estado de saúde, sua doença e os possíveis tratamentos, ele terá também desafios em prestar seu livre e esclarecido consentimento, o que irá dificultar para que ele possa tomar eventual decisão, de forma autônoma, sobre sua saúde.

Esses resultados revelam a dificuldade dos sujeitos de refletir sobre questões de saúde e tomar decisão sobre elas, inclusive de ordem preventiva. A baixa literacia entre os pacientes leva "a menor autogestão da doença e ao maior índice de internação hospitalar e mortalidade, o que resulta em maior custo relacionado aos cuidados da doença crônica, além de influenciar a comunicação com os profissionais de saúde" (OSCALICES et al., 2019, p. 2).

A comunicação insatisfatória faz com que os pacientes tenham poucas condições de avaliar, criticamente, as informações prestadas pelos médicos, não conseguindo incorporá-las conforme seus próprios interesses, e maculando a tomada de decisão sobre os assuntos pertinentes à saúde (JÓLLUSKIN; SILVA, 2021). Por consequência, o baixo nível de literacia em saúde afeta a possibilidade do paciente de se autodeterminar, pois, uma vez que não compreende, de maneira integral, o que foi dito pelo médico, não consegue confirmar as informações e nem se desenvolver quanto a tomar uma decisão autônoma.

Dessa forma, é "importante frisar que o processo de comunicação deve ocorrer de maneira adequada, a fim de que o indivíduo tenha noção amplificada das informações para poder compreender a real condição clínica que experimenta e o possível prognóstico" (CALLEGARI, 2021, p. 45).

> Por esse motivo, é extremamente importante que, em fase anterior à tomada de decisão, tenha havido de exposição clara que possibilite avaliação e entendimento a permitir que esse processo de escolha seja pleno, apesar das dificuldades que eventualmente se apresentem pela condição clínica do paciente. Esse direcionamento também deve ser levado em consideração e constantemente revisitado, ainda que exista alguma vertente prévia de plano de cuidados, pois a cada passo da relação e dos novos acontecimentos que possam surgir, pode haver mudança de algumas decisões (CALLEGARI, 2021, p. 46).

A comunicação adequada[52] é aquela que permite ao paciente expor, e ao médico compreender seu contexto familiar, temores, anseios, expectativas,

---

52. "Se a linguagem é compreendida, na atualidade, como instrumento de mediação de atores sociais em um constante fluxo comunicativo, ela deve ser incorporada pelo Direito como *medium* capaz de constituir ou reconstituir uma realidade compartilhada intersubjetivamente, em constante reflexão de si mesma" (MOUREIRA; SÁ, 2017, p. 3).

valores culturais e religiosos. Em suma, a comunicação será efetiva se o médico permitir que o paciente lhe apresente sua jornada de vida, a fim de que ele possa ter melhores condições de apoiá-lo nos processos de tomada de decisão diante de um tratamento de saúde continuado.

Infere-se, portanto, a necessidade de melhoria na comunicação entre médico e paciente e familiares dos pacientes, haja vista fortalecer o respeito aos princípios da autonomia privada e do livre desenvolvimento da personalidade, uma vez que preservará a possibilidade do paciente de reger sua própria vida, o que inclui os aspectos de sua saúde.

Assim, como evidenciar-se-á no último capítulo, busca-se uma abordagem em que os profissionais da saúde sejam capacitados a prestar cuidados integrais ao paciente, o que inclui uma escuta ativa. O aperfeiçoamento da comunicação permitirá que médicos e demais membros da equipe médica possam ouvir e interpretar a biografia do paciente e suas expectativas quanto ao seu projeto de vida. Por consequência, isso pode contribuir para a prestação de um serviço de saúde humanizado, favorecendo o ambiente para que não se tenham conflitos judicializados.

Como resta evidente, em razão de todas as fragilidades acima apresentadas, o conflito realmente se instaura nos contextos de cuidado da saúde do paciente e leva, muitas vezes, à busca pela resolução no Poder Judiciário. O Estado, nesse cenário, vem se mostrando preocupado com os avanços numéricos da judicialização da saúde e da Medicina no Brasil, o que será melhor detalhado no próximo capítulo.

Essa apreensão, inclusive, levou o Conselho Nacional de Justiça, recentemente em junho de 2021, a emitir a Recomendação 100, a fim de sugerir a utilização de métodos consensuais de solução de conflitos em demandas que versem sobre o direito à saúde, as quais também incluem os conflitos advindos da relação médico-paciente.

No art. 1º, há a recomendação para que *"magistrados com atuação nas demandas envolvendo o direito à saúde que priorizem*, sempre que possível, *a solução consensual da controvérsia, por meio* do uso da negociação, da conciliação ou da mediação"* (CONSELHO NACIONAL DE JUSTIÇA, 2021, grifo nosso).

Com esse viés, o art. 3º também recomenda que os tribunais implementem "Centros Judiciários de Solução de Conflitos de Saúde (CEJUSC), para o tratamento adequado de questões de atenção à saúde, inclusive aquelas decorrentes da crise da pandemia da Covid-19, na fase pré-processual ou em demandas já ajuizadas" (CONSELHO NACIONAL DE JUSTIÇA, 2021).

Nesse sentido, o mesmo artigo ainda prevê que *"o Cejusc de Saúde possibilitará a realização* de negociação, conciliação, *mediação, nas modalidades individuais ou coletivas"* (CONSELHO NACIONAL DE JUSTIÇA, 2021, grifo nosso).

Insta salientar que, antes dessa Recomendação, em 2019, foi criado o primeiro CEJUSC da Saúde no Brasil, no Estado de Goiás, medida que visou a diminuir a judicialização da saúde naquele Estado. "Entre 2008 e 2017, o número de demandas judiciais relativas à saúde aumentou 130% em Goiás. Enquanto isso, o crescimento total de processos judiciais foi de 50%" (CONSELHO NACIONAL DE JUSTIÇA, 2019).

Naquele Estado, antes da criação do CEJUSC Saúde, a média de distribuição era de 15 processos por dia, envolvendo conflitos de saúde, nos quais também se incluem os conflitos entre médico e paciente (CONSELHO NACIONAL DE JUSTIÇA, 2019).

Esse contexto levou, então, o Tribunal de Justiça goiano a se antecipar e a criar o núcleo especializado para tratar de tais conflitos por meio de métodos consensuais como, por exemplo, a mediação.

O CEJUSC da Saúde de Goiás conta com o apoio de uma equipe técnica multidisciplinar, que atua "contando com a parceria das Procuradorias do Estado e Município, Defensoria Pública e Ministério Público Estadual, Secretarias da Saúde do Estado e do Município, Comitê Estadual de Saúde, [...], Agência Nacional de Saúde (ANS)" (CONSELHO NACIONAL DE JUSTIÇA, 2019).

Basicamente, o usuário leva sua demanda até o balcão de atendimento ou faz um cadastro *on-line*. Em seguida, as demais partes envolvidas tomam conhecimento da demanda, a fim de que possam ser informadas sobre as possibilidades de uso da negociação, da conciliação ou da mediação.

A busca é pela não judicialização da demanda, que pode vir a ocorrer se não houver acordo e homologação dele pelo magistrado do próprio CEJUSC Saúde.

Esse é apenas um exemplo dos demais que já foram – e serão – expostos ao longo desta obra, que permite mostrar que as demandas envolvendo a saúde vêm aumentando, e medidas mais efetivas precisam ser tomadas pelo Estado, haja vista que tais conflitos apresentam peculiaridades próprias. Não basta prestar um serviço de saúde. É necessário que ele seja efetivo, o que importa dizer que o paciente precisa ser visto para além dos seus aspectos biológicos, possibilitando a criação de espaços de diálogo, nos quais seja possível compreender a história do paciente, seu contexto familiar e aspectos emocionais diante de sua doença.

Uma vez que o conflito se instaurou, se ele não for devidamente tratado, poderá não só atingir a autonomia do paciente em um processo de tomada de decisão sobre sua saúde, mas também poderá ser judicializado. Nesse sentido, quando uma das partes envolvidas no conflito pede a intervenção do Estado, não se está a garantir a solução da demanda, posto que nem sempre o meio judicial tem as melhores condições de realmente compreender o que está por detrás do conflito.

Diante desse contexto, inclusive de judicialização da Medicina, os profissionais da saúde vêm adotando posturas que caracterizam a chamada Medicina defensiva, aquela que o médico busca evitar demandas judiciais pedindo ao paciente, por exemplo, a feitura de diversos exames e procedimentos, a fim de que tenha vasta documentação probatória que lhe resguarde de futuras demandas judiciais.

Embora o nascimento da Medicina defensiva tenha surgido em um contexto mais ligado à responsabilização civil por erro médico, essas posturas acabam por impactar, também, no distanciamento entre médico e paciente, justamente pelo receio do surgimento do conflito e de sua judicialização.

Preocupado com esse cenário, o Conselho Federal de Medicina, na Recomendação 1/16, que dispõe sobre o consentimento livre e esclarecido, afirmou que o documento objetiva garantir que o paciente tome uma decisão segura em relação a determinado procedimento médico, sendo que tal documentação "não se enquadra na prática da denominada medicina defensiva" (CONSELHO FEDERAL DE MEDICINA, 2016).

A situação pode ser ainda mais complicada se médico e paciente estiverem em uma relação continuada. Por exemplo, em tratamento de uma doença crônica, como Mal de Parkinson, em que o paciente se encontra internado. Quanto mais tempo médico e paciente se relacionam em um clima de litigância, mais se perpetua a visão "ganhador *versus* perdedor", o que torna difícil encontrar uma saída que preserve o direito do paciente de se autorregulamentar.

Assim, afirma-se que a falta de estrutura básica dos hospitais públicos; a ausência de tempo adequado para atender o paciente, em particular, nos hospitais públicos e nos atendimentos ligados aos planos de saúde; as falhas na comunicação entre profissionais da saúde e pacientes/familiares; os desafios de todos os envolvidos no contexto de saúde em lidar com a morte e a falta de uma formação humanista dos médicos, voltada à solução adequada dos conflitos, aglutinam-se de modo a serem potenciadores de conflitos. Toda essa conjuntura de problemas e dificuldades afeta a prestação do serviço de saúde, impactando na possibilidade de o paciente de se autodeterminar e livremente desenvolver seu projeto de vida.

Tendo em vista isso, o ambiente de cuidado da saúde do paciente, "quer pela existência de múltiplas partes envolvidas, com diferentes necessidades, quer pelo próprio ambiente e cenários onde ocorrem, quer pelas particularidades éticas e negociais, potencializa o surgimento de situações conflitantes" (NASCIMENTO, 2016, p. 207) e, consequentemente, as "necessidades da sua resolução de forma consensual, nomeadamente atendendo ao desgaste das relações" (NASCIMEN-TO, 2016, p. 207).

Desse modo, a fim de que esse cenário seja evitado, amenizado ou trans-formado, apresenta-se, a seguir, o estudo sobre a mediação para que, ao final, possa-se demonstrar como esse método adequado de tratamento de conflitos pode contribuir para a construção da autonomia do paciente ao tomar uma de-cisão autônoma, possibilitando-o a consentir, ou dissentir, no que se refere a um tratamento de saúde continuado.

4
A MEDIAÇÃO NO BRASIL

Nos capítulos anteriores, evidenciou-se que a chamada modernidade líquida é ambiente no qual, cada vez mais, as relações interpessoais tornam-se complexas, favorecendo o surgimento de conflitos em diversos contextos, inclusive entre médicos e paciente/familiares.

Além disso, estudaram-se as Teorias do Conflito, destacando-se que, hoje, não se busca mais a eliminação do conflito do convívio social, pois se sabe que ele é natural à existência humana. O que se almeja é afastar a visão tradicional de excluir o conflito e reconhecer que ele pode ser visto positivamente, isto é, o conflito pode assumir uma concepção construtiva, uma vez que traz oportunidades de crescimento, ganhos mútuos e previne estagnações, bem como pode ser propulsor de mudanças jurídico-sociais.

Uma vez que o conflito é inevitável, e os envolvidos normalmente não conseguem solucioná-lo ou geri-lo por conta própria, busca-se o Poder Judiciário. Contudo, não se pode ter uma visão limitada de que o acesso à justiça seja tão somente a garantia ao cidadão do direito de ajuizar processos, o que representaria ignorância e aprisionamento, como bem ensina Platão no Mito da Caverna.[1]

Segundo Galvão (2015), esse diálogo é um dos mais importantes de Platão e boa parte de sua obra pode ser sintetizada nele.

Platão buscou descobrir, por meio da República,[2] onde nasceu o conceito de justiça. No plano das ideias, ele cria uma cidade para capturar o surgimento da necessidade da justiça, que é analisada por ele na perspectiva fora e dentro do homem, de forma microcosmo-macrocosmo.

O filósofo acreditava que o que está fora está dentro, ou seja, o mundo manifestado existe para que você se veja projetado do lado de fora. Ele cria a ideia de uma cidade (República) e investiga, em grandes dimensões, a noção de justiça (macrocosmo) para que o homem encontre depois a justiça dentro de si mesmo (microcosmo).

---

1. No que diz respeito ao assunto, vale assistir, no *YouTube*, à aula da professora Lúcia Helena Galvão *Mito da Caverna de Platão: simbolismo e reflexões*, lecionada em 2015 e disponível em: https://youtu.be/p7ljFZYlq88. Acesso em: 05 abr. 2021.
2. República: *res pública*, expressão em latim que significa, em tradução livre, *coisa pública*.

Resumidamente, o Mito[3] da Caverna é um diálogo entre Sócrates e Glauco. Sócrates convida Glauco a imaginar homens e mulheres presos por correntes, desde o nascimento, em uma caverna escura. Esses prisioneiros tinham apenas a projeção de sombras nas paredes da caverna, provenientes de uma fogueira da qual não tinham conhecimento da existência. Tudo o que conheciam eram essas projeções, movimentos de pessoas, animais e objetos, ou seja, só tinham acesso a essas sombras que iam e viam:

> Sócrates – Agora, com relação à cultura e à falta dela, imagine nossa condição da seguinte maneira. Pensem homens encerrados numa caverna, dotada de uma abertura que permite a entrada de luz em toda a extensão da parede maior. Encerrados nela desde a infância, acorrentados por grilhões nas pernas e no pescoço que os obrigam a ficar imóveis, podem olhar para frente, porquanto as correntes no pescoço os impedem de virar a cabeça. Atrás e por sobre eles, brilha a certa distância uma chama. Entre esta e os prisioneiros delineia-se uma entrada em aclive, ao longo da qual existe um pequeno muro, parecido com os tabiques que os saltimbancos utilizam para mostrar ao público suas artes (PLATÃO, 2006, p. 44).

Sócrates, ao usar essa metáfora, pede a Glauco que imagine que um dos prisioneiros seja libertado, tendo a possibilidade de curar-se de sua ignorância a partir da saída da caverna. "Um prisioneiro que fosse libertado e obrigado a se levantar, a virar a cabeça, a caminhar e a erguer os olhos para a luz" (PLATÃO, 2006, p. 45).

No primeiro momento, a claridade solar causa forte incômodo ao prisioneiro, mas, depois de ele se acostumar, encanta-se com a diversidade de cores, aromas e a vida fora da caverna. Diante de tamanho contentamento, o prisioneiro resolve voltar à caverna para contar a experiência a seus companheiros, na esperança de que eles também pudessem experimentar aquela liberdade. Mas, ao contrário do que se possa imaginar, ele não foi bem recebido. Ao revés, foi ridicularizado e visto como louco. Como os prisioneiros poderiam acreditar naquela nova visão de mundo se passaram a vida toda acorrentados, tendo como realidade apenas as sombras projetadas nas paredes da caverna?

Alocando a referência da Alegoria da Caverna aos tempos atuais, pode-se afirmar que ainda, hoje, a sociedade está presa em uma caverna, onde ignora as tentativas de aprendizado.

A mediação pode ser encarada como aquele prisioneiro que volta à escuridão da caverna com as boas novas, apresentando a possibilidade de tratar os conflitos para além das limitações impostas pelo Poder Judiciário. Assim, a mediação pode ser vista, simbolicamente, como a fogueira ou a luz solar, mencionada por

---

3. Segundo os ensinamentos de Galvão (2015), os mitos são arquétipos, modelos da condição humana. Os mitos se vivem, eles não são de um tempo passado, são atemporais. Enquanto o homem for homem e lutar contra as mesmas sombras, aquele mesmo mito funcionará.

Platão, a esperança de luz para os diversos conflitos estabelecidos em sociedade, nos quais se incluem os conflitos entre médico e paciente.

A mediação é um método que envolve o reconhecimento mútuo, em que os envolvidos são estimulados ao exercício da alteridade, a reconhecerem seu próprio lugar e o do outro, bem como a identificarem possíveis valores comuns para que se construa a possibilidade democrática de dialogar e compartilhar soluções.

Acreditar que o acesso à justiça é tão somente proporcionar ao cidadão o direito de ajuizar uma ação e que o direito à saúde é a mera assistência médica e prescrição de medicamentos é estar preso à escuridão da caverna de Platão, acorrentado à ignorância que impossibilita enxergar para além das sombras projetadas na parede daquele ambiente.

"O direito à saúde transcende a cura da moléstia. Na verdade, funda-se, eminentemente, na prestação de um serviço de qualidade que priorize a dignidade da pessoa humana e o acompanhamento integral do paciente" (ANDRADE, 2007, p. 81).

Com efeito, a claridade, fora da caverna, traz a possibilidade de ampliar a consciência da mesma forma que a mediação possibilita, aos envolvidos em um conflito, enxergar para além das definições de ganhador *versus* perdedor, típicas de um processo judicial.

A mediação é um mecanismo "de auxílio nesta prática da saúde, que prioriza o indivíduo e a qualidade das relações, estimulando e desenvolvendo nas pessoas a participação ativa, a consciência da realidade, a ponderação das dificuldades do outro e o respeito pelas diferenças" (ANDRADE, 2007, p. 84).

Assim, caberá a cada um dos envolvidos o esforço de quebrar suas próprias correntes e lidar com o dilema enfrentado pelo prisioneiro que saiu da caverna, qual seja, voltar ou não para a escuridão da caverna ou superar o desconforto inicial que a luz da razão pode causar à visão e seguir o caminho da sabedoria.

Buscando romper as sombras da caverna e seguir a luz do conhecimento, defende-se a utilização da mediação nos conflitos entre médicos e pacientes/ familiares como um meio potencial à autodeterminação do paciente para a tomada de decisão em tratamentos de saúde continuados. Portanto, neste capítulo, estuda-se a mediação no Brasil, destacando-se suas abordagens e seu uso no âmbito da saúde brasileira.

4.1 AS ABORDAGENS SOBRE A MEDIAÇÃO

A mediação, como método adequado de tratamento de conflitos, baseia-se em uma comunicação ética, que proporciona aos envolvidos a possibilidade de assumirem, por meio da autonomia, a própria responsabilidade da gestão e/ou solução do conflito.

Ela acontece por intermédio de um terceiro, denominado mediador, que deve ser "imparcial,[4] independente e neutro, tendo como a única autoridade o reconhecimento dos parceiros" (GUILLAUME-HOFNUNG, 2018, p. 84) para promover, "através de entrevistas confidenciais, o estabelecimento, o restabelecimento do vínculo social,[5] a prevenção ou solução em questão" (GUILLAUME-HOFNUNG, 2018, p. 84).

Desse modo, "a mediação é ternária em sua estrutura e em seus resultados. Sem o terceiro elemento, a mediação não existe. Essa característica fundamental distingue-a da negociação e da conciliação, que podem dispensar o terceiro" (GUILLAUME-HOFNUNG, 2018, p. 85).

A mediação, basicamente, pode ser dividida em fases ou etapas, mudando-se alguns detalhes, dependendo da abordagem escolhida. Inicia-se pela livre vontade das partes, situação em que um protagonista, ou ambos, busca-a para solucionar o conflito.

O mediador, por sua vez, após sua concordância em mediar, haja vista que ele pode recusar a função, deve explicar o que é a mediação aos envolvidos.

Caso ele tenha sido procurado por um único envolvido, ele pode entrar em contato com a outra pessoa para informar sobre a iniciativa do solicitante da mediação e, da mesma forma, explicar o procedimento para tal envolvido.

Tendo em vista que a mediação é ato voluntário, apoiado integralmente na autonomia dos participantes, o mediador não pode, em nenhuma hipótese, convocar, de modo forçado, as pessoas a participarem como, por exemplo, é feito no Poder Judiciário por meio de carta de citação. Isso, contudo, não impede que o mediador explique os benefícios da mediação e, estando todos de acordo, prossiga nas estratégias, as quais podem variar casuisticamente.

Assim, em regra, após a assinatura do pacto inicial da mediação pelos envolvidos e pelo mediador,[6] este passa para a fase da escuta ativa, que é desenvolvida

---

4. "A imparcialidade diz respeito à relação entre o mediador e os parceiros, é uma atitude em relação às pessoas; a neutralidade diz respeito à conclusão da mediação, é uma atitude em relação aos resultados. A neutralidade corresponde à preocupação de não influenciar, seja pelo benefício de uma missão complementar (segurança, assistência, ajuda, equidade, justiça), seja por um resultado que o mediador considere benéfico. A ausência de influência corrobora a autonomia da mediação e de suas funções, bem como a liberdade dos parceiros" (GUILLAUME-HOFNUNG, 2018, p. 88). Há, portanto, ausência de poder institucional do terceiro, pois "o mediador não tem poder, mas uma função de garante ético da realidade da comunicação [...]. A mediação é diferente do julgamento e da arbitragem. O juiz ou árbitro são terceiros, independentemente dos parceiros, mas são institucionalmente habilitados a decidir" (GUILLAUME-HOFNUNG, 2018, p. 89).

5. "Entende-se a expressão vínculo social como aquilo que compõe a sociedade, seja qual for o tamanho do grupo: a família, a empresa, o bairro [...]" (GUILLAUME-HOFNUNG, 2018, p. 84).

6. A assinatura desse pacto inicial não é obrigatória, ou seja, a mediação pode ocorrer independentemente da assinatura desse documento.

com qualidade, atenção e distanciamento, a fim de que se possam compreender as situações evidentemente expressas, bem como as intrínsecas, por vezes, não enxergadas pelos envolvidos.

Nessa fase, a mediação utiliza-se da maiêutica socrática, em que o "mediador deve trazer os interlocutores a descobrir a parte da verdade, bem como a parte do erro, além dos elementos de solução que eles carregam sem sempre saber ou poder dizê-lo" (GUILLAUME-HOFNUNG, 2018, p. 100-101).

Com frequência, o conflito mostra-se deslocado, pois o cerne do embate, normalmente, não está onde é originalmente identificado pelos participantes. Nesse sentido, a função do mediador é primordial para que o conflito não permaneça oculto, possibilitando a abertura de diálogo e a transformação da relação bélica, até então instaurada.

Portanto, na mediação, "é fundamental trabalhar os não ditos do sentido, esses expressam o conflito com um grau maior de riqueza. Os detalhes de um conflito revelam-se muito mais pelo não dito, do que pelo expresso" (WARAT, 2001, p. 89).

Finalmente, "o mediador contribui para a elaboração de um documento que registra os compromissos recíprocos dos parceiros ou as conclusões, se o simples registro destas for suficiente" (GUILLAUME-HOFNUNG, 2018, p. 101). Todavia, pode ter casos em que o documento escrito não ocorra, por se mostrar inapropriado para os envolvidos. Da mesma forma, reforça-se o entendimento de que na mediação, especialmente na sua abordagem transformativa, não se destina à feitura de um acordo. Logo, o fim do procedimento não está vinculado à celebração de um termo de acordo entre os envolvidos.

Antes de trazer algumas abordagens sobre a mediação, apresentar-se-ão seus principais princípios, a fim de que se estabeleça melhor compreensão sobre o tema.

Com base na Lei da Mediação[7] e no atual Código de Processo Civil,[8] pode-se afirmar que os principais princípios da mediação são a oralidade, a informalidade, a autonomia da vontade das partes, a confidencialidade, a boa-fé e o consensualismo.

Há alguns autores como, por exemplo, Carlos Eduardo de Vasconcelos (2017), que os dividem em princípios da mediação e princípios do mediador,

---

7. Lei da Mediação: "Art. 2º A mediação será orientada pelos seguintes princípios: I – imparcialidade do mediador; II – isonomia entre as partes; III – oralidade; IV – informalidade; V – autonomia da vontade das partes; VI – busca do consenso; VII – confidencialidade; VIII – boa-fé" (BRASIL, 2015b).

8. CPC/15: "Art. 166. A conciliação e a mediação são informadas pelos princípios da independência, da imparcialidade, da autonomia da vontade, da confidencialidade, da oralidade, da informalidade e da decisão informada" (BRASIL, 2015a).

destacando, nesta última categoria, os princípios da independência, da imparcialidade, da aptidão, da diligência, do empoderamento, da validação e da facilitação de decisão informada.

O princípio da oralidade chama a atenção, porque a mediação se dá pela modalidade oral da língua. "A oralidade do processo de mediação é princípio decorrente de sua informalidade, pois a mediação, embora seja um processo estruturado, é um processo informal" (ARLÉ, 2017, p. 192).

Assim, na mediação, também prevalece o princípio da informalidade, que favorece a interação, pois "o clima entre as partes do conflito é naturalmente mais relaxado do que o processo judicial e permite também que o mediador se mova com mais liberdade dentro do processo, atuando de maneira personalizada, conforme cada caso" (ARLÉ, 2017, p. 193).

Os princípios da oralidade e da informalidade fortalecem a ideia de que a mediação pode ser aplicada também aos conflitos médicos-pacientes que envolvam a tomada de decisão sobre tratamentos de saúde continuados. Uma vez que nem sempre pacientes e familiares possuem a capacidade de compreender as informações técnicas transmitidas por um médico, a mediação pode facilitar esse diálogo, pois o mediador apoiará os mediandos a expor suas necessidades e a compreender as informações.

Além disso, a tensão, a dor e o sofrimento, naturais em situações de adoecimento, geram ainda mais a necessidade de um tratamento humanizado, que pode se iniciar pela comunicação. Em outras palavras, por meio da mediação, fundada na oralidade e na informalidade, as informações médicas terão mais chances de serem compreendidas pelo paciente, porque a interação entre as partes é facilitada pelo mediador.

Destaque-se que essa informalidade não descaracteriza a estruturação do método nem dispensa a capacidade técnica, sendo necessário um mediador para aplicar as melhores técnicas ao caso e apoiar os mediandos na condução do tratamento do conflito.

Relacionado a esses dois princípios, também pode se destacar o princípio da autonomia da vontade,[9] uma vez que a mediação é método voluntário, ou seja, as partes têm o direito de escolher participar ou não da mediação, interromper o processo a qualquer momento e não são obrigadas a realizar acordo, pois é garantida a cada um dos envolvidos a liberdade na tomada de decisão. "A mediação

---

9. CPC/15: "Art. 166. A conciliação e a mediação são informadas pelos princípios da independência, da imparcialidade, da autonomia da vontade, da confidencialidade, da oralidade, da informalidade e da decisão informada [...] § 4º A mediação e a conciliação serão regidas conforme a livre autonomia dos interessados, inclusive no que diz respeito à definição das regras procedimentais" (BRASIL, 2015a)

de conflitos supõe a autonomia da vontade de pessoas capazes, no exercício da igual liberdade de pensamentos, palavras e ações, devendo o mediador abster-se de forçar um acordo e de tomar decisões pelos envolvidos" (VASCONCELOS, 2017, p. 227).

Todas as informações reveladas em uma mediação são sigilosas, não podendo ser utilizadas em outros contextos. Nesses termos, prevê o art. 14 da Lei da Mediação que, "no início da primeira reunião de mediação, e sempre que julgar necessário, o mediador deverá alertar as partes acerca das regras de confidencialidade aplicáveis ao procedimento" (BRASIL, 2015b).

O princípio da confidencialidade é aplicado em qualquer fase da mediação, em uma sessão individual[10] ou conjunta. Da mesma forma, volta-se a todos os envolvidos[11] como, por exemplo, mediador,[12] mediandos e terceiros. Todos os envolvidos devem manter sigilo das informações, as quais não podem ser utilizadas sequer em processo arbitral ou judicial, "salvo se as partes expressamente decidirem de forma diversa ou quando sua divulgação for exigida por lei ou necessária para cumprimento de acordo obtido pela mediação" (BRASIL, 2015b).

O art. 30 da Lei da Mediação também destaca, em seus §§ 3º e 4º,[13] mais duas exceções em que pode ser afastada a confidencialidade, afirmando-se, no parágrafo 3º, que "não está abrigada pela regra de confidencialidade a informação relativa à ocorrência de crime de ação pública" (BRASIL, 2015b).

---

10. Lei da Mediação: "Art. 31. Será confidencial a informação prestada por uma parte em sessão privada, não podendo o mediador revelá-la às demais, exceto se expressamente autorizado." (BRASIL, 2015b).

11. Lei da Mediação: "Art. 30. Toda e qualquer informação relativa ao procedimento de mediação será confidencial em relação a terceiros, não podendo ser revelada sequer em processo arbitral ou judicial salvo se as partes expressamente decidirem de forma diversa ou quando sua divulgação for exigida por lei ou necessária para cumprimento de acordo obtido pela mediação. § 1º O dever de confidencialidade aplica-se ao mediador, às partes, a seus prepostos, advogados, assessores técnicos e a outras pessoas de sua confiança que tenham, direta ou indiretamente, participado do procedimento de mediação, alcançando: I – declaração, opinião, sugestão, promessa ou proposta formulada por uma parte à outra na busca de entendimento para o conflito; II – reconhecimento de fato por qualquer das partes no curso do procedimento de mediação; III – manifestação de aceitação de proposta de acordo apresentada pelo mediador; IV – documento preparado unicamente para os fins do procedimento de mediação." (BRASIL, 2015b, grifo nosso).

12. Lei da Mediação: "Art. 7º O mediador não poderá atuar como árbitro nem funcionar como testemunha em processos judiciais ou arbitrais pertinentes a conflito em que tenha atuado como mediador." (BRASIL, 2015b).

13. Lei da Mediação: "Art. 30. Toda e qualquer informação relativa ao procedimento de mediação será confidencial em relação a terceiros, não podendo ser revelada sequer em processo arbitral ou judicial salvo se as partes expressamente decidirem de forma diversa ou quando sua divulgação for exigida por lei ou necessária para cumprimento de acordo obtido pela mediação [...] § 4º A regra da confidencialidade não afasta o dever de as pessoas discriminadas no caput prestarem informações à administração tributária após o termo final da mediação, aplicando-se aos seus servidores a obrigação de manterem sigilo das informações compartilhadas nos termos do art. 198 da Lei 5.172, de 25 de outubro de 1966 – Código Tributário Nacional" (BRASIL, 2015b).

Também regem a mediação os princípios da boa-fé[14] e do consensualismo. O primeiro "caracteriza os tratos colaborativos em busca da satisfação de interesses comuns, embora contraditórios" (VASCONCELOS, 2017, p. 228). Logo, os mediandos possuem o dever de agir antes, durante e após a mediação pautados na boa-fé objetiva, agindo segundo os parâmetros de cuidado, respeito, lealdade, probidade, colaboração, razoabilidade e equidade.

Por sua vez, o princípio do consensualismo prevê que os envolvidos em um conflito tenham a liberdade e a igualdade de oportunidades para, livremente e de forma consensual, tomarem as decisões ao longo da mediação, inclusive sobre adotar ou não esse método. Frisa-se que, ao falar em consensualismo, não quer dizer a realização de um acordo, ou seja, a mediação pode ser finalizada sem a realização de um acordo.

Finalmente, acompanhando a classificação que diferencia os princípios da mediação dos princípios do mediador, passam-se a tecer breves considerações sobre esses últimos, iniciando-se pelo princípio da independência, que determina que o "mediador tem o dever de atuar com total liberdade, sem sofrer qualquer pressão interna ou externa, sendo-lhe permitido recusar a mediação e suspender ou interromper o encontro (ou sessão)" (ARLÉ, 2017, p. 197), especialmente, quando acreditar que não estão presentes as condições adequadas para o desenvolvimento do método.

O mediador também deve obedecer ao princípio da imparcialidade, uma vez que deve atuar na mediação de forma neutra, isenta, garantindo aos envolvidos tratamentos equitativos. Esse princípio impõe ao mediador o dever de agir sem favoritismo ou preferências. Seus valores e crenças não podem interferir na condução da mediação, devendo ser respeitada a realidade apresentada pelos mediandos. Para tanto, o mediador também deve se orientar pelos princípios da aptidão e da diligência, isto é, deve estar capacitado, tecnicamente, a atuar em cada caso, respeitando os rumos que as sessões possam tomar e diligenciando-se a observar os novos contextos e demandas que possam surgir.

---

14. Quanto ao tema da boa-fé objetiva, vale fazer a leitura dos artigos 113, *caput*, e seus parágrafos, bem como do 422 do Código Civil de 2002. Nesse sentido, o *caput* do art. 113 do CC/02 prevê que "os negócios jurídicos devem ser interpretados conforme a boa-fé e os usos do lugar de sua celebração" (BRASIL, 2002). No mesmo diploma legal, o art. 422 também dispõe que "os contratantes são obrigados a guardar, assim na conclusão do contrato, como em sua execução, os princípios de probidade e boa-fé" (BRASIL, 2002). Por fim, destaca-se que o Enunciado 25 da I Jornada CJF – Conselho de Justiça Federal dispõe que "O art. 422 do Código Civil não inviabiliza a aplicação pelo julgador do princípio da boa-fé nas fases pré-contratual e pós-contratual" (CONSELHO DE JUSTIÇA FEDERAL, 2002).

Quanto ao princípio do empoderamento, o mediador tem o dever de "facilitar a tomada de consciência das partes ou mediandos para o fato de que eles estão mais habilitados a melhor resolverem seus conflitos presentes e futuros em função da experiência de justiça vivenciada na autocomposição" (VASCONCELOS, 2017, p. 228).

Esse princípio está diretamente ligado ao princípio da validação, que determina que o mediador deve "estimular os interessados a perceberem-se reciprocamente como seres humanos merecedores de atenção e respeito, independentemente das suas diferenças" (VASCONCELOS, 2017, p. 228). Essa atitude reforça o empoderamento dos envolvidos no sentido de assumirem a autorresponsabilidade na tomada de decisões.

Por fim, mas não menos importante, enfatiza-se o princípio da decisão informada ou da facilitação de decisão informada, previsto no art. 166 do atual Código de Processo Civil.

Esse princípio salienta que é dever do mediador facilitar às partes envolvidas em um conflito o acesso às informações técnicas, jurídicas e fáticas necessárias a uma tomada de decisão. Nesses termos, aponta Vasconcelos:

> É dever do mediador observar se as partes ou mediandos estão apropriados das informações suficientes à tomada de decisões conscientes e razoáveis, sendo de sua responsabilidade suspender as sessões, caso preciso, para que as partes ou mediandos obtenham as informações técnicas necessárias à decisão informada. Inclui o dever de assegurar que os mediandos obtenham informações quanto aos seus direitos e ao contexto fático no qual estão inseridos (VASCONCELOS, 2017, p. 228-229).

Assim, depreende-se que a mediação tem estruturas favoráveis que podem ser aplicadas aos conflitos entre médicos e pacientes, uma vez que a informalidade, a oralidade, a boa-fé, o consenso, a imparcialidade do mediador, a confidencialidade, a autonomia e a isonomia entre as partes, bem como a facilitação de decisão informada, permitem que médicos e pacientes, ou médicos e familiares dos pacientes, possam, por intermédio de um terceiro, capacitado tecnicamente para isso, ter condições adequadas de gerir ou solucionar o conflito de forma construtiva, assumindo cada um dos envolvidos papel de protagonista na tomada de decisão diante de um tratamento de saúde continuado.

Com base nessas explicações, buscou-se abrir caminho para compreender as abordagens sobre a mediação, as quais serão, agora, estudadas.

De início, é válido dizer que não se pretende, com o desenvolvimento deste tópico, apresentar, de forma aprofundada, todas as abordagens da mediação, mas trazer à tona as mais adequadas a conflitos médico-paciente, a fim de que se possa resguardar a possibilidade deste último de se autodeterminar.

No Brasil, o desenvolvimento da mediação, se comparada a países como, por exemplo, Estados Unidos, é ainda muito precário, pois os dados são escassos e pouco sistematizados.

Segundo Nicácio (2011), essa situação se justifica por ser a mediação uma prática relativamente recente, para a qual ainda não se tem, do ponto de vista conceitual e deontológico, um quadro bem delineado de leituras e análises.

Essa dificuldade pode contribuir para a ininteligibilidade do método pelos envolvidos, sejam mediandos ou técnicos. Além disso, esse panorama ainda é fortalecido pela diversidade de categorias que a mediação apresenta, afirmando a autora que:

> Contribuindo à ininteligibilidade da mediação ressalta-se também a existência de uma miríade de conceitos e a erupção de numerosas categorias de mediação (que os conceitos tentam apreender), divididas em diferentes domínios de ação (familiar, civil, comercial, intercultural, escolar, cultural, concernente à habitação, ao gênero, à dívida etc.); de graus de institucionalização (espontânea, cidadã, institucional, judiciária, hibrida); de objetivos propostos (resolução de conflitos, pacificação das relações, facilitação da comunicação, criação de laços sociais etc.); de públicos de usuários (coletivas ou comunitárias e individuais); de maneiras de operar (facilitadoras, avaliadoras, exploradoras, combinadas etc.) (NICÁCIO, 2011, p. 15).

Justamente nesse caleidoscópio de possibilidades é que se buscou encontrar a abordagem da mediação que melhor pudesse contribuir para a gestão do conflito entre médico e paciente/familiares, em casos que envolvam a tomada de decisão sobre tratamentos de saúde continuados. Assim, investigar-se-á qual abordagem permite que, diante de um conflito médico-paciente, a autonomia deste seja preservada a fim de que ele tenha condições reais de tomar uma decisão que respeite seus próprios interesses.

Nesse sentido, tendo em vista os objetivos propostos neste estudo, no que se refere às práticas e modelos de mediação, destacam-se o Modelo de Harvard, também chamado de Modelo Tradicional ou Negocial; o Modelo Transformativo e o Modelo Circular Narrativo.

O Modelo de Harvard, originário da Escola de Direito de Harvard, objetiva solucionar o conflito por meio de um acordo que seja satisfatório aos interesses das partes. Possui esse nome pois se configura como extensão de um processo de negociação. "Trata-se de modelo pautado fundamentalmente pela técnica negocial, no qual o mediador segue uma agenda sempre direcionada a alcançar o acordo dos interesses das partes" (SOUZA, 2018, p. 57).

Arlé (2017) trabalha conceitos dos autores Roger Fisher, William Ury e Bruce Patton, que propuseram, na obra *Do Método de Negociação*, conhecida como *Método de Negociação de Harvard*, uma maneira metodológica de praticar a negociação integrativa, que chamaram de "método de negociação baseada em princípios"[15] (ARLÉ, 2017, p. 157).

Para esses autores, a negociação baseada em princípios "consiste em procurar soluções para os conflitos (que os teóricos de Harvard chamam de 'problemas') com base em seus méritos, ao invés de usar um processo de regateio, em que, em regra, há um 'ganhador' e um 'perdedor'" (ARLÉ, 2017, p. 157).

O fato é que, "quando os interesses são percebidos como comuns e os recursos são abundantes, fica facilitada a abordagem baseada em princípios, em que prevalecem soluções de ganha-ganha" (VASCONCELOS, 2017, p. 183).

Conforme a Escola de Harvard, a negociação pode ser dividida em três principais modelos: integrativo, distributivo e negociação com o apoio de um terceiro.

No Modelo de Negociação "Integrativo, busca-se ampliar, expandir o campo conhecido como de interesse comuns" (VASCONCELOS, 2017, p. 182).

Por sua vez, no Modelo de Negociação Distributivo, "busca-se dividir ou trocar entre as partes o campo de interesses em disputa" (VASCONCELOS, 2017, p. 182-183).

Por fim, a mediação seria o Modelo de Negociação Cooperativa, chamada de negociação com o apoio de um terceiro, em que "se busca um terceiro, o mediador de confiança, que possa facilitar a solução" (VASCONCELOS, 2017, p. 183).

Contudo, nem todos os autores concordam com esse posicionamento. Zapparolli e Krähenbühl, por exemplo, defendem que, embora a negociação e a mediação contem com a intervenção de um terceiro, são instrumentos diferentes e com objetivos diversos, posicionamento a que se afilia, nesta pesquisa:

> Há quem diga que o modelo preconizado por Roger Fisher, Willian Ury e Bruce Patton (2005), divulgado no livro 'Como chegar ao sim', é negociação, há quem diga ser mediação. A nosso ver, Harvard traz um modelo eficientíssimo de negociação. Isso porque a presença de um terceiro intermediador, ocorrida tanto em algumas negociações como em todas as mediações, não tem o condão de ser o diferenciador entre os dois instrumentos. Esse equívoco é recorrente pela tradução do termo *mediation* que significa 'intermediação'. Todavia, como já colocado, a negociação focaliza-se no processo, nas disputas e demandas, com objetivo do acordo e da solução dessas demandas e disputas. Já, a mediação tem por objetivo a gestão de conflitos em relações continuadas, com vistas à funcionalidade comunicativa e relacional, não apenas para o processo, mas também nas interrelações que se mantêm fora dele (ZAPPAROLLI; KRÄHENBÜHL, 2012, p. 65).

---

15. Os cinco princípios da negociação de Harvard são: 1. Separar as pessoas do problema, 2. Não negociar com base nas posições e focar nos interesses, 3. Gerar opções de ganho mútuo, 4. Insistir em critérios objetivos para resolver conflitos entre interesses opostos, 5. Na hipótese de não alcançar um acordo, deve-se encontrar a Melhor Alternativa para um Acordo Negociado (MAPAN).

Nesse sentido, verifica-se que o Modelo de Negociação de Harvard não é a melhor abordagem para lidar com os conflitos médicos-pacientes em contextos de tratamentos de saúde continuados, uma vez que, se tratando de relações se alongam no tempo entre médicos e pacientes, ou com os familiares dos pacientes, não se busca principalmente o acordo, que pode ou não acontecer. O que se anseia é justamente a melhoria nas relações e a transformação delas, a fim de que a comunicação entre os sujeitos se torne assertiva e possa contribuir para a tomada de decisão autônoma em um caso clínico, preservando o exercício da autorregulamentação do paciente.

Por outro lado, a mediação transformativa[16] ou transformadora, como o próprio nome sugere, tem como objetivo empoderar os envolvidos[17] em um conflito e transformar as relações interpessoais, não visando necessariamente à feitura de um acordo.[18]

Mediante essa abordagem, o conflito é visto como a possibilidade de transformação, pois instiga os mediandos a saírem de posições iniciais, por vezes, estagnadas, para avançarem rumo a um ambiente mais favorável.

Uma das contribuições mais relevantes desse modelo "deu-se em matéria de comunicação, com a adoção de técnicas para aperfeiçoar a escuta do mediador, a verificação[19] mediante perguntas, o espelhamento[20] e a adoção de resumos[21] que auxiliam o aprimoramento da comunicação" (VASCONCELOS, 2017, p. 200).

---

16. "Na mediação transformativa o foco inicial está na apropriação ('capacitação', 'autoafirmação', fortalecimento, 'empoderamento') dos mediandos, de modo que esses atores – pessoas, grupos, comunidades – recuperem reflexivamente seu próprio poder restaurativo, afastando-se de modelos em que um 'expert' decide 'conceder' poder às pessoas 'objeto'" (VASCONCELOS, 2017, p. 200).

17. "Pressupõe auxiliar os sujeitos em conflito a exercerem o seu empoderamento que é a apropriação dos próprios conhecimentos, autonomia para definição de temas a serem tratados e ações a serem executadas e a tomada de decisões. Ou seja, promove a capacidade dos sujeitos de trazerem para si o poder de gestão de seus próprios conflitos" (ZAPPAROLLI; KRÄHENBÜHL, 2012, p. 90).

18. "As técnicas utilizadas no modelo transformativo de mediação têm como objetivo a reconstrução da relação entre os mediandos, não privilegiando se os mediandos atinjam o acordo, ou não. Eventual acordo é consequência da transformação relacional" (ZAPPAROLLI; KRÄHENBÜHL, 2012, p. 90).

19. A técnica de verificação trata-se do "modo como o mediador pode obter a opinião dos mediandos a respeito de como devem atuar no procedimento ou de como estão se sentindo em cada momento. [...]. Essa verificação poderá ser praticada em qualquer instante do procedimento" (VASCONCELOS, 2017, p. 203).

20. A técnica de espelhamento é aquela em que "o mediador olha nos olhos e fala de volta ao mediando o que ele acaba de dizer, usando palavras próximas às que ele expressou [...]. A frase espelhada pode iniciar-se do seguinte modo: '*Então, para você, o que está acontecendo é que* [...]' '[...] *você está se sentindo* [...]'. O espelhamento é útil para o espelhado, porque reflete de volta a sua manifestação. E é útil para o outro mediando, pois permite a ele mais tempo para a escuta" (VASCONCELOS, 2017, p. 203).

21. A técnica dos resumos "são oportunidades para clarear as conversas que vão acontecendo. No enfoque transformativo, os resumos não tentam induzir no sentido de um acordo. Eles devem expressar o que cada um narrou e abrir caminho para a continuidade ou a troca de enfoque, conforme a vontade dos mediandos [...]. Enfim, o resumo é frequentemente seguido da 'verificação'" (VASCONCELOS, 2017, p. 204).

O Modelo Transformativo foi idealizado por Robert A. Baruch Bush, teórico da negociação, e Joseph P. Folger, teórico da comunicação, e "está pautado no aspecto relacional dos mediados. Pressupõe um aumento no protagonismo dos mediandos, em que eles próprios se percebam como partes integrantes do conflito e vislumbrem a possibilidade de sua administração" (ZAPPAROLLI; KRÄHENBÜHL, 2012, p. 89).

A proposta desses autores é que a mediação transformativa tenha enfoque na capacitação (autodeterminação) e na empatia (reconhecimento). Em outras palavras, o mediador apoiará os mediandos a melhor compreenderem a situação conflituosa e os recursos disponíveis para uma tomada de decisão e, ao mesmo tempo, ele trabalhará, junto com os envolvidos no conflito, a percepção compartilhada da demanda.

"A mediação transformativa pode constituir a oportunidade de romper padrões relacionais e transformar a natureza destrutiva daquele determinado conflito" (VASCONCELOS, 2017, p. 201-202).

Assim, a mediação transformativa configura-se pela ética da alteridade, uma vez que fomenta o reconhecimento e o acolhimento da diferença do outro em um contexto relacional. "Essa ética de alteridade incide sobre um fenômeno circular e dialético, que nasce da relação, substancializa-se pela autodeterminação e se integra, construtivamente, pelo reconhecimento" (VASCONCELOS, 2017, p. 202).

Nota-se, portanto, que a aplicação do modelo transformativo aos conflitos médico-paciente é melhor do que o modelo de Harvard, uma vez que a mediação transformativa não foca no conflito, mas na transformação das pessoas em conflito e em suas relações, sendo o acordo uma consequência, ou seja, ele pode ou não ocorrer. Uma vez que, no caso de tratamentos de saúde continuados, a comunicação é de extrema relevância para a continuidade das relações médico e paciente/familiares, a mediação transformativa poderá apoiar no processo de reconhecimento das diferenças, na melhoria da comunicação e no fortalecimento da autonomia do paciente para a tomada de decisão.

Além disso, vale tecer algumas considerações sobre o Modelo Circular Narrativo, que foi idealizado por Sara Cobb, e "visa pela narrativa, recontextualizar, desestabilizando, mudando os significados, ampliando as diferenças e desconstruindo as narrativas estratificadas que cada um dos mediandos traz à mediação, para o alcance de uma história comum" (ZAPPAROLLI; KRÄHENBÜHL, 2012, p. 90), que possa levar a uma nova realidade propícia ao consenso.

Segundo essa abordagem, o mediador deve focar nas narrativas trazidas pelos envolvidos no conflito, buscando apoiá-los a desconstrui-las para construir alternativas que possam levar à solução consensual do conflito, o que pode ensejar ou não a realização de um acordo. Sob essa perspectiva, apresenta-se a seguir uma síntese da aplicabilidade desse modelo:

> A mais destacada particularidade do modelo circular narrativo, a nosso ver, está na condução dos mediandos no sentido da desconstrução ou desestabilização das narrativas iniciais, priorizando, desde o início, reuniões individuais, com vistas a evitar, nesse momento, a colonização das narrativas. [...] Desde a primeira reunião conjunta, logo após os esclarecimentos e recomendações iniciais, o mediador solicita a apresentação de alternativas, já trabalhando a circularidade e a interdependência (VASCONCELOS, 2017, p. 199).

Outra especificidade dessa abordagem é a conotação negativa do problema. O objetivo inicial "do mediador e a suas primeiras frases devem estar voltadas para definir a questão como um problema compartilhado, na perspectiva de que a mediação é uma oportunidade para trabalhar sobre os problemas" (VASCONCELOS, 2017, p. 199).

No que tange aos conflitos médico-paciente, busca-se um modelo de mediação que não delimite a alteração das narrativas, como faz o modelo circular narrativo. Tampouco deseja-se adotar um modelo que fixe a busca pelo acordo, exatamente como objetiva o Modelo de Harvard.

Portanto, percebe-se que a abordagem da mediação transformativa é a que mais possui compatibilidade com o tratamento dos conflitos entre médicos e pacientes/familiares, uma vez que seu principal objetivo não é a feitura de um acordo, mas a transformação da relação conflitiva.

Não se busca determinar que há um modelo de mediação melhor do que outro. A análise deve ser feita de maneira casuística, ou seja, só é possível averiguar que um modelo de mediação pode ser mais benéfico aos envolvidos em um conflito analisando-o no contexto específico.

Jean-François Six, em sua obra *Dinâmica da Mediação* (2001), também destaca dois tipos de mediação, ligados ao grau de institucionalização da mediação, denominando-os como institucional ou cidadã.

A mediação institucional "é aquela estruturada por um organismo, ente estatal ou estabelecimento, como recurso para reencontrar o diálogo com seus usuários. O mediador é constituído pela instituição tanto a serviço desta como dos clientes" (SOUZA, 2018, p. 61). Nesse diapasão, ele ensina que:

> Os poderes, as direções, os organismos almejam ter um certo contato imediato, sem intermediário, com quem irão tratar, dar-lhes a palavra, tomar banho de imersão na massa: trata-se de um reconhecimento da soberania do povo – o cliente é rei, como o eleitor. E na evolução de nossa época, em que o anonimato cresce, em que tudo tende a tornar-se mais e mais dual, o que estão de um lado e de outro de uma barreira, de uma grade ou guichê, todas as instituições começam por si próprias a compreender a necessidade de estabelecer intermediários (SIX, 2001, p. 30).

O autor e mediador francês, além de afirmar que as instituições passaram a sentir a necessidade de ter intermediários (mediadores[22]) para lidar com os conflitos que surgem em alguns contextos como, por exemplo, empresariais, hospitalares ou escolares, alerta para o perigo de burocratização da mediação institucional.

Ele explica que a maneira de

> tratar os problemas institucionais traz o risco de fazê-las criar serviços de mediação que sejam ainda lugares em que se administram negócios de maneira impessoal, e isto apesar de seus papéis se tornarem conhecidos e as demandas afluírem (SIX, 2001, p. 30).

Portanto, ao se adotar a mediação institucional, deve se atentar para que não a burocratize nem viole a imparcialidade e independência que devem prevalecer junto ao mediador. O fato de o mediador estar inserido em uma instituição não deve levá-lo a agir em prol tão somente dela. O mediador deve agir com vistas a apoiar a todos os envolvidos no conflito a encontrarem caminhos favoráveis para melhorar as relações interpessoais, estimulando cada um no exercício da autonomia privada a tomar a decisão a fim de gerir ou solucionar a desavença.

No que concerne à mediação cidadã, "é aquela suscitada nos grupos sociais em livre associação e de forma independente, como reação natural em face das necessidades da comunidade" (SOUZA, 2018, p. 62).

Souza (2018, p. 62) ensina que, nesse caso, "seus mediadores são estabelecidos enquanto detentores de uma autoridade moral e não como indivíduos outorgados por uma instituição.". O fato é que, "se os mediadores institucionais representam sempre um certo poder, os mediadores cidadãos são cidadãos entre cidadãos" (SIX, 2001, p. 34). Assim:

> Os mediadores cidadãos destinam-se a encontrar pessoas primeiramente. Eles não resolvem conflitos: encontram pessoas que estão dentro de uma situação de conflito. Eles não terão meios técnicos como têm, por exemplo, uma assistência social, um consultor ou um perito, nem armas para abafar um conflito, mas estarão lá para permitir às pessoas encontrar, por seus próprios meios, uma saída para seus conflitos (SIX, 2001, p. 34).

Vê-se, portanto, que as origens e os modos de atuação do mediador institucional e cidadão são distintos. Contudo, essas diferenças não podem ter o condão de exclusão, isto é, "nenhum dos dois, salvo se quiser destruir a media-

---

22. Esses mediadores institucionais "[...] são, portanto, essencialmente especialistas formados para atender a um problema específico, bem definido, pelo qual vão responder. Pode-se de fato compreender a necessidade desses especialistas mediadores, que participam da nossa sociedade cada vez mais complexa e obrigada a dotar-se de especialistas para enfrentar questões intrincadas que se apresentam" (SIX, 2001, p. 32-33).

ção,[23] pode se impor unilateralmente e eliminar o outro; eles têm, portanto, de viver juntos" (SIX, 2001, p. 2). Logo, é relevante reconhecer as diferenças, mas também permitir que essas abordagens coexistam dentro dos contextos em que são aplicadas, caso necessário.

Quanto aos conflitos entre médico e paciente, envolvendo tratamentos continuados, nada impede que se possa aplicar a mediação transformativa, bem como a mediação institucional e a cidadã, sem que essas abordagens se excluam.

Frisa-se que não há um modelo de mediação melhor ou pior. O método pode ser adaptável a diversos contextos, e cada abordagem se encaixará melhor conforme as características do conflito, o que deve ser analisado caso a caso.

Para a proposta desta pesquisa, tendo em vista as relações continuadas em contextos de saúde, buscam-se abordagens de mediação que priorizem as pessoas envolvidas em um conflito e suas relações. Por isso, a opção pela mediação transformativa, mesmo que, na prática, sua metodologia seja de complexa aplicação no cenário brasileiro, uma vez que o sistema pátrio ainda está enraizado na vertente de Harvard, em que o foco se encontra na negociação para a obtenção de um acordo.

Também não há qualquer empecilho, como já exposto, para que as abordagens da mediação se correlacionem em um mesmo ambiente. Isto é, se o mediador identificar que dada técnica seja, estrategicamente, favorável ao tratamento do conflito e apoio aos mediandos, não há óbice para que técnicas de diversas abordagens de mediação sejam utilizadas em uma mesma situação conflitiva.

Assim, este estudo filia-se à visão de que a mediação é um instrumento não só de administração de conflitos, mas também de regulação social nos seguintes termos:

> Portanto, a mediação é aqui definida como o processo complementar de administração de conflitos e de regulação social pelo qual pessoas buscam voluntariamente, por meio do diálogo e da participação ativa, a melhoria da qualidade de sua relação ou o tratamento mutuamente aceitável de uma situação conflituosa, criando ou fortalecendo laços relacionais deteriorados ou enfraquecidos pelo conflito, tudo isso auxiliados por uma terceira pessoa

---

23. Jean-François Six traz uma reflexão importante ao questionar: "Mas em que a mediação tornou-se essencial para hoje e para amanhã? Não é ao acaso que se a invoca sem cessar: ela é uma necessidade real. Particularmente por duas razões. Porque nossa sociedade entrou em uma era de 'imediatismo' e em uma era de incerteza" (SIX, 2001, p. 2). Nesse contexto, "a mediação não é uma utopia; é o inverso dessa utopia da comunicação. Ela propõe não o fusional, mas a dignidade da distinção: cada pessoa, cada povo é único; ela convida à pesquisa constante, não do esplêndido isolamento, mas da ligação e do contato; ela declara não o direito de tudo saber e a transparência imposta, mas o sentido do mistério e o respeito ao segredo; ela recusa que o homem seja achatado à horizontalidade das trocas de informações e à superfície de espaços em suas dimensões" (SIX, 2001, p. 6).

independente, equidistante e não autoritária, denominado mediador, que facilita a comunicação entre os sujeitos. *Trata-se, pois, de instrumento de lógica participativa e dialógica com potencial de transformação não somente da eventual situação conflituosa estabelecida, mas também dos atores envolvidos, na maneira de tratar os conflitos, dos direitos que os revestem e do processo de sua efetivação* (SOUZA, 2018, p. 63, grifo nosso).

Portanto, a mediação, muito além de ser um método de resolução de conflitos, pode ser explorada de forma preventiva ao surgimento do conflito, ajudando as partes "a aprenderem a encontrar caminhos para a prevenção ou a gestão de conflitos futuros, para que possam administrar melhor seus vínculos e, assim, evitar que o conflito se desmembre em ações mais graves" (SILVA, 2021, p. 111).

A partir dessas considerações, tendo em mente os objetivos propostos nesta pesquisa, passa-se a estudar a mediação sob a ótica brasileira

4.2 A MEDIAÇÃO SOB A ÓTICA BRASILEIRA

No tópico anterior, longe da pretensão de esgotar o tema, foram apresentadas algumas abordagens pelas quais a mediação pode ser aplicada caso a caso. Agora, apresentar-se-á, com mais detalhes, como a mediação vem sendo abordada no Brasil, para mais adiante discorrer sobre sua aplicabilidade no âmbito da saúde brasileira.

Independentemente da vertente da mediação escolhida, não se pode fugir de observar a realidade brasileira em que o método será aplicado. Ainda que o Brasil possa se inspirar em experiências de outros países como, por exemplo, da França, é necessário olhar para a realidade do País, a fim de que não se corrobore com a criação de sistemas, métodos e institutos sem efetividade prática aos brasileiros a que se destinam, fomentando a cultura de "leis para inglês ver".[24]

A mediação desenvolve sua história de longa data, estando presente, ainda que não da forma como hoje é conhecida, em diversas culturas ocidentais e não ocidentais, como meio de harmonizar interesses antagônicos.

---

24. A expressão "lei para inglês ver" é usada para caracterizar leis ou regras que não são cumpridas na prática. Normalmente, são leis criadas a partir de inspirações estrangeiras sem a devida adequação ao contexto brasileiro, fazendo com que elas não tenham efetividade prática. A título de exemplo, Paulo Chaves menciona a 'Lei do Ventre Livre' como uma "lei para inglês ver", pois, ao mesmo tempo em que determinava que todos os escravos nascidos a partir da promulgação da mencionada lei seriam libertados, também previa que a "criança nascida de mãe escrava deveria permanecer sob a proteção dela e do senhor até completar 9 anos de idade. A partir daquele momento, caberia ao senhor decidir o futuro daquela criança, podendo vendê-la ao governo brasileiro por 600 contos de réis. Essas leis, segundo o professor Paulo Chaves, refletiam apenas uma necessidade de o governo brasileiro dar satisfações à Inglaterra e, por isso, eram conhecidas como 'leis para inglês ver' [...]. Finalmente, "não mais conseguindo produzir leis 'para inglês ver', o governo de Dom Pedro II, por meio de sua filha, a princesa Isabel, decreta a 'Lei Áurea', que simboliza histórica e juridicamente o fim da escravidão no Brasil" ('LEIS ..., 2016).

No contexto religioso, pode-se afirmar que, "em tempos bíblicos, as comunidades judaicas utilizavam a mediação – que era praticada tanto por líderes religiosos quanto políticos – para resolver diferenças civis e religiosas" (MOORE, 1998, p. 33).

A mesma ideia foi aplicada também nas comunidades cristãs, as quais reconhecem Jesus Cristo como mediador entre Deus e o homem, conforme descrito em Timóteo I (primeira carta a Timóteo), capítulo 2, versículo 5 e 6: "Porque há um só Deus e há um só mediador entre Deus e os homens: Jesus Cristo que se entregou como resgate por todos. Tal é o fato, atestado em seu tempo" (1 Tm, 2, 5-6).

Nesse cenário, o clero exercia a função de mediador nas disputas terrenas entre os homens, intervindo em casos familiares, criminais, diplomáticos e políticos (MOORE, 1998).

A mediação, sob o olhar informal, ou ainda não visualizada como meio de tratamento de conflitos, marcou presença também em seitas religiosas dos Estados Unidos e do Canadá, no Oriente Médio,[25] no Hinduísmo, no Budismo, na China, no Japão e em outras sociedades asiáticas (MOORE, 1998).

Contudo, somente na virada do século XX que a mediação passou a ser vista formalmente como meio de tratamento de conflitos, expandindo-se, sobretudo, nos últimos 40 anos. Esse crescimento foi provocado, principalmente, em razão do maior interesse e desejo das pessoas em participar da construção das próprias tomadas de decisões (MOORE, 1998). Assim, afirma Moore:

> Esse crescimento deve-se em parte a um reconhecimento mais amplo dos direitos humanos e da dignidade dos indivíduos, à expansão das aspirações pela participação democrática em todos os níveis sociais e políticos, à crença de que um indivíduo tem o direito de participar e de ter o controle das decisões que afetam sua própria vida, a um apoio ético aos acordos particulares e às tendências, em algumas regiões, para maior tolerância à diversidade (MOORE, 1998, p. 34).

O autor ainda justifica a expansão da mediação em razão da insatisfação popular quanto ao sistema judiciário. "A mudança também tem sido motivada pela crescente insatisfação com os processos autoritários de tomada de decisão, acordos impostos que não se ajustam adequadamente aos interesses genuínos das partes" (MOORE, 1998, p. 34).

---

25. "As culturas islâmicas também têm longa tradição de mediação. Em muitas sociedades pastoris tradicionais do Oriente Médio, os problemas eram frequentemente resolvidos através de uma reunião comunitária dos idosos, em que os participantes discutiam, debatiam, deliberavam e mediavam para resolver questões tribais ou intertribais ou conflituosas" (MOORE, 1998, p. 32).

Além disso, o avanço da mediação ocorreu também nos Estados Unidos,[26] sendo instituída, primeiramente, nas relações trabalhistas para depois avançar para áreas não trabalhistas como, por exemplo, familiar, cível, escolar, criminal e saúde.[27]

De fato, a mediação, informal ou vista como um método adequado de tratamento e solução de conflitos, avançou no mundo não ocidental e ocidental, chegando ao Brasil, inicialmente, na área do Direito Coletivo do Trabalho por implementação do Ministério do Trabalho e Emprego, visando facilitar o diálogo entre as partes envolvidas nos conflitos trabalhistas.

> Neste país, a mediação começou a ser utilizada no campo do trabalho, passando a outros espaços, como nas comunidades, onde tal método foi utilizado para solver conflitos entre vizinhos, entre casais, entre famílias e em casos de discriminação. (SILVA, 2013, p. 20).

Até o ano de 2015, não existia, no ordenamento jurídico brasileiro, uma lei específica sobre a mediação, o que veio a ocorrer em junho de 2015 com a Lei 13.140 (Lei da Mediação, 2015b). Contudo, já havia caminhos favoráveis à criação dessa Lei a partir da Resolução 125 do Conselho Nacional de Justiça (CNJ),[28] datada de 2010.

A Resolução 125 do CNJ, que dispõe sobre a política judiciária nacional de tratamento adequado de conflitos de interesses no âmbito do Poder Judiciário, foi um marco importante para a criação da Lei da Mediação, haja vista que

---

26. "Desde meados da década de 1960, a mediação cresceu muito como uma abordagem praticada de modo formal e amplo para a resolução de disputas comunitárias" (MOORE, 1998, p. 35). Anos depois, Christopher W. Moore, fazendo referência ao estudo realizado em 1994 *Harrasment: A Systems Approach* do *Institute of Technology*, afirma que, "no final da década de 80 e início da década de 90, houve um crescimento significativo dos serviços e programas de mediação, tanto no setor público quanto privado, para mediar acusações relacionadas com discriminação racial, ética, de gênero e de orientação sexual no local de trabalho, assédio sexual" (MOORE, 1998, p. 37).

27. "A partir da década de 1970, a mediação, como método de resolução de conflitos conduzido por um terceiro que auxilia no restabelecimento da comunicação entre os envolvidos em disputas para um possível acordo de interesses, encontrou, nos Estados Unidos da América – EUA, a base para o desenvolvimento de seus primeiros aspectos teóricos e práticos, consolidando-se como uma das possibilidades dentre as chamadas *Alternative Dispute Resolution* (ADR), alternativas apresentadas em face da solução adjudicada de conflitos" (ORSINI; SILVA, 2016, p. 334).

28. Vale salientar que "esses movimentos renovadores em face da resolução de conflitos no Brasil se fortaleceram a partir da edição de algumas legislações sobre o tema, como a Lei da Arbitragem – Lei 9.307 (BRASIL, 1996), que estimulou o uso da arbitragem principalmente em conflitos empresariais; e a Lei dos Juizados Especiais – Lei 9.099 (BRASIL, 1995), que consolidou a prática da conciliação no âmbito cível, visto que o referido método se desenvolveu e é utilizado no âmbito da Justiça do Trabalho desde o seu início. Por sua vez, a mediação ganhou forte incentivo a partir da Resolução 125 do CNJ (BRASIL, 2010), responsável por instituir no Brasil a Política Nacional de Tratamento Adequado de Conflitos, especialmente nos espaços do Poder Judiciário" (ORSINI; SILVA, 2016, p. 337). Em seguida, em março de 2015, ocorreu a promulgação de uma nova edição do Código de Processo Civil e, em junho do mesmo ano, a publicação da Lei da Mediação.

trouxe diretrizes mínimas para a capacitação de mediadores e conciliadores, a criação do Código de Ética dos mediadores judiciais, entre outras medidas previstas no art. 6º.

Essa Resolução determinou também que se criassem Núcleos Permanentes de Métodos Consensuais de Solução de Conflitos (NUPEMECs), compostos por magistrados da ativa, ou aposentados e servidores, cuja responsabilidade é desenvolver a política judiciária de tratamento adequado dos conflitos de interesses; planejar, implementar, manter e aperfeiçoar as ações voltadas ao cumprimento da política e suas metas; atuar na interlocução com outros tribunais, órgãos do Poder Judiciário, entidades públicas e privadas e instalar Centros Judiciários de Solução de Conflitos e Cidadania (CEJUSCs)[29] (CONSELHO NACIONAL DE JUSTIÇA, 2010).

Esses Centros Judiciários realizarão sessões de conciliação e mediação por meio de conciliadores e mediadores, que serão capacitados e treinados para lidar com os métodos consensuais de solução de conflitos, conforme determinado no capítulo III, art. 7º (CONSELHO NACIONAL DE JUSTIÇA, 2010).

Assim, os Centros foram implementados. A cidade de Belo Horizonte/MG foi a primeira comarca mineira a criar e a instalar seu espaço físico na Avenida Francisco Sá, n, 1.409, Bairro Gutierrez, o que ocorreu em 2012.

Os Centros Judiciários de Solução de Conflitos e Cidadania (CEJUSCs) abrangem um setor de solução de conflitos pré-processual, processual e de cidadania, de modo a permitir o atendimento completo aos usuários que visam à gestão ou à resolução de seus conflitos.

O setor pré-processual destina-se a trabalhar com demandas que envolvam "direitos disponíveis em matéria cível, de família, previdenciária e da competência dos Juizados Especiais, que serão encaminhados [...] para a conciliação, a mediação ou outro método de solução consensual de conflitos" (CONSELHO NACIONAL DE JUSTIÇA, 2010).

Basicamente, o trâmite começa pela procura do interessado pelo CEJUSC, onde será recepcionado no setor pré-processual, que acolherá sua reclamação e fará uma carta-convite a outra parte para comparecer à sessão de conciliação ou mediação, a depender do conteúdo da demanda.

---

29. No mesmo sentido, a Lei da Mediação, no seu artigo 24, também determina "Art. 24. Os tribunais criarão centros judiciários de solução consensual de conflitos, responsáveis pela realização de sessões e audiências de conciliação e mediação, pré-processuais e processuais, e pelo desenvolvimento de programas destinados a auxiliar, orientar e estimular a autocomposição. Parágrafo único. A composição e a organização do centro serão definidas pelo respectivo tribunal, observadas as normas do Conselho Nacional de Justiça" (BRASIL, 2015b).

"Obtido o acordo na sessão, será homologado por sentença, após a manifestação do representante do Ministério Público, se for o caso, com registro em livro próprio, sem distribuição" (CONSELHO NACIONAL DE JUSTIÇA, 2010). Caso contrário, "não obtido o acordo, os interessados serão orientados a buscar a solução do conflito nos Juizados Especiais ou na Justiça Comum" (CONSELHO NACIONAL DE JUSTIÇA, 2010).

Por sua vez, o setor de solução de conflitos processual do CEJUSC recebe os processos judiciais já distribuídos e despachados pelos juízes, que indicarão qual o método de solução consensual a ser seguido como, por exemplo, a mediação judicial. Após a realização da sessão, obtendo-se acordo ou não entre as partes, o processo retorna para o Poder Judiciário, ou seja, para o órgão de origem, tendo em vista a extinção do processo pelo magistrado ou prosseguimento regular dos trâmites processuais (CONSELHO NACIONAL DE JUSTIÇA, 2010).

Quanto aos trâmites judiciais, o Código de Processo Civil traz vários artigos reforçando os requisitos a serem seguidos para a realização das audiências de mediação ou de conciliação, afirmando que não será permitida a utilização desses métodos em casos de direitos indisponíveis não suscetíveis de transação ou no caso em que as partes se manifestarem de forma justificada pela não realização da autocomposição.[30]

Também é determinado, pela atual legislação processualista brasileira, que, nos casos de processos de Direito das Famílias como, por exemplo, demandas que envolvem divórcio, reconhecimento e extinção de união estável, guarda e visitação, a fase da audiência de mediação ou conciliação é obrigatória para o processo civil, dispondo o artigo 694 que:

> Art. 694. Nas ações de família, todos os esforços serão empreendidos para a solução consensual da controvérsia, devendo o juiz dispor do auxílio de profissionais de outras áreas de conhecimento para a mediação e conciliação. Parágrafo único. A requerimento das partes, o juiz pode determinar a suspensão do processo enquanto os litigantes se submetem a mediação extrajudicial ou a atendimento multidisciplinar (BRASIL, 2015a).

Embora se reconheça o esforço legislativo em introduzir os métodos consensuais de tratamento de conflitos à realidade brasileira, percebe-se que a apli-

---

30. Nesse sentido, vale a leitura integral do art. 334 do CPC/15, que prevê, entre outros requisitos: "Art. 334. Se a petição inicial preencher os requisitos essenciais e não for o caso de improcedência liminar do pedido, o juiz designará audiência de conciliação ou de mediação com antecedência mínima de 30 (trinta) dias, devendo ser citado o réu com pelo menos 20 (vinte) dias de antecedência. [...] § 4º A audiência não será realizada: I – se ambas as partes manifestarem, expressamente, desinteresse na composição consensual; II – quando não se admitir a autocomposição. § 5º O autor deverá indicar, na petição inicial, seu desinteresse na autocomposição, e o réu deverá fazê-lo, por petição, apresentada com 10 (dez) dias de antecedência, contados da data da audiência [...]" (BRASIL, 2015a).

cabilidade deles ainda é muito frágil, pois focam, principalmente, no objetivo de desafogar o Poder Judiciário e não na essência em si dos métodos como, por exemplo, na possibilidade de transformação das relações interpessoais por meio da mediação.

Nesse sentido, pede-se permissão para que a autora desta obra possa trazer sua visão prática de advogada familiarista atuante na cidade de Belo Horizonte/MG.

Nota-se, nos casos envolvendo contextos familiares, que as varas especializadas da comarca de Belo Horizonte/MG cumprem a obrigatoriedade de enviar os processos judiciais ao CEJUSC.[31] Durante as audiências de conciliação ou mediação, prevalece a máxima "tem acordo ou não?", sem realmente possibilitar uma abertura dialógica mais profunda entre os envolvidos.

Realmente, a criação dos CEJUSCs foi passo importante no que diz respeito ao acesso à justiça. Entretanto, a implementação deles ainda está distante da parcela da sociedade brasileira mais vulnerável como, por exemplo, dos grupos sociais marginalizados, localizados nas regiões periféricas das cidades.

Em outras palavras, o CEJUSC é um mecanismo de desjudicialização, mas não de desjudiciarização, porque está inserido nas estruturas formais do Poder Judiciário, contando com a participação de conciliadores, mediadores, magistrados e demais serventuários, os quais vivenciam a solução consensual de conflito sob a visão limitada e atrelada aos objetivos e interesses dos tribunais como, por exemplo, o cumprimento de meta de acordos, muitas vezes impostas pelo próprio Conselho Nacional de Justiça (CNJ). Nesse sentido, vale trazer a explicação de Nathane Fernandes da Silva:

> Assim, inegável e louvável o estímulo à desjudicialização do acesso à justiça, criando e ampliando estruturas que vão além do processo judicial, mas é preciso que esta seja acompanhada de uma 'desjudiciarização do acesso', minimizando uma atuação superdimensionada do Poder Judiciário para então colocar em cena outras esferas de atuação, mais próximas da sociedade, notadamente dos segmentos sociais marginalizados. Por desjudiciarização, compreende-se o fomento a instrumentos de acesso à justiça via direitos que operem desvin-

---

31. Como já salientado nesta obra, a incorporação de métodos, institutos e legislações estrangeiras deve sempre ser feita com bastante cuidado, buscando-se a devida adequação à realidade brasileira na qual serão inseridos. Toda vez que o sistema jurídico brasileiro importa legislações estrangeiras sem esse devido cuidado, corre-se o grande risco de fracassar quanto aos resultados esperados. É o que aconteceu com a criação dos CEJUSCs no Brasil, que "têm inspiração no Tribunal Multiportas do sistema estadunidense [...]. Todavia, deve-se atentar às peculiaridades da sociedade estadunidense em relação à criação e ao funcionamento desses fóruns multiportas, compreendendo-se que esse modelo pode não ser o mais adequado ao Brasil para solucionar seus problemas de efetiva acessibilidade à justiça, tendo em vista que a situação brasileira, especialmente no que se refere à falta de acesso à justiça, com o consequente reforço da exclusão social e de uma existência não cidadã por parte da população, distancia-se consideravelmente da realidade norte-americana, e pugna por soluções diferenciadas e próprias" (SILVA, 2017, p. 81).

culados do Poder Judiciário, podendo ser criados e geridos pelo Poder Executivo ou mesmo pela sociedade civil, sob a fiscalização estatal. A ideia é promover a justiça e os direitos por outras vias que não estejam atreladas ao Judiciário, ampliando-se os atores envolvidos na administração da justiça. (SILVA, 2017, p. 82).[32]

Essa situação se faz presente muito em razão da mediação no Brasil se orientar pelo Modelo Negocial, baseado especialmente no Modelo Tradicional de Harvard, em que os envolvidos, por meio de técnicas de negociação conduzidas por um terceiro imparcial – o mediador –, buscam a solução do conflito tendo em vista um acordo. Esse é um dos problemas que a incorporação estrangeira da mediação, por exemplo, estadunidense, traz quando não é adequada à realidade em que se insere.

Desde então, o que se tem visto é a difusão de um ideal de mediação que pode servir à resolução consensual de disputas por meio da produção de acordos, mas que se distancia de uma mudança efetiva das relações interpessoais em face do conflito. Esse modelo de mediação parece ser pouco eficaz no sentido de transformar, efetivamente, a cultura adversarial para abordagem dos conflitos tão presentes na sociedade brasileira em uma outra cultura que busque promover gradualmente a paz social, na qual o diálogo e a alteridade são pilares essenciais em relações interpessoais e intergrupais, trazendo uma melhoria na qualidade de vida e promovendo um paradigma renovado de regulação social, calcado no reconhecimento e na ética da alteridade. *Com foco na produção do acordo, a mediação pode perder seu caráter pedagógico de ressignificação do conflito e das relações*, já que busca o fim da controvérsia pelo consenso de interesses (ORSINI; SILVA, 2016, p. 335-336, grifo nosso).

A partir do momento em que o Poder Judiciário brasileiro usa a mediação com o objetivo principal de desafogar suas prateleiras de processos,[33] fortalece a cultura de eliminação do conflito, entendendo que ele é totalmente prejudicial aos envolvidos. Contudo, essa visão não permite que as partes ampliem as

---

32. Essa autora ainda afirma que a "defesa que aqui se toma do estímulo a instrumentos não judiciários de acesso à justiça pela via dos direitos não implica em desoneração do Estado na promoção deste acesso. Espera-se que o Estado seja capaz de elaborar e pôr em prática políticas públicas que visem à promoção de direitos e à abordagem não judicial dos conflitos em outras esferas, prévias e complementares ao Poder Judiciário. Ou seja, o papel do Estado permanece forte no intuito de democratização do acesso à justiça" (SILVA, 2017, p. 78-79). Esse é um entendimento a que a autora desta obra se afilia, posto que não se busca a exclusão do Estado na atuação frente aos conflitos sociais, mas a ampliação de abordagem para além dos processos judiciais.

33. Tanto é verdade que a mediação no contexto brasileiro ainda tem a visão principal de desafogamento das demandas judiciais e caráter acordista ligado à promessa de celeridade processual que o próprio Projeto de Lei da Mediação 517 do ano de 2011, na parte "justificação", logo após o art. 26, afirma que a mediação visa a reduzir o número de processos, prevendo que: "Trata-se, pois, de instrumento capaz de incentivar outras formas de solução das pendências, *de reduzir o número de processos judiciais* e de combater o desvirtuamento da função judicial do Estado, conferindo, assim, uma leitura contemporânea do acesso à justiça previsto no art. 5º, XXXV, da Constituição Federal do Brasil" (FERRAÇO, 2011, grifo nosso).

perspectivas de que o conflito é inerente às relações humanas e pode ser meio promovedor de transformação social.[34]

Assim, o desafio atual do Poder Judiciário brasileiro não é a implementação da mediação, uma vez que o método já está inserido no contexto jurídico, mas melhorar a forma em que ela vem sendo aplicada por ele. "Não se trata de uma política judiciária, mas de um serviço universal, e, sendo universal, a mediação não pode ser estimulada apenas como técnica de diminuição de demandas pela via do acordo e de celeridade processual" (ORSINI; SILVA, 2016, p. 348).

De fato, a mediação não pode ser considerada como mais uma etapa do processo judicial, na qual as partes têm apenas a possibilidade de fazer ou não acordo, haja vista que, por essa concepção, os envolvidos não estarão preparados para lidar com os conflitos, inclusive futuros, de modo cooperativo, o que pode levá-los, não raramente, a recorrerem novamente ao Poder Judiciário a fim de solucionar novos impasses.

O que se busca, portanto, é que a mediação possa ser aplicada para além do âmbito do Poder Judiciário brasileiro, fora das amarras voltadas para o cumprimento de metas numéricas e o desafogamento de demandas judiciais. Nesse sentido é que as propostas, ao final deste escrito, serão apresentadas no último capítulo.

Um exemplo de implementação da mediação fora do Poder Judiciário positivo – mediação extrajudicial – é o Programa Polos de Cidadania[35] do Estado de Minas Gerais, criado em 1995, vinculado à Faculdade de Direito da Universidade Federal de Minas Gerais (UFMG).

É um programa transdisciplinar de ensino, pesquisa e extensão, que reúne estudantes de vários cursos, os quais atuam na região metropolitana de Belo Horizonte e no Vale do Jequitinhonha e do Mucuri, com foco na emancipação e no reconhecimento de grupos sociais e indivíduos com histórico de exclusão e trajetória de risco.

De fato, esse Programa criou, no ano de 2000, um projeto de Mediação de Conflitos,[36] possibilitando a criação de espaço de gestão ativa dos conflitos, em

---

34. "Assim sendo, o foco no acordo pode ser, por vezes, insuficiente para que as pessoas envolvidas em situações divergentes consigam compreender que o conflito é algo inerente às suas relações, e que, sendo próprio do convívio humano, não pode ser exterminado de vez por um único consenso" (ORSINI; SILVA, 2016, p. 343).

35. Para conhecer um pouco mais da história do Programa Polos Cidadania, vale ouvir o *podcast* que resgata os relatos e acontecimentos iniciais do Programa, disponível na plataforma Spotify: https://open.spotify.com/episode/1CVZPpNVsOnJcbsOpXUdMN?si=O7XfSYeDSbGe8eXKFozraA&nd=1.

36. "O Programa Mediação de Conflitos nasceu dentro da Faculdade de Direito da Universidade Federal de Minas Gerais (UFMG), como parte do projeto de extensão Polos de Cidadania. Em 2006, o Pro-

que os próprios envolvidos foram estimulados à responsabilização pelas próprias tomadas de decisão.

A mediação pode ser via efetiva para a "alteração de um paradigma adversarial enraizado na sociedade brasileira, desde que não seja fomentada única – ou predominantemente – dentro da lógica judiciária, formalista, burocrática e voltada à produção de acordos" (ORSINI; SILVA, 2016, p. 352). Sob esse viés é que se busca, em um cenário conflitivo, trazer a mediação como um meio potencial à autodeterminação do paciente quando da tomada de decisão para um tratamento de saúde continuado.

Dessa forma, a mediação pode ser vista enquanto meio de regulação social, voltada não apenas para a resolução de conflitos, mas também para sua prevenção e gestão. Esse método favorece o surgimento de ambientes dialógicos, "ampliando as possibilidades de participação dos envolvidos na administração de seus próprios conflitos, bem como melhorando a relação interpessoal por meio da comunicação mais efetiva e humana" (SOUZA, 2018, p. 68).

As experiências quanto à mediação extrajudicial foram expostas a fim de que se possa, mais à frente, convalidar que a mediação pode ser estabelecida para o tratamento de conflitos que envolvem relações continuadas como, por exemplo, a relação médico-paciente, notadamente, envolvendo tratamentos de saúde prolongados.

Os conflitos em ambientes de cuidado da saúde são marcados por cenários naturalmente desafiadores, que exigem que médicos, demais profissionais de saúde, pacientes e seus familiares tenham que desenvolver uma comunicação assertiva, preferencialmente, não violenta, para lidar com a situação conflituosa.

Nesse cenário, a mediação pode facilitar a qualidade do diálogo entre os envolvidos no conflito e a tomada de decisões autônomas quanto aos tratamentos de saúde continuados, garantindo a construção da autonomia do paciente e, por consequência, a efetivação do seu direito à saúde. Assim, com o intuito de trazer respostas ao problema apresentado neste trabalho, analisar-se-á a seguir a experiência da mediação francesa no âmbito da saúde, que tem gerado bons frutos quanto à solução das desavenças, envolvendo médicos, pacientes

---

grama foi incorporado pelo Governo do Estado, por meio da Coordenadoria Especial de Prevenção à Criminalidade, que pertencia à então Secretaria de Estado de Defesa Social. O trabalho foi se expandindo ao longo dos anos e, em 2019, o programa se tornou parte da política estadual de prevenção social à criminalidade. Nesses 15 anos de história, o PMC realizou um total de 285.796 atendimentos dos mais diversos tipos nos dez municípios onde atua. São 26 equipes distribuídas nas Unidades de Prevenção à Criminalidade (UPCs) de territórios vulneráveis de Belo Horizonte, Betim, Contagem, Ribeirão das Neves, Santa Luzia, Vespasiano, Governador Valadares, Juiz de Fora, Montes Claros e Uberlândia" (PAULA, 2021).

e familiares, haja vista que tem fomentado um ambiente cooperativo e de promoção da autonomia dos envolvidos para tomada de decisões, conforme se passa a expor.

4.3 A MEDIAÇÃO NO ÂMBITO DA SAÚDE FRANCESA

A mediação, enquanto método que não se limita à administração do conflito e se estabelece na necessidade humana de se comunicar, tem sua aplicabilidade adequada a situações que envolvam relações continuadas, nas quais o convívio dialógico se faz, ou deveria se fazer, presente, como é o caso do ambiente de cuidados com a saúde.

Conquanto a mediação seja método adaptável a diversos setores da vida, sua transposição prática deve se atentar às necessidades e peculiaridades de cada ambiente no qual se insere. Por isso, ao tratar da mediação no âmbito da saúde, vale trazer experiências já consolidadas como, por exemplo, a vivência francesa no campo da saúde, a fim de servir como inspiração para o contexto brasileiro.

Nesse particular, a mediação na França se desenvolveu desde a década de 1980, período em que a mediação, na área da saúde, também começou seus primeiros passos (SIX, 2001).

Especificamente no âmbito da saúde, a França instituiu, em 1981, por força de um decreto, os chamados "conciliadores médicos,[37]" os quais, embora recebessem o nome de conciliadores, exerciam a função de mediadores. Eles tinham como principal função

> facilitar informação de paciente ou, eventualmente, de seus direitos e de agilizar o regramento das discórdias relativas à responsabilidade resultante da atividade profissional de um médico na ocasião ou em seguida à prestação de cuidados (SIX, p. 2001, p. 121).

A função dos conciliadores médicos, à época, era exercida por magistrados honorários e não por médicos ou por outro profissional da saúde.[38]

Contudo, esse Decreto foi anulado por outro do Conselho de Estado, em 31 de maio de 1988. Em seguida, "o diretor geral da Assistência Pública dos Hospitais

---

37. A mediação na França, por muito tempo, utilizou indistintamente os termos mediação e conciliação, sem fazer a diferenciação terminológica que hoje se conhece (GUILLAUME-HOFNUNG, 2018). Por isso, neste tópico da obra, nas passagens em que houver referência à conciliação e aos conciliadores médicos, deve-se ler mediação e mediadores médicos.

38. "C'est un décret de 1981 qui prévoit la désignation, dans les hôpitaux, de conciliateurs, cette fonction devant être, à l'épcque, exercée par des magistrats honoraires, et non par des médecins." Em tradução livre: "Tratava-se de um decreto de 1981 que previa a nomeação em hospitais de conciliadores, função que seria, à época, exercida por magistrados honorários e não por médicos" (GUILLAUME-HOFNUNG, 1999, p. 120, tradução nossa).

de Paris (APHP) decidiu voltar a instaurar, no início de 1989, esta experiência, tendo por objetivo o desejo de reformar o diálogo hospital-doente" (SIX, 2001, p. 122).

Nessa dimensão, houve uma mudança relevante em relação ao Decreto de 1981. O conciliador médico deixou de ser o magistrado honorário para se tornar o médico hospitalar, cuja principal finalidade era transmitir e explicar as informações adequadas aos pacientes e a seus familiares. "Ele é consultado quando existe dificuldades na transmissão de informações médicas ou quando as queixas referem-se a questões de assistência ou de outros serviços fornecidos pelo hospital" (SIX, 2001, p. 122).

Em síntese, o conciliador (que é um mediador) é um médico hospitalar que não impõe soluções nem age com autoridade como um árbitro ou um juiz. Ele exerce o papel de intermediador, com vistas a apoiar a abertura do diálogo entre todos os envolvidos em um conflito, nos seguintes termos:

> – Para o doente e sua família: Ele facilita a informação e a comunicação de dados médicos sobre seu estado de saúde, os cuidados práticos e os tratamentos prescritos. – Para os médicos: Ele é o intermediário entre o paciente e o médico quando o diálogo não é mais suficiente e corre o risco de ser rompido. – Para a administração: Ele permite reforçar o diálogo hospital-doente e estar mais próximo do usuário (SIX, 2021, p. 123, grifo nosso).

Com igual sentir, salienta-se que o conciliador mediador não estava habilitado a apoiar e a receber todos os tipos de reclamação relativos ao funcionamento dos serviços hospitalares como, por exemplo, demandas contenciosas, o que era de competência do diretor do hospital e, em certas situações, dos advogados.

Em geral, o conciliador médico[39] buscava facilitar o restabelecimento do diálogo, quando este se rompia, entre equipe médica, paciente e/ou seus familiares. Em certos casos, a opinião de outro médico apoiava na compreensão do caso pelo paciente e/ou seus familiares, especialmente, quando, por diversas razões, inexistia relação de qualidade com o médico cuidador.[40]

---

39. "Trata-se de um médico hospitalar encarregado de dialogar com os doentes ou com suas famílias quando estes encontram dificuldades em suas relações com a equipe médica. Se a transmissão de documentos ao médico que você designou apresentar problema ou se você tiver queixas a formular concernentes à qualidade das informações médicas e aos cuidados recebidos, você pode endereçar por escrito uma reclamação ao diretor do hospital, que decidirá sobre a necessidade de recorrer ao conciliador médico" (SIX, 2001, p. 123).

40. "On retrouve là finalement un type de demande que les Français ont généralement quand ils ne sont pas contents de leur médecin et qu'ils vont en consulter un autre pour obtenir un avis supplémentaire." Em tradução livre: "Por último, existe um tipo de pedido que geralmente os franceses fazem quando não estão satisfeitos com o seu médico e procuram outro para obter conselhos adicionais" (GUILLAUME-HOFNUNG, 1999, p. 121, tradução nossa).

"O objetivo dos hospitais era, evidentemente, acabar com disputas persistentes ou difíceis de administrar e evitar disputas percebidas como extremamente dolorosas, tanto pelos próprios usuários quanto pelos estabelecimentos" (GUILLAUME-HOFNUNG, 1999, p. 121, tradução nossa).[41]

Assim, na França, estabeleceram-se as denominadas *Comissões de Conciliação,* que tinham, basicamente, dois objetivos principais. O primeiro deles, como já salientado, era restabelecer o diálogo, facilitar a construção de uma comunicação empática e construtiva, na qual o médico cuidador e o paciente e/ou seus familiares pudessem reconhecer uns aos outros a fim de que fosse tomada a melhor decisão diante de um caso clínico.

O segundo era atender as reclamações advindas de pacientes e de seus familiares, insatisfeitos com a prestação do serviço médico-hospitalar, inclusive, nos casos em que entendiam serem vítimas de erros ou acidentes médicos. Desse modo, ao se manifestar, o paciente, e/ou seus familiares, tinha acesso a um terceiro – conciliador médico – para apoiá-lo na administração e eventual solução do conflito (GUILLAUME-HOFNUNG, 1999).

Essa mediação possui as características da abordagem institucional, mas também não há impedimentos para a adoção da mediação cidadã.[42]

Por meio da mediação institucional, o paciente (ou algum familiar), queixando-se dos cuidados e das informações recebidos pelo médico cuidador, e/ou equipe médica, pode endereçar, por escrito, sua reclamação formalizada à Assistência Pública – Hospitais de Paris ou ao diretor do hospital, que decidirá sobre a necessidade ou não de intervenção do conciliador médico.[43] Sendo o caso de atuação desse terceiro, ele determinará, no prazo de quinze dias, uma entrevista prévia para saber do que se trata a queixa, bem como para transmitir as informações necessárias para a abertura de diálogo entre os envolvidos do entrave (SIX, 2001).

---

41. L'Objectif des hôpitaux était, bien sûr, de mettre fin à des litiges persistants ou difficiles à gérer et d'éviter des contentieux perçus comme extrêmement pénibles, autant par les usagers eux-mêmes que par les établissements.

42. Conforme já mencionado em outras passagens deste estudo, a mediação no âmbito da saúde pode seguir a abordagem institucional ou cidadã. "Em um primeiro plano, pode haver instâncias de mediação para o hospital, associações compostas de voluntários, antigos 'usuários' dos hospitais, médicos aposentados, magistrados etc., às quais todo doente e também todo médico, seja geral, seja especialista em consultório, em clínica ou em hospital, poderia recorrer livremente quando houvesse um problema entre eles. [...] Essa mediação cidadã não impediria, de forma alguma, o recurso ao conciliador médico do hospital; ao contrário, a associação sugeriria isso frequentemente. [...] Um segundo plano de mediação cidadã concerne às muito numerosas associações – mais de 3.500 na França – de voluntariado em relação aos doentes" (SIX, 2001, p. 127).

43. Frisa-se que no sistema francês "a atuação do conciliador médico não interrompe nenhum recurso diante de uma jurisdição" (SIX, 2001, p. 123).

As *Comissões de Conciliações* eram compostas, "no hospital público, por sete pessoas, dois médicos conciliadores, dois representantes do corpo de enfermagem, dois representantes dos usuários e o presidente da comissão médica" (GUILLAUME-HOFNUNG, 1999, p. 122, tradução nossa).[44]

Esses membros, com exceção dos usuários, eram nomeados e remunerados pelo hospital, o que, na época, gerou críticas, especialmente, quanto à neutralidade e à independência que devem existir na função de mediador.

Nessa estruturação, os médicos buscavam outras instituições hospitalares que não exerciam a função de médico cuidador para oferecerem o trabalho de médico conciliador (mediador). Contudo, mesmo não havendo o vínculo direto com o hospital, alguns usuários questionavam a imparcialidade dos médicos para atuar como intermediadores dos conflitos entre usuários e/ou seus familiares, conquanto determinados profissionais da saúde defendessem "que o fato de o médico conhecer bem o hospital às vezes facilita o restabelecimento do diálogo entre o usuário e o hospital" (GUILLAUME-HOFNUNG, 1999, p. 122, tradução nossa).[45]

Por outro lado, há quem defenda que o conhecimento especializado na área da saúde não é necessário e pode inclusive ser desvantajoso quando for preciso intervir para a solução de conflitos, uma vez que o médico conciliador, sendo parte da categoria de médicos, pode ter a visão condicionada por sua especialidade ou tendente ao corporativismo. "As partes devem perceber o mediador como um vazio a ser preenchido, quanto menos o mediador souber da especialidade mais eficiente ele é, esse vazio atende aos interesses de todos" (MASSING, 2017, p. 5).

Massing (2007), mediadora francesa, não médica e atuante no âmbito de conflitos médico-hospitalares, relata que os casos variam muito de complexidade, havendo mediações que "podem resultar de simples problemas de comunicação entre as equipes de acolhimento e as famílias, até recusa de tratamento que pode, por vezes, levar a processos judiciais, na ausência de uma resolução satisfatória para o usuário" (MASSING, 2017, p. 5).

Ela afirma que, em sua experiência prática atuando como mediadora não médica, a ausência de formação na Medicina não impediu o bom atendimento e auxílio aos envolvidos em um conflito. Narra também que não precisou entrar nas minúcias dos prontuários médicos e que até, hoje, não foi questionada por falta de parcialidade. Segundo sua visão, isso se deve ao fato de que a natureza de

---

44. Cette commission est composée, à l'hôpital public, de sept personnes, celles-ci étant deux médecins conciliateurs, deux représentants du corps infirmier, deux représentants des usagers et le Président de la commission médicale.

45. A contrarie, on a pu constater que le fait que le médecin connaisse bien l'hôpital permet parfois de restaurer plus facilement le dialogue entre l'usager et l'hôpital.

muitos conflitos médico-hospitalares está centrada em fatores emocionais, como a noção de perda de confiança pelo usuário, e não nas questões da Medicina em si mesma (MASSING, 2017).

Com efeito, o fato é que, desde 1981, a mediação no âmbito da saúde foi se desenvolvendo, especialmente, dentro dos hospitais franceses e, em 4 de março de 2002, foi promulgada, na França, a Lei 2002-303,[46] relativa aos direitos dos pacientes à qualidade do sistema de saúde. Essa Lei faz menção às *Comissões de Relacionamento com os Usuários e Qualidade do Atendimento*",[47] as quais são responsáveis por realizar as mediações na área da saúde quando necessárias.

De fato, a mediação na saúde francesa continuou tendo força, vindo a surgirem novas legislações sobre o tema. Exemplificativamente, o Decreto 2.005-213, publicado em março de 2005, que teve como função complementar a Lei 2.002-303, evidencia, mais uma vez, o uso da mediação para a administração de conflitos médico-hospitalares, os quais incluem conflitos médico-paciente.

De igual modo, existe a Ficha de Alta Autoridade de Saúde da Mediação, bem como o Código de Saúde Pública, que preveem, entre outros assuntos, o direito de acesso a cuidados, direito à informação, direito de participar da decisão médica ou consentimento para o tratamento, tratamento da dor, cuidados paliativos e fim de vida.

O cenário francês de abordagem da mediação também foi influenciado por tratados internacionais. Com efeito, "os direitos humanos proporcionam um quadro jurídico particularmente forte para a mediação, tanto na Declaração de 1789 como na Declaração Universal de 1948" (GUILLAUME-HOFNUNG, 2018, p. 114), porque a dignidade é considerada fundamento dos direitos humanos pela Declaração Universal, e a mediação busca o respeito à essa dignidade.

A mediação contribui igualmente para a eficácia da livre comunicação de pensamentos e opiniões, que também está prevista na Declaração Universal. "Pode-se até imaginar que a mediação seja uma nova liberdade pública"[48] (GUILLAUME-HOFNUNG, 2018, p. 122).

---

46. Essa Lei divide-se em 5 títulos: "Título I: Solidariedade com as pessoas com deficiência. (Artigo 2) (revogado); Título II: Democracia da saúde (artigos 3 a 44); Título III: Qualidade do sistema de saúde (artigos 45 a 97); Título IV: Compensação pelas consequências de riscos para a saúde (Artigos 98 a 107); Título V: Disposições relativas aos territórios ultramarinos (artigos 108 a 127)" (FRANÇA, 2002).

47. Em francês são denominadas *Commissions des relations avec les Usagers et de la Qualité de la Prise en Charge* (CRUQPC).

48. Vale dizer, também, que "o plano de ação do Comitê Francês de Ligação das Nações Unidas para a Década da Educação mantém a mediação como um elemento da educação em direitos humanos" (GUILLAUME-HOFNUNG, 2018, p. 115).

Portanto, nota-se que, na França, a mediação continua sendo adotada para o tratamento de conflitos no campo da saúde, os quais incluem os entraves entre médicos e pacientes/família, seja no formato institucional, isto é, dentro dos hospitais por mediadores médicos ou não, seja nos moldes da mediação cidadã, por meio de associações[49] e voluntariado.

Grandes foram os avanços da mediação no contexto francês, inclusive sob o ponto de vista legislativo, que passou a compreender a mediação não como saída para o desafogamento de demandas judiciais, mas como método hábil para a promoção da restauração do diálogo em um conflito, propiciando aos envolvidos uma melhoria da qualidade relacional como, por exemplo, nos casos clínicos, em que será necessária a continuidade do processo de cuidar do paciente.

Nesse sentido, o Brasil pode se inspirar na vasta prática francesa. Contudo, como já disposto, deve observar a cultura, o cenário político, socioeconômico e jurídico em que será adotado o modelo estrangeiro, a fim de que não se corra o risco de desvirtuar os benefícios da mediação.

Passa-se a demonstrar, a título exemplificativo, como alguns Estados brasileiros já vêm aplicando, ainda que timidamente, a mediação no âmbito da saúde.

4.4 A MEDIAÇÃO NO ÂMBITO DA SAÚDE NO BRASIL

A pesquisa *Judicialização da saúde no Brasil: perfil das demandas, causas e proposta de solução* foi contratada pelo Conselho Nacional de Justiça, por meio de Edital de Convocação Pública e de Seleção, sendo realizada pelo Instituto de Ensino e Pesquisa (INSPER), cujo principal objetivo foi "contribuir para a compreensão da judicialização da saúde por meio de uma análise de representatividade nacional, com classificação que identificasse tipos de demandas e características das decisões judiciais" (CONSELHO NACIONAL DE JUSTIÇA, 2019, p. 8).

A pesquisa do Conselho Nacional de Justiça revela o crescimento das demandas de saúde, constatando, inclusive, que foram superiores ao crescimento das demandas em geral do Poder Judiciário, o que reforça a necessidade de se pensar em saídas para além da judicialização, espaço em que a mediação extrajudicial pode encontrar acolhimento.

---

49. A título exemplificativo quanto à aplicação da mediação por associações, "o Hospital Avicenna estabeleceu uma parceria regular com mediadoras de saúde. Em 17 de novembro de 2009, a associação "Mulheres Mediadoras Interculturais de Pantin" recebeu o prêmio ético Pierre Simon por suas ações nesse contexto" (GUILLAUME-HOFNUNG, 2018, p. 56-57).

Essa pesquisa analisou "498.715 processos de primeira instância, distribuídos entre 17 justiças estaduais,[50] e 277.411 processos de segunda instância, distribuídos entre 15 tribunais estaduais,[51] no período entre 2008 e 2017" (CONSELHO NACIONAL DE JUSTIÇA, 2019, p. 15).

Levando em consideração o ano de distribuição dos processos, verificou-se "que há um crescimento acentuado de aproximadamente 130% no número de demandas anuais de primeira instância (Justiça Estadual) relativas ao direito à saúde de 2008 para 2017" (CONSELHO NACIONAL DE JUSTIÇA, 2019, p. 15).

Nesse sentido, "para o mesmo período, os relatórios "Justiça em Números" do CNJ apontam um crescimento de 50% no número total de processos em primeira instância" (CONSELHO NACIONAL DE JUSTIÇA, 2019, p. 15), comprovando que as demandas de saúde foram maiores do que as demais.

Desse modo, constata-se que os processos envolvendo as questões da saúde, nos quais se incluem os conflitos entre médicos e pacientes, realmente aumentaram no Brasil. "O número de processos em primeira instância relacionados à saúde aumentou aceleradamente de 2009 a 2017. No período, a quantidade de casos cresceu 198%, enquanto o total de processos entrando na Justiça nacional diminuiu 6%" (INSTITUTO DE ENSINO E PESQUISA, 2019).

Embora a judicialização da saúde não seja o foco de discussão desta obra, que se volta para o conflito entre médico e paciente/familiares – que pode ser judicializado e contribuir para o fenômeno da judicialização da Medicina –, as pesquisas e os dados apresentados são importantes para comprovar a viabilidade de uma abordagem não judicial para tratar os conflitos médico-paciente. Esses dados revelam a necessidade de fomentar projetos que utilizem a mediação extrajudicial para tratar demandas da saúde. Se a mediação pode viabilizar a abertura de diálogo e contribuir para a melhoria na relação médico-paciente, por consequência, pode também contribuir para diminuir o uso do Poder Judiciário para a resolução de eventuais conflitos.

Assim, como demonstrado neste capítulo, a mediação poderá ser utilizada na hipótese em que já exista o processo judicial, sendo a audiência de conciliação ou mediação uma fase obrigatória do Processo Civil. Mas pode ser aplicada também quando existir o conflito, mas não existir processo. Essa é a proposta,

---

50. "Os Tribunais dos quais foram obtidos dados de primeira instância em formato passível de análise foram: TJRJ, TJMG, TJPI, TJAL, TJPE, TJSP, TJMA, TJMS, TJES, TJAC, TJCE, TJRO, TJRN, TJDF, TJMT, TJSC, TJTO" (CONSELHO NACIONAL DE JUSTIÇA, 2019, p. 15).

51. "Em segunda instância, os Tribunais dos quais foram obtidos dados em formato passível de análise foram: TJCE, TJMA, TJRJ, TJPE, TJES, TJSC, TJAL, TJPI, TJMT, TJMS, TJMG, TJAC, TJRO, TJRN, TJTO" (CONSELHO NACIONAL DE JUSTIÇA, 2019, p. 15).

inclusive, que será abordará no último capítulo desta obra, qual seja, que a mediação extrajudicial seja implementada para tratar dos conflitos entre médico e paciente, a fim de que este tenha preservada sua autonomia diante da tomada de decisão sobre um tratamento de saúde continuado.

A elaboração da pesquisa contratada pelo Conselho Nacional de Justiça enfrentou desafios em razão da dificuldade de acesso aos dados dos diferentes estados brasileiros e por não existir uma padronização nem um único sistema de informação para o Poder Judiciário (CONSELHO NACIONAL DE JUSTIÇA, 2019).

Da mesma forma, há desafios em desenvolver particularmente esse tópico da pesquisa em razão da mediação, no contexto da saúde brasileira, ter poucas pesquisas e escasso material bibliográfico.

A mediação não visa eliminar a função do Estado de atuar na pacificação dos conflitos em sociedade. Pelo contrário. Busca atuar de forma complementar, respeitando as conquistas democráticas.[52] "O direito enquadra a mediação, como toda atividade humana. A mediação deve respeitar o direito. Entre a mediação e o direito, há complementaridade e não concorrência. O direito não pode pretender preencher todo espaço social" (GUILLAUME-HOFNUNG, 2018, p. 118). Desse modo, "a oposição simplista deve ser evitada ao comparar o direito e a mediação. O direito se beneficiaria de uma posição social clara, uma definição inquestionável. A mediação seria em uma situação mais imprecisa e vulnerável" (GUILLAUME-HOFNUNG, 2018, p. 121).

A título ilustrativo, em pesquisa também desenvolvida pelo Conselho Nacional de Justiça, em 2015, constataram-se experiências, em diversos estados brasileiros, envolvendo a mediação como uma forma de efetivar o direito à saúde. Entre as localidades, destacam-se Araguaína/TO, que serviu de referência para o Pará, o Maranhão, Lages/SC e Brasília/DF.

No caso de Araguaína, município localizado na região Norte de Tocantins, criou-se o Núcleo de Apoio Técnico (NAT), que atua em parceria com a Ouvidoria Municipal do SUS. Ambos os órgãos, também em parceria com a Defensoria Pública e o Ministério Público, buscam a efetivação do direito à saúde por meio de uma perspectiva de resoluções administrativas, "evitando a judicialização ou, quando ajuizada a ação, emitindo parecer potencializando os resultados e fomentando o diálogo entre as instituições políticas e jurídicas, e até com a po-

---

52. "A mediação de conflitos deve ser aplicada a casos que apresentem características que se coadunem com o seu procedimento, como a relação continuada entre as partes e a necessidade de colaboração para que se chegue a um acordo satisfatório. Isto comprova a não intenção de substituir as funções do Poder Judiciário" (ANDRADE; SALES, 2005, p. 7).

pulação, mediante o contato direto com os usuários" (CONSELHO NACIONAL DE JUSTIÇA, 2015, p. 76).

Uma das funções do NAT[53] é auxiliar os magistrados na formação da convicção e tomada de decisão diante de litígios envolvendo casos de saúde, o que também abarca os conflitos entre médicos e pacientes. Basicamente, profissionais da saúde que compõem o Núcleo fornecem pareceres técnicos que facilitam a compreensão do caso pelos juízes, impactando em melhor julgamento.

Outra experiência destacada nesta pesquisa desenvolveu-se no Município de Lages, em Santa Catarina. Desde 1997, foi criado um consórcio intermunicipal que engloba mais de 25 municípios a fim de atender as precariedades apresentadas pelo Sistema Único de Saúde. Fruto desse movimento, em 2008, foi assinado um Termo de Cooperação Técnica com o Poder Judiciário, que influenciou na criação, em 2012, do Núcleo de Conciliação de Medicamentos, cujo principal objetivo é proporcionar aos cidadãos alternativas para além do Poder Judiciário, atuando com equipes multidisciplinares, por meio da conciliação e da mediação de conflitos de saúde (CONSELHO NACIONAL DE JUSTIÇA, 2015).

Por fim, a mesma pesquisa também expõe a experiência em Brasília/DF, especialmente, quanto à criação, no ano de 2013, da Câmara Permanente Distrital de Mediação em Saúde, denominada CAMEDIS, que é uma estratégia extrajudicial de efetivação da saúde[54] (CONSELHO NACIONAL DE JUSTIÇA, 2015).

Em Brasília, a cultura litigiosa de utilização do modelo adversarial "ganhador *versus* perdedor", típicos de um processo judicial, é bastante forte, inclusive na busca pela efetivação do direito à saúde. Contudo, os resultados já obtidos pela CAMEDIS trazem esperanças de um futuro promissor. Notou-se uma diminuição do número de ações judiciais relacionadas aos casos apreciados pela própria CAMEDIS, tendo em vista o resultado positivo das sessões de mediação, as quais possibilitam que os usuários sejam ouvidos, diretamente, por médicos e gestores da saúde, os quais também possuem a chance de apresentarem suas narrativas e desafios diante de uma situação conflitiva, não sendo obrigatória a obtenção de acordos.

---

53. "No caso de Araguaína, as funções do NAT foram além do aspecto consultivo, englobando também aspectos de prevenção e de gestão. O caráter consultivo diz respeito à função da ferramenta de apoio ao Judiciário antes de emitir decisões, no sentido de proferir pareceres técnicos quanto ao direito sanitário e políticas públicas de saúde. O caráter de prevenção diz respeito a sua atuação como meio de solução administrativa de conflitos, estimulando a interlocução entre as instituições jurídicas e políticas e prevenindo a judicialização das demandas" (CONSELHO NACIONAL DE JUSTIÇA, 2015, p. 58).

54. "Os gestores da saúde buscam atender não só às demandas por serviços e produtos já incorporados pelo SUS (padronizados), mas também aqueles ainda não incorporados pelo SUS, mas necessários pela condição peculiar de cada usuário" (CONSELHO NACIONAL DE JUSTIÇA, 2015, p. 128).

O principal objetivo desse Projeto é a constituição de um espaço institucional para a mediação extrajudicial de conflitos em matéria de saúde (conflitos entre médicos e pacientes e entre pacientes e Estado, por exemplo), cujos protagonistas são a Defensoria Pública e a Secretaria de Saúde, a partir do fomento do Comitê Distrital (CONSELHO NACIONAL DE JUSTIÇA, 2015). Assim, buscou-se "criar um cotidiano colaborativo e compartilhado de efetivação do direito à saúde sob o pressuposto de que os atores políticos e jurídicos podem atuar de maneira integrada e dialogada na efetivação do direito à saúde" (CONSELHO NACIONAL DE JUSTIÇA, 2015, p. 113).

No Estado da Bahia também se encontram movimentos de efetivação do direito à saúde como, por exemplo, "a criação de sistemas de mediação, como a Câmara de Conciliação da Saúde na Bahia,[55] que aparece como um instrumento importante de diminuição da 'judicialização desnecessária' da medicina e da saúde" (CONSELHO NACIONAL DE JUSTIÇA, 2019, p. 18).

O que se percebe, diante dessas experiências, é que o uso da mediação, por vezes, é feito inadequadamente, com a roupagem da conciliação, ou seja, não se aplica, de forma correta e metodológica, a mediação, prestando-se, apenas, a utilizar a sua nomenclatura. Além disso, o uso da mediação, nos contextos pátrios, caracteriza-se pelo objetivo principal de resolução de conflitos com vistas a diminuir as ações judiciais relacionadas à saúde, o que, novamente, desvirtua a sua real função.

Em que pese esse não ser o foco desta obra, uma vez que seu recorte se concentra na mediação extrajudicial, é importante frisar que a judicialização da saúde afeta a coletividade, porque, na hipótese em que uma pessoa judicializa uma demanda, buscando por um tratamento específico,[56] os recursos destinados à coletividade acabam sendo destinados apenas à resolução desse único caso, uma vez que o orçamento financeiro destinado à saúde também é destinado para o cumprimento das decisões judiciais. Logo, se em determinada localidade, a judicialização alcança altos índices, pode ser que essa região sofra impacto em razão da falta de recursos para a saúde pública.

---

55. "O alcance regional da Câmara, contudo, é uma questão para o governo estadual, que ainda concentra os serviços na capital. Na Bahia foi mencionada a experiência do Estado do Espírito Santo, que está implantando um sistema de mediação em ambiente virtual, o que pode servir de modelo para outros estados" (CONSELHO NACIONAL DE JUSTIÇA, 2019, p. 18).

56. "As situações específicas de medicamentos e tratamento de alto custo não são os casos em maior número na justiça se comparados com a quantidade de situações concretas judicializadas na área da saúde, porém, os valores econômicos para custeio dos tratamentos e medicamentos são tão expressivos que podem comprometer em um só momento, os orçamentos anuais dos entes públicos e privados" (CARLINI, 2018, p. 87-88).

Essa pode ser uma das razões do desespero dos Estados brasileiros em evitar e diminuir a judicialização da saúde. Contudo, acabam em muitos casos adotando métodos consensuais de solução de conflitos sem efetivamente se atentar para sua aplicação e capacitação dos profissionais que conduzirão o método.

Assim, como já exposto, os Estados, com frequência, adotam posturas ineficazes, pois querem evitar a judicialização da saúde e da Medicina, mas usam os métodos consensuais de solução de conflitos de forma descomprometida, levando à não solução da demanda e ao retorno ao Poder Judiciário. O fato é que, à medida que um envolvido no conflito não tem a possibilidade de se empoderar, de reconhecer as posições alheias e não aprende a gerir seus próprios conflitos, ele tende a buscar, novamente, a intervenção estatal para que se resolvam suas demandas.

Esta obra, ainda que tenha levantado alguns dados sobre o tema envolvendo o Poder Judiciário brasileiro, com vistas a demonstrar o cenário conflitivo que envolve a relação médico e paciente, apresenta seu recorte epistemológico quanto à mediação extrajudicial. Dessa forma, as propostas apresentadas e as que ainda serão abordadas estão centradas, independentemente da atuação do Poder Judiciário e da existência de uma normatividade, em sua implementação. A par dessas considerações, a metodologia da mediação que se busca aplicar aos conflitos médico-paciente não tem como principal foco o acordo, mas se fortalece na ideia de que:

> A relação entre a mediação e o conflito não se dá unicamente pela via da resolução, correntes de estudiosos e mediadores defendem que o foco da mediação está na transformação dos próprios envolvidos em relação à situação de conflito que vivenciam e, por conseguinte, na transformação de suas próprias relações interpessoais, e não da produção do acordo. Essa visão, contraposta à mediação modulada em Harvard, tem inspiração francesa, que, ao contrário do conceito estadunidense, aponta que o conflito não se resolve, pois é inerente à vida humana (ORSINI; SILVA, 2016, p. 347).

O que se propõe é que a mediação extrajudicial possa ser um meio facultado aos envolvidos para que consigam não só restabelecer eventuais vínculos rompidos, mas aprimorar os já existentes, mediante a abertura de diálogo e a melhoria da comunicação, sendo o acordo apenas mera consequência que pode ou não se concretizar. Dessa forma, ao utilizar a mediação para o tratamento dos conflitos médico-paciente, buscar-se-á preservar o direito deste de construir sua pessoalidade, permitindo-lhe que possa, de acordo com sua concepção de vida boa, tomar decisão sobre sua saúde da maneira que melhor atenda aos seus próprios interesses.

A mediação adequada ao âmbito da saúde deve permitir a prevenção e a gestão dos conflitos e não apenas a resolução da demanda, da mesma forma que a efetivação do direito à saúde não pode se limitar ao fornecimento de medicamentos e tratamentos médico-hospitalares.

Assim, "para uma adequada utilização da mediação no âmbito da saúde, é necessária a sua aplicação ampliada, não limitada à resolução de conflitos, mas como instrumento de gestão deles" (SOUZA, 2018, p. 79).

Buscam-se apresentar propostas de utilização da mediação extrajudicial com o intuito de contribuir com a preservação da autonomia do paciente para a tomada de decisão em tratamentos continuados. Para tanto, essa abordagem contribuirá para a emancipação, o empoderamento e a participação ativa dos envolvidos, "de modo que os sujeitos, com auxílio do mediador, se apropriem de seus conhecimentos e recursos e exerçam sua autonomia, inclusive na definição de ações e na tomada de decisões em face das questões conflituosas" (SOUZA, 2018, p. 79).

Portanto, a mediação deve ser encarada como um "meio de regulação social que estimule o acesso a espaços de diálogos e oportunidades de reconhecimento mútuo, ampliando as possibilidades de participação das pessoas na administração de seus próprios conflitos e melhorando a relação" (SOUZA, 2018, p. 77) entre os envolvidos em um conflito, por meio de uma comunicação, preferencialmente, não violenta. "Quem procura a mediação quer estabelecer com o outro uma comunicação efetiva – não no modo adversarial, mas no modo dialógico – em presença de uma terceira pessoa que ajuda a melhor instituir o diálogo entre eles." (SOUZA, 2018, p. 124).

Em estudo sobre a utilização da mediação em ambiente médico-hospitalar, Andrade e Sales (2005), ao questionarem se essa aplicabilidade é mesmo possível, confirmam que:

> Uma pergunta surge e necessariamente precisa de resposta. Há efetivamente possibilidade de a mediação ter lugar em um hospital, em uma clínica, enfim em meios que envolvam a saúde? Entende-se que pela natureza das relações médico-hospitalares aliada ao entendimento hodierno do conceito de saúde a mediação deve ser utilizada para a resolução de alguns destes conflitos, na medida em que incentivará a interação entre as partes, a exposição de motivos de forma autônoma e a discussão independente sobre o fim da demanda (ANDRADE; SALES, 2005, p. 7).

Oliveira e Sangy (2013, p. 184), também, em pesquisa sobre a utilização da mediação em ambiente médico-hospitalar, concluíram que esse método é notável "ferramenta para somar ao preparo técnico e emocional dos profissionais da saúde, contribuindo não apenas para a humanização da assistência hospitalar, mas também para o fortalecimento de uma estrutura de suporte social neste ambiente". Os autores complementam o raciocínio afirmando que "não só os psicólogos, mas outros profissionais da saúde podem vir a se capacitar para uma atuação mediadora, auxiliando no processo terapêutico e diminuindo as tensões próprias da fragilidade do paciente" (OLIVEIRA; SANGY, 2013, p. 186). Com o crescimento da mediação de conflitos em diversos campos profissionais, "espera-se que esta competência tenha também lugar não apenas na formação, mas também nos espaços de trabalho dos serviços de saúde" (OLIVEIRA; SANGY, 2013, p. 186).

Corroborando esse entendimento, Souza (2018) defendeu, em seu mestrado, a implantação da mediação na Ouvidoria do Hospital das Clínicas (HC de Minas Gerais), desenvolvendo sua pesquisa de campo nesse ambiente hospitalar.

Essa pesquisa foi aprovada pelo Comitê de Ética em Pesquisa da UFMG, bem como pela Gerência de Ensino e Pesquisa do Hospital das Clínicas-UFMG e se realizou mediante "entrevistas semiestruturadas, orientadas por um roteiro com perguntas principais, e complementares por outras questões relativas às circunstâncias momentâneas e específicas de cada entrevista" (SOUZA, 2018, p. 84).

Souza (2018) afirma que as informações fornecidas pelos entrevistados permitem identificar que os conflitos médico-paciente são gerados, ou intensificados, pela falta de diálogo empático e de uma escuta ativa, ou seja, as dificuldades, na comunicação entre médico e paciente, são fatores geradores dos principais conflitos.

Assim, diante desse cenário, entre os métodos de tratamento de conflitos, a pesquisadora apresentou a possibilidade de implementar a mediação na própria Ouvidoria do Hospital das Clínicas da UFMG, afirmando que "a efetiva adoção da mediação por meio da Ouvidoria exigiria reforma, de modo a estabelecer esse processo de maneira independente e complementar aos processos já adotados pelo órgão para tratamento de queixas e reclamações" (SOUZA, 2018, p. 134). Essa proposta visa a contribuir para a almejada melhoria da comunicação entre médico e paciente, inclusive com vistas à prevenção do conflito.

A mediação na área da saúde é uma alternativa que empodera os envolvidos na situação conflitual" (CUNHA; LOPES; MONTEIRO, 2021, p. 9), uma vez que permite capacitar os envolvidos no conflito, por exemplo, médico e paciente, para que eles mesmos, no exercício da autonomia privada, possam restabelecer a confiança, eventualmente, afetada pelo entrave, e consigam, por conta própria, tomar as decisões necessárias à construção da solução compartilhada.

Assim, constata-se que a mediação pode ser aplicada em ambientes de cuidados com a saúde como uma forma de possibilitar aos pacientes poderem construir sua autonomia, uma vez que esse método tem o condão de estimular a melhoria na relação dos envolvidos em um conflito, permitindo que eles possam restabelecerem os espaços dialógicos.

Por consequência, ao se assegurar a autonomia e o livre desenvolvimento da personalidade do paciente, estará a se efetivar seu direito à saúde, que deve ser entendido de forma integral e humanizada, o que importa dizer que o direito à saúde não pode ser vislumbrado tão somente como direito a um tratamento clínico de uma enfermidade ou acesso a recursos para isso. Nesse sentido, a mediação pode cumprir papel importante ao fomentar a promoção de uma cultura de diálogo e restabelecimento de vínculos rompidos pelo conflito.

Feitas todas essas considerações, inclusive a partir de exemplos brasileiros e estrangeiros, afirma-se, mais uma vez, o posicionamento favorável à implementação da mediação nos contextos de cuidado com a saúde. Assim, passa-se a analisar alguns casos reais e hipotéticos, tendo em vista a finalidade de mostrar como esse método pode ser implementado em contextos conflitivos, a fim de potencializar a realização da autonomia privada do paciente para a tomada de decisão sobre um tratamento de saúde continuado.

5
A CONSTRUÇÃO DA AUTONOMIA PRIVADA PARA A TOMADA DE DECISÃO NOS TRATAMENTOS DE SAÚDE CONTINUADOS: AS ESTRATÉGIAS DA MEDIAÇÃO COMO UM POTENCIAL MEIO À AUTODETERMINAÇÃO DO PACIENTE

No capítulo 4 desta obra, demonstraram-se diversos instrumentos normativos que buscam a resolutividade consensual dos conflitos tais como, a Resolução 125/10 do CNJ, o Código de Processo Civil de 2015, a Lei de Mediação e o Código de Ética de Conciliadores e Mediadores Judiciais. Contudo, essas legislações estão muito mais voltadas para a redução da judicialização da saúde, ou seja, para aqueles conflitos que envolvem a saúde pública e a suplementar, em que o paciente, normalmente, aciona o Poder Judiciário em face do Estado, do que para o tratamento dos conflitos médico-paciente em si mesmos.

Nota-se que, realmente, "há uma pretensão de modificação de contexto judicializador, especialmente, a partir das normas processuais civis, que se apresentam, com maior propensão, ao estímulo à consensualidade" (VASCONCELOS, 2020, p. 222), no sentido de tentar impedir ou diminuir a cultura litigiosa já instaurada nos contextos brasileiros.

Todavia, no que se refere, especificamente, aos conflitos que se instauram entre médico e paciente/familiares, cujo objetivo é a efetivação da autonomia privada do paciente, ainda são escassos os focos de atenção. Por mais que existam casos de implementação de métodos consensuais de resolução de conflitos, como a aplicação da mediação, com vistas a tratar os entraves advindos da relação médico-paciente como, por exemplo, da Câmara Permanente Distrital de Mediação em Saúde (CAMEDIS), localizada em Brasília, a preocupação maior, ainda, é com a diminuição da judicialização da saúde e o desafogamento das demandas do Poder Judiciário.

A busca pela redução do número de processos no âmbito do Poder Judiciário tem objetivos e técnicas que podem não ser apropriados ao tratamento dos conflitos que se relacionam com o propósito de promover a autonomia do paciente. Na judicialização da saúde, a principal finalidade é garantir o cumprimento do direito fundamental à saúde, como um mandamento geral para o Estado, em prol dos administrados. Enfim, busca-se a efetivação do direito fundamental de ter uma prestação de saúde em face do Estado.

Já nos conflitos envolvendo a autonomia do paciente, a questão é de natureza essencialmente individual. Não se busca uma prestação de saúde, mas que a própria prestação de saúde seja realizada de acordo com a pessoalidade do paciente.

Não é possível falar em transformação da relação médico-paciente se não se trata o conflito entre as partes envolvidas. Como preconiza Vasconcelos (2020), a judicialização da Medicina continua crescendo, justamente porque não se tem dado atenção às peculiaridades que envolvem o contexto médico-paciente nem criado mecanismos suficientemente eficazes ao seu amparo. Dedicar-se à redução da judicialização da saúde e esquecer-se da crescente judicialização da Medicina não farão com que essa realidade desapareça. Por isso, a relevância desta pesquisa, no sentido de enfrentar esse problema, que pode ser amenizado, ou solucionado, por meio da mediação.

Conforme já exposto, a mediação pode ser aplicada para resolver conflitos entre médicos e pacientes, ou entre médicos e familiares dos pacientes, tanto em um processo judicial quanto em situações anteriores ao processo, mas posteriores à instauração do conflito.

Pretendeu-se abordar a mediação extrajudicial, inclusive, a que pode ocorrer dentro dos hospitais, sem a intervenção do Poder Judiciário. Assim, a proposta nesta obra é demonstrar que, a partir do surgimento do conflito entre médico e paciente, a mediação pode ser um meio potencial para garantir a possibilidade de autogovernança do paciente, a fim que ele possa tomar decisão quanto a um tratamento de saúde continuado. Nada impede que esse método seja aplicado também antes da instauração do conflito, de modo preventivo, como já se expôs.

A respeito do tratamento de saúde continuado ou prolongado, no capítulo 2, explicou-se que se refere a tratamento sequencial, que se prolonga no tempo. Não se refere a atendimentos médicos pontuais ou emergências, mas a tratamento que levará o médico e o paciente, ou o médico e os familiares do paciente, a estabelecerem uma relação sequencial que se prolonga no tempo.

Nesse sentido, é necessário também relembrar o que foi dito no capítulo 2 quanto à justificativa pela escolha da mediação para tratar os conflitos entre médico e paciente. Basicamente, podem-se apresentar dois principais motivos para essa escolha. O primeiro deles diz respeito ao fato de que a mediação é usada em conflitos continuados, ou nos quais já exista vínculo entre as partes.

Por sua vez, o segundo motivo nasce em razão da figura do mediador, que é um facilitador da comunicação. Exemplificando, o mediador pode, diante de um conflito, apoiar médico e paciente a compreenderem o objeto conflitivo, identificarem os interesses e as posições para que eles, por conta própria, possam perceber as eventuais soluções para o caso. Portanto, o mediador é um "sujeito apto a orientar a tentativa de consenso sem, contudo, interferir nos processos dialógicos e decisionais" (VASCONCELOS, 2020, p. 216). Ele apoiará a abertura de diálogo a fim de que as partes reduzam a litigiosidade e enxerguem as alternativas para as tomadas de decisões autônomas.

Nesse ponto, é importante frisar que outros métodos adequados de tratamento de conflito também contam com a presença de um terceiro que não está envolvido no conflito, como é o caso do conciliador na conciliação e do árbitro na arbitragem. Contudo, a simples presença de um terceiro alheio ao conflito não justifica a aplicação do método aos conflitos médico-paciente, pois é necessário que a função do terceiro não viole a construção da autonomia do paciente, o que não se vislumbra na conciliação, por exemplo.

De fato, a conciliação não se mostra muito adequada às relações continuadas entre médico e paciente, porque o nível de interferência do conciliador pode prejudicar a tomada de decisão autônoma e o livre desenvolvimento da pessoalidade pelo paciente.

Além disso, como se explicou no capítulo sobre a mediação no Brasil, os princípios da mediação como, por exemplo, autonomia, oralidade e informalidade, estão totalmente alinhados com a proposta deste estudo. Em outras palavras, esses princípios coadunam com o estabelecimento de uma melhor relação entre médico-paciente, justificando a escolha do método para tratar os conflitos provenientes dessa relação.

A mediação mostra-se, assim, apropriada às perspectivas teóricas do Estado Democrático de Direito, em que se inclui a própria repersonalização do Direito Civil, uma vez que é um método que preconiza a autonomia dos sujeitos. Portanto, na relação médico-paciente, instaurado o conflito, a mediação responderá aos anseios da dignidade da pessoa humana, haja vista que permitirá que o paciente tenha meios para a construção de sua autobiografia.

Dessa forma, ainda que a proposta da mediação, inicialmente, possa parecer ou soar inalcançável, neste capítulo, pretende-se confirmar que não se trata de utopia, mas de prática concretamente possível.

5.1 A UTILIZAÇÃO DA COMUNICAÇÃO NÃO VIOLENTA PARA A MELHORIA DA RELAÇÃO MÉDICO-PACIENTE

No decorrer dos capítulos, demonstrou-se que a relação médico-paciente tem peculiaridades intersubjetivas próprias que podem levar ao conflito. Dentre elas, a própria vulnerabilidade do paciente, em razão do seu estado de saúde, bem como a comunicação deficitária entre médico e paciente, o que dificulta para que este último possa livremente tomar decisões diante de um tratamento de saúde continuado.

A comunicação entre médico e paciente realmente é muito importante, uma vez que, por meio de um diálogo construtivo, pode-se estimular o exercício da autonomia das partes para que se informem, compreendam e possam decidir a respeito de uma questão de saúde.

Portanto, em virtude da relevância da comunicação para a construção da autonomia do paciente, busca-se, neste tópico, apresentar o conceito de comunicação não violenta (CNV), algumas de suas técnicas e como elas podem ser usadas nos conflitos médico e paciente.

De antemão, insta compreender que a comunicação não violenta está alinhada com os ideais e propósitos da mediação, trazendo instrumentos como, por exemplo, a escuta ativa e a paráfrase, que podem ser úteis para a melhoria da relação entre médico e paciente/familiares. Assim, a justificativa metodológica para a escolha da comunicação não violenta entre as Teorias da Comunicação surge em razão da aproximação desta com os temas principais deste estudo, como é o caso da proximidade com a autonomia privada do paciente.

A mediação não depende da comunicação não violenta para se desenvolver, mas as técnicas da CNV podem contribuir para resultados positivos nela. Dependendo da conjuntura em que a mediação será aplicada como, por exemplo, nos conflitos médico-paciente, o mediador poderá usar as técnicas próprias da comunicação não violenta para estimular os envolvidos no conflito a melhor expor seus sentimentos, a compreenderem as necessidades de cada um, a fim de que possam encontrar eventuais saídas compartilhadas para o confronto.

A abordagem da comunicação não violenta surgiu na década de 60,[1] nos Estados Unidos, e foi sistematizada pelo psicólogo norte-americano Marshall B.

---

1. "Marshall B. Rosenberg desenvolveu inicialmente o processo da CNV em 1963, e o tem aperfeiçoado continuamente desde então. Rosenberg tomou conhecimento da violência ainda muito jovem e desenvolveu um forte desejo de compreender o que contribuía para que as pessoas fossem violentas umas com as outras, e de explorar que tipos de linguagem, pensamento e comunicação poderiam oferecer alternativas pacíficas à violência que ele encontrava. Seu interesse o levou à universidade onde ele se doutoraria em Psicologia Clínica" (ROSENBERG, 2006, p. 284).

Rosenberg, que ensinava mediação e técnicas de comunicação em instituições que faziam parte do movimento favorável aos direitos civis e que lutava contra a segregação racial naquele País (ROSENBERG, 2006).

Pelo fato de o autor ser uma referência no assunto, utilizar-se-ão os ensinamentos de seu livro *Comunicação não violenta* para trazer as contribuições dele a este estudo.

A comunicação não violenta, também conhecida como comunicação empática, pode ser definida como um "processo de comunicação ou linguagem da compaixão" (ROSENBERG, 2006, p. 22), que permite que as pessoas desenvolvam as habilidades de falar para expor seus sentimentos e necessidades e também de escutar atentamente a si e aos outros.[2] "A CNV nos ensina a observarmos, cuidadosamente (e sermos capazes de identificar), os comportamentos e as condições que estão nos afetando. Aprendemos a identificar e a articular claramente o que de fato desejamos em determinada situação." (ROSENBERG, 2006, p. 22). Além disso, "pela ênfase em escutar profundamente – a nós e aos outros –, a CNV promove o respeito, a atenção e a empatia e gera mútuo desejo de nos entregarmos de coração" (ROSENBERG, 2006, p. 22).

Desse modo, à medida que as técnicas da comunicação não violenta são aplicadas em uma situação conflituosa, tendem-se a substituir os velhos padrões de defesa e ataque por um enfoque mais empático, minimizando as reações violentas. A CNV estimula as partes a abandonarem as reações automáticas e a passarem, conscientemente, a observarem a si, aos outros e a situação em que se encontram, utilizando-se de técnicas como a escuta ativa.

Gracia (2010) afirma que humanizar os cuidados com o paciente importa também desenvolver as habilidades de comunicação, as quais:

> Giram em torno do mesmo princípio básico: a comunicação inter-humana não é apenas verbal, mas também, e talvez principalmente, não verbal ou extraverbal, e uma relação adequada necessita do correto manejo de duas dimensões, a verbal e a pié-verbal. Isso requer certas técnicas, baseadas no autocontrole emocional, na capacidade de ouvir, na sintonia emocional com paciente etc. Um verdadeiro programa de humanização não pode nem deve prescindir de todas essas técnicas. A humanização requer não apenas certos conhecimentos, mas também algumas habilidades (GRACIA, 2010, p. 113).

---

2. "A CNV ajuda-nos a nos concentrarmos nos sentimentos e necessidades que todos temos, em vez de pensarmos e falarmos segundo rótulos desumanizadores ou outros padrões habituais – que são facilmente ouvidos com exigências e como antagônicos, e que contribuem para a violência contra nós mesmos, os outros e o mundo à nossa volta" (ROSENBERG, 2006, p. 284).

Alinhado a esse entendimento, Rosenberg (2006) explica que, para a efetivação da comunicação não violenta, é necessário que as práticas se concentrem em quatro componentes/etapas: observação, sentimento, necessidades e pedidos.

O primeiro passo é observar o que está de fato acontecendo, sem julgamentos. "O truque é ser capaz de articular essa observação sem fazer nenhum julgamento ou avaliação – mas simplesmente dizer o que não nos agrada ou não naquilo que as pessoas estão fazendo" (ROSENBERG, 2006, p. 25).

Em seguida, as partes devem buscar compreender quais sentimentos foram despertados diante da situação observada. Rosenberg (2006) afirma que é importante que os envolvidos em um conflito se esforcem em nomear seus sentimentos como, por exemplo, se sentem magoados, irritados etc. Isso ajudará para que cada um entenda a diferença entre o que sente e o que realmente é a situação.

"Em terceiro lugar, reconhecemos quais de nossas necessidades estão ligadas aos sentimentos que identificamos" (ROSENBERG, 2006, p. 25). Em outros termos, a partir do momento em que se observa a situação sem julgamentos e identifica quais sentimentos foram despertados, é necessário também reconhecer as necessidades pessoais que estão ligadas a eles. "Quanto mais claros formos a respeito do que queremos da outra pessoa, mais provável será que nossas necessidades sejam atendidas" (ROSENBERG, 2006, p. 113).

O último componente da CNV – o pedido – é a necessidade das partes em realizarem um pedido específico que desejam da outra parte. "Esse componente enfoca o que estamos querendo da outra pessoa para enriquecer nossa vida ou torná-la mais maravilhosa" (ROSENBERG, 2006, p. 25). A linguagem afirmativa do que se deseja pode evitar que se estabeleça uma comunicação vaga.[3] "Devemos expressar o que *estamos* pedindo, e não o que *não estamos pedindo*" (ROSENBERG, 2006, p. 103, grifo do autor), justamente porque, "quando pedidos são formulados de forma negativa, as pessoas costumam ficar confusas quanto ao que está realmente sendo pedido, e, além disso, solicitações negativas provavelmente provocarão resistência" (ROSENBERG, 2006, p. 104).

De fato, deve-se dar bastante atenção à essa etapa da CNV, pois há risco de um pedido ser interpretado pelo ouvinte como uma exigência, particularmente, nas hipóteses em que esse se sente culpado ou punido se não atender ao solicitado. Nessa situação, a tendência é o ouvinte se sentir pressionado e não responder compassivamente, dificultando a comunicação interpessoal. Para evitar esse contexto, "podemos ajudar os outros a acreditarem que estamos pedindo, e não

---

3. "Além de utilizarmos uma linguagem positiva, devemos evitar frases vagas, abstratas ou ambíguas e formular nossas solicitações na forma de ações concretas que os outros possam realizar" (ROSENBERG, 2006, p. 106).

exigindo, indicando que somente gostaríamos que a pessoa atendesse ao nosso pedido se ela puder fazê-lo de sua livre vontade" (ROSENBERG, 2006, p. 121). Poder-se-ão, então, utilizar frases como: – "Você estaria disposto(a) a ..."?

Os quatro componentes da CNV podem ser utilizados não só para se expressar nitidamente o que se deseja, mas também para receber a mensagem dos outros com empatia, percebendo o que estão observando, sentindo, precisando e pedindo. "Trata-se, portanto, de uma abordagem que se aplica de maneira eficaz a todos os níveis de comunicação e a diversas situações" (ROSENBERG, 2006, p. 27), entre elas, nas situações de conflitos entre médicos e pacientes.

A CNV pode ser implementada, também, de forma preventiva, isto é, antes da instauração do confronto. Sobre essa possibilidade, apresenta-se o depoimento de uma médica que vem aplicando essa abordagem em sua prática profissional:

> A CNV me ajuda a compreender quais são as necessidades dos pacientes e o que eles precisam ouvir em determinado momento [...]. Faz pouco tempo, uma aidética que venho tratando há cinco anos me disse que o que mais a tinha ajudado foram minhas tentativas de achar maneiras para ela desfrutar o dia a dia. Nesse sentido, a CNV me auxilia muito. Antes, quando sabia que um paciente tinha uma doença fatal, eu frequentemente me atinha ao prognóstico, e, assim, era difícil estimulá-los sinceramente a viver a vida. Com a CNV, desenvolvi uma nova consciência, bem como uma nova linguagem. Fico assombrada em ver quanto ela se encaixa bem na minha prática clínica (ROSENBERG, 2006, p. 30).

Nota-se que, nessa situação, inexiste o conflito. Contudo, a CNV foi aplicada de modo preventivo. Em outras palavras, a partir do momento em que, em um tratamento médico continuado (mais de 5 anos), a médica usou as ferramentas da CNV para mudar sua compostura diante de doenças fatais, bem como sua comunicação com a paciente, ela evitou o surgimento de um eventual conflito. Por consequência, a melhoria da comunicação fez com que a paciente tivesse mais qualidade de vida no processo de adoecimento e, também, pudesse tomar uma decisão autônoma, caso precisasse, uma vez que a médica teve mais condições de compreender seus sentimentos, necessidades e pedidos, auxiliando-a a construir seu consentimento livre e esclarecido.

Não só a mediação pode contribuir em um cenário conflitivo para a construção da autonomia do paciente para a tomada de decisão, mas também algumas de suas técnicas, de maneira isolada, sem que as partes se submetam ao procedimento completo dela.

Busca-se, dessa forma, não engessar a aplicação das abordagens e das técnicas específicas da mediação, mas utilizar suas ferramentas para melhorar a comunicação entre médico e paciente. Não se pode se esquecer de que a comunicação é um dos objetivos da mediação, ou seja, "é meio de instauração de um diálogo efetivo e ético entre todos os participantes da relação de tratamento" (SOUZA, 2018, p. 124-125).

Por isso, embora o uso das técnicas da comunicação não violenta não seja obrigatório para aplicar a mediação, elas possuem aptidão para tratar os conflitos médico-paciente, justificando neste momento seu estudo.

Nesse raciocínio, Rosenberg (2006) defende que é a forma com que as pessoas estabelecem a comunicação entre si que fornece as possíveis saídas para os conflitos. Contudo, nem sempre a comunicação se desenvolve de maneira empática, sobretudo, quando ocorre permeada de julgamentos, rotulações,[4] comparações, críticas e depreciações. Além disso, o autor afirma que existem alguns comportamentos comuns tais como, aconselhar, competir pelo sofrimento, educar, consolar, encerrar o assunto e solidarizar-se,[5] que impedem as pessoas de estarem suficientemente presentes para se conectarem com o outro.

Para enfrentar esses comportamentos e construir uma relação saudável entre médico e paciente e seus familiares, de modo a preservar as narrativas do paciente e seu direito de se autodeterminar até o fim da vida, há duas técnicas comuns à CNV – a escuta ativa e a paráfrase –, que podem ser utilizadas na mediação quando ocorrer conflitos entre médicos e pacientes ou entre médicos e familiares dos pacientes.

Assim, a comunicação não violenta usa a escuta ativa para apoiar as pessoas a se expressarem melhor e a ouvirem atentamente o outro. Ouvir atentamente não está apenas interligado ao sentido da audição, mas inclui o processo de compreender, com atenção, o que é dito pela outra pessoa com a qual se relaciona. Não raro, as pessoas ouvem a informação, mas não a escutam.

Imagine, por exemplo, a situação em que um médico, ao ouvir o relato do paciente, esteja simultaneamente mexendo no celular respondendo a outro paciente. A tendência é esse profissional da saúde não conseguir identificar as reais necessidades e desejos do paciente, em razão de não se fazer totalmente presente durante a escuta dos fatos.

---

4. "Ao rotularmos as pessoas, tendemos a agir com relação a elas de uma forma que contribui para criar o próprio comportamento que nos incomoda, que então percebemos com uma confirmação de nosso próprio diagnóstico" (ROSENBERG, 2006, p. 123).

5. Rosenberg traz algumas situações exemplificativas dos mencionados comportamentos, a saber: "*Aconselhar*: 'Acho que você deveria [...]' Por que é que você não fez e não fez assim?". *Competir pelo sofrimento*: "Isso não é nada; espere até ouvir o que aconteceu comigo". *Educar*: "Isso pode acabar sendo uma experiência muito positiva para você, se você apenas [...]". *Consolar*: "Não foi sua culpa, você fez o melhor que pôde". *Contar uma história*: "Isso me lembra uma ocasião [...]". Encerrar o assunto: "Anime-se. Não se sinta tão mal". *Solidarizar-se*: "Oh, coitadinho" (ROSENBERG, 2006, p. 135, grifo nosso).

Ademais, escutar, ativamente, envolve não só a comunicação verbal, mas também a não verbal. Uma vez que o médico, no caso acima, não estava observando os gestos, as feições e demais sinais não verbais do paciente, provavelmente, haverá uma comunicação falha, pouco profunda e não empática.

Tanto a escuta ativa quanto a aplicação das etapas da comunicação não violenta requerem prática. Por isso, a proposta neste trabalho é que essas técnicas e abordagens sejam utilizadas pelos mediadores, nos conflitos médico-paciente, para apoiar os envolvidos a compreenderem o conflito, suas necessidades, suas posições e a escutarem a si e aos demais sem julgamentos. Cabe ao mediador, apoiado em uma postura de acolhimento, exercitar a escuta ativa da seguinte maneira:

> Escute a comunicação não verbal [...]. Tenha claro que escutar ativamente não é apenas ouvir. É identificar-se, compassivamente, sem julgamento. É ter em conta o drama do ser humano que está ali com você, e suas legítimas contradições. Escute o sofrimento e as necessidades do outro e perceba, por trás de palavras rudes, ressentidas, uma possível súplica, uma proposta implícita. Escutar, portanto, é, antes de tudo, atitude de reconhecimento; essa necessidade básica de todos nós nas relações interpessoais. Precisamos estar conscientes de que é a partir da escuta que se estabelece uma circularidade coevolucionária na comunicação humana (VASCONCELOS, 2017, p. 164).

Portanto, é necessário que o mediador não só tenha conhecimento sobre as técnicas da comunicação não violenta, mas também tenha consciência dos propósitos subjacentes que estão envoltos na abordagem, a fim de que não aplique a CNV mecanicamente, mas com vistas a apoiar a transformação relacional entre médico e paciente, que foi afetada pela existência do conflito.

Rosenberg (2006), ao falar sobre os benefícios da escuta ativa, usa a expressão escuta empática. Para ele, em uma relação interpessoal, como é o caso da relação médico-paciente, a empatia é a compreensão do que a outra pessoa está vivendo. Para isso, "exige o esvaziamento de todos os sentidos. E, quando os sentidos são vazios, então todo ser escuta" (ROSENBERG, 2006, p. 134). Dessa forma, a escuta empática é aquela em o sujeito compreende a comunicação verbal e não verbal, escutando com neutralidade, ou seja, ouvindo o que a outra parte está expressando sem interrompê-la, sem julgá-la e atentamente, inclusive, evitando distrações e/ou comunicações simultâneas.

Realmente, a escuta ativa pode contribuir muito para a construção da autonomia do paciente. Diante do conflito, o mediador poderá apoiar o médico a ouvir o paciente de modo atento, sem impor seus próprios valores, sem concordar ou discordar do paciente, mas buscando compreender o que ele entende como o que é o melhor para si mesmo, segundo seus anseios e necessidades. É comum, nos tempos atuais, em que a rapidez é bastante valorizada, as pessoas terem o hábito de ouvir para, já de pronto, responder; interromper a fala; concordar, discordar e, às vezes, acrescentar algo, antes mesmo da conclusão do raciocínio de quem está se expressando. Em certos casos, esse cenário não se mostra diferente na relação entre médico e paciente, sendo necessário que haja uma restruturação dessa comunicação, o que pode ocorrer pelo uso da mediação.

Imagine a situação em que uma paciente com AIDS não tenha revelado a seu cônjuge que é portadora da doença e pede ao médico que essa informação não seja revelada à sua família, o que inclui marido. Por sua vez, o médico que acompanha a paciente ouviu a informação, mas não escutou atentamente, vindo, em uma das ocasiões de internação da paciente, comentar com seu marido: – "A AIDS reduz muito a imunidade da sua esposa. Então, não temos ainda previsão de alta".

Até, então, a paciente tinha dito ao marido que tinha uma doença crônica rara desde criança, mas que fazia controle e não havia complicações. O marido, ao descobrir a verdade, além de ficar chateado pela omissão da esposa, discute com ela, mesmo ainda estando internada. A paciente, já bastante vulnerável em razão do estado físico debilitado, viu-se em duplo conflito. Primeiramente, com o médico que revelou seu segredo e, em segundo lugar, com o próprio marido.

A partir dessa narrativa, pode-se perceber como a comunicação entre médico e paciente é de extrema importância, sobretudo, para a construção da pessoalidade do paciente. A autonomia da paciente foi violada em razão da conduta do médico? Quais seriam os limites do sigilo profissional do médico quando a situação não envolve somente o paciente, mas também terceiros, como no caso acima?

Embora não seja essa a discussão mais relevante, salienta-se que o Código Penal brasileiro, no art. 130, tipifica como crime a conduta de quem expõe "por meio de relações sexuais ou qualquer ato libidinoso, o contágio de moléstia venérea, de que sabe ou deve saber que está contaminado" (BRASIL, 1940).

Mas quanto ao médico? Ele poderia ser civilmente responsabilizado? O fato é que o direito de ação cabe a qualquer cidadão, podendo a paciente, insatisfeita e frustrada, judicializar o conflito, que a fez perder a confiança no médico que estava acompanhando-lhe no tratamento continuado de sua doença.

Nesse caso, "instaura-se um conflito entre o direito à intimidade do paciente e o direito à integridade psicofísica das outras pessoas envolvidas" (SOUZA, 2014, p. 21), no caso, o marido.

Conforme Dworkin (1999), não há como, previamente, estabelecer qual é o direito mais adequado à espécie. Somente a análise casuística permitirá identificar qual deles será aplicado.

Por meio desse caso, também é possível confirmar o entendimento de que o "paciente não é limitado exclusivamente a fatores bioquímicos, mas também é formado por um conjunto de fatores emocionais, que se não bem trabalhados levam a desnecessário sofrimento" (CALLEGARI, 2021, p. 40). Por isso, deve-se adotar um cuidado integral com o paciente, considerando-o para além do aspecto físico-biológico, mas ainda sob o prisma da dimensão emocional, psíquica, social e espiritual. Certamente, essa abordagem humanista garante não só o bem-estar do paciente, mas também a mitigação de eventuais conflitos, inclusive os de ordem judicial, uma vez que as relações foram construídas dando possibilidade ao paciente de poder compreender as possibilidades, ou restrições, de um tratamento, respeitando-se, por consequência, sua liberdade na tomada de decisão.

Falar de cuidados integrais, sem dúvida, inclui garantir ao paciente que tenha uma relação empática, saudável e construtiva com quem lhe prestará os cuidados durante um tratamento continuado. Por isso, reforçam-se as vantagens de se utilizar a mediação e algumas técnicas da comunicação não violenta não só para a resolutividade do conflito, mas também para sua prevenção.

Suponha, por exemplo, que, no caso da paciente acima, tivessem sido usados os quatro componentes da comunicação não violenta e a própria mediação da seguinte forma:

1) o médico, conhecedor da abordagem, poderia ter estabelecido uma escuta ativa com a paciente, observando a situação sem julgamento, identificando os sentimentos expostos por ela ao relatar que seu marido não sabia que era portadora do vírus da AIDS, compreendendo a sua necessidade de que a informação fosse mantida em sigilo e, especialmente, seu pedido de não contar ao marido nem aos demais familiares de que era soropositiva para AIDS;

2) sabendo que a paciente passaria por um tratamento continuado, vindo a estabelecer relação prolongada com ele, que lhe prestaria assistência, o médico poderia ter estabelecido sessões de mediação. Ocorreriam, por exemplo, algumas sessões de mediação no início do tratamento; e outras, na hipótese em que as partes achassem necessárias, a fim de que o mediador pudesse apoiá-los na construção inicial da relação médico-paciente. Certamente, as chances de instauração de um conflito seriam menores, e a preservação da autonomia da paciente maior, pois o médico conseguiria compreender suas necessidades diante de não querer revelar à sua família sua doença. De igual modo, a paciente poderia também compreender os receios do médico em ocultar tal informação da família e talvez conseguiriam encontrar uma saída compartilhada por meio do auxílio do mediador, com a elaboração de um termo não obrigatório que resguardasse as necessidades de ambos;

3) por fim, vindo o médico a revelar o segredo da paciente ao marido dela e instaurando-se o conflito, poderia também a mediação ser aplicada, minimizando os efeitos do conflito. O mediador, apoiado na escuta ativa e na comunicação não violenta, poderia auxiliar as partes a restabelecerem os vínculos de confiança para que, em eventual tomada de decisão pela paciente, sua autonomia fosse preservada.

Percebe-se que, na alternativa "1", a escuta ativa e os quatro componentes da comunicação não violenta seriam aplicados pelos médicos capacitados para isso, sem auxílio de um mediador, antes da instauração do conflito, de maneira preventiva. Para isso, seria necessária a melhoria na formação dos médicos ainda durante o curso de Medicina.

Na proposta "2", vislumbra-se a possibilidade de aplicar a mediação de forma preventiva, isto é, o mediador apoiaria a construção empática da relação entre médico e paciente, a fim de que a construção saudável viesse a evitar a instauração de um conflito e, sobretudo, a preservação da autonomia da paciente nos processos de tomada de decisão diante de um tratamento de saúde continuado.

Nessa proposta, estando o médico e a paciente de acordo com o uso da mediação, ambos passariam por sessões iniciais, cujo número seria definido pelo mediador casuisticamente, caso considerasse necessário. Posteriormente, o paciente, ou seus familiares, caso o paciente não pudesse se manifestar, bem como o médico, poderiam, a qualquer momento, requerer novas sessões de mediação, a serem realizadas pelo mesmo mediador. A escolha do mediador poderia ocorrer de maneira conjunta entre médico e paciente no caso de a mediação ocorrer fora do ambiente hospitalar, ou poderiam usar os mediadores da própria ouvidoria do hospital, como será detalhado nos próximos tópicos.

Por fim, na proposta "3", também seria aplicada a mediação nos conflitos médico-paciente. Contudo, quando aquele já estivesse se instaurado. O mediador, por meio das técnicas da mediação, usando a escuta ativa e as etapas da comunicação não violenta, facilitaria o restabelecimento do diálogo e da confiança entre médico e paciente, com vistas a resguardar a autogovernança desta quando da tomada de decisão em saúde.

Como se observou, em especial, a partir da análise do caso acima, nem sempre a mensagem que se expressa é a mensagem que se recebe: "precisamos ter uma maneira de solicitar claramente uma resposta que nos diga como a mensagem foi ouvida, de modo que corrija qualquer mal-entendido" (ROSENBERG, 2006, p. 113). Para isso, uma das partes pode pedir para que a outra pessoa repita, com suas próprias palavras, o que ouviu. Por exemplo: – "Você pode repetir o que acabei de falar para me certificar de que me expressei com clareza? Em uma relação médico-paciente, isso poderia ocorrer com o auxílio de um mediador, por meio do uso da paráfrase, que é também aplicada na comunicação não violenta.

A paráfrase é repetir o que a outra pessoa disse para se certificar de que a compreensão do que foi dito está correta. O uso dessa técnica permite que a outra pessoa ouça o que ela mesma disse e lhe dará mais tempo para refletir a respeito. Desse modo, "se recebemos com precisão a mensagem da outra pessoa, nossa paráfrase confirmará isso para ela. Por outro lado, se nossa paráfrase estiver incorreta, a pessoa terá oportunidade de corrigi-la" (ROSENBERG, 2006, p. 139-140). Na sua aplicação, "a CNV sugere que nossa paráfrase tome a forma de perguntas que revelem nossa compreensão, ao mesmo tempo que estimulam quaisquer correções necessárias da parte da outra pessoa" (ROSENBERG, 2006, p. 139-140).

Há também certas situações em que há a compreensão do que foi dito, contudo o interlocutor se comporta de maneira a esperar uma confirmação de que a mensagem foi recebida adequadamente. Nesse caso, a paráfrase também pode ser útil, permitindo à parte se manifestar da seguinte forma: – "Você compreendeu o que eu disse? Está compreensível para você?".

Voltando ao caso narrado, o mediador poderia ter usado a paráfrase para apoiar a comunicação entre a paciente e o médico, a fim de que ela tivesse a segurança de que o médico compreendeu sua mensagem de que não gostaria de que seu marido e demais familiares soubessem que estava em tratamento contínuo contra a AIDS. A situação poderia se desenrolar, por exemplo, com o mediador perguntando ao médico: – "O senhor/você (conforme o médico desejasse ser tratado) compreendeu o que a senhora ... (a paciente) disse? Está claro? O senhor/você poderia repetir o que foi dito pela senhora ... (a paciente), a fim de ela se certifique de que conseguiu se expressar de maneira adequada?

É necessário também que o mediador, ou qualquer pessoa que faça uso da paráfrase, esteja preparado para a possibilidade de o propósito por trás da paráfrase não ter sido bem interpretado. "Se isso acontecer, podemos continuar a nos concentrar nos sentimentos e necessidades de nosso interlocutor" (ROSENBERG, 2006, p. 144). Talvez, seja necessário que ele compreenda melhor as intenções do mediador antes de ser capaz de ouvir ou de utilizar a paráfrase.

O certo é que, mesmo que exista resistência quanto ao uso da paráfrase, seus efeitos benéficos para a comunicação são notáveis, havendo, inclusive, estudos de negociações que relevam que "o tempo necessário para atingir a solução do conflito é reduzido à metade quando cada negociador concorda, antes de responder, em repetir precisamente o que o interlocutor anterior disse" (ROSENBERG, 2006, p. 146).

Além disso, a empatia, que é muito mencionada pela comunicação não violenta, pode apoiar o mediador em suas funções e, por consequência, trazer benefícios à relação médico-paciente, especialmente, se essa foi abalada em razão de um conflito. "A capacidade de oferecer empatia a pessoas em situações tensas pode afastar o risco potencial de violência." (ROSENBERG, 2006, p. 164).

A título exemplificativo de como os elementos da comunicação não violenta e a escuta empática podem não só apoiar na solução do conflito, mas preveni-lo, apresentam-se trechos de um diálogo real entre uma enfermeira e a esposa de um paciente com estágio adiantado de câncer de pulmão.

O diálogo se desenvolveu na casa do paciente, antes de ele ser internado, e se iniciou em razão da reclamação da esposa sobre a fisioterapeuta que fazia parte da equipe médica que prestava os cuidados domésticos ao paciente:

> Esposa: ela é má fisioterapeuta. Enfermeira: (escutando com empatia o que a mulher está sentindo e desejando) Você está aborrecida e querendo ver outra qualidade dos cuidados com seu marido? Esposa: ela não faz nada. Ela o fez parar de andar quando o pulso acelerou. Enfermeira: (continuando a escutar os sentimentos e necessidades da mulher) É porque você quer que seu marido melhore e tem medo de que ele não se fortaleça se a fisioterapeuta não forçá-lo? Esposa: (começando a chorar) Sim, estou com tanto medo! Enfermeira: Você está com medo de perdê-lo? Esposa: Sim, estivemos juntos por tanto tempo... Enfermeira: (escutando outros sentimentos por trás do medo) Você está preocupada com como você se sentirá se ele morrer? Esposa: Eu simplesmente não consigo imaginar como vou viver sem ele. Ele sempre esteve a meu lado para me amparar. Sempre. Enfermeira: Então, você fica triste quando pensa em viver sem ele? (ROSENBERG, 2006, p. 152, grifo nosso).

O enxerto acima convalida o que foi dito, ao longo desta obra, quanto às peculiaridades que envolvem a relação médico-paciente.

De fato, o paciente não pode ser visto somente pelo aspecto físico. Precisa ser cuidado integralmente. É inevitável que a relação do paciente com seus familiares, no momento de dor do processo de adoecer, traga impactos para a relação médico-paciente, como aconteceu no caso acima.

Além disso, no trecho acima, também é possível constatar que a esposa inicia a interação "reclamando da fisioterapeuta. Porém, depois de uma conversa na qual ela se sente recebida com empatia, é capaz de estabelecer que o que realmente busca é uma conexão mais profunda com o marido durante esse momento crítico da vida" (ROSENBERG, 2006, p. 155).

Como já exposto, o conflito entre médico e paciente pode surgir de diversas maneiras, entre elas, sem dúvida, em razão da instauração de uma comunicação desestruturada, que pode levar não só à quebra da confiança do paciente em quem lhe presta os cuidados, mas também estender o entrave para a relação médico e familiares dos pacientes. Por isso, uma das propostas para enfrentar o problema é investir na melhoria da comunicação médico-paciente/familiares, com o intuito não só de prevenir o conflito, mas, caso ele já tenha se efetivado, ser um meio capaz de restabelecer o diálogo de modo empático, preservando a autonomia do paciente.

O diálogo pode ser visto como fator e fonte de humanização das relações, mostrando-se oportuno não somente quando há conflito. Mesmo inexistindo o entrave, a mediação pode ser um meio hábil a contribuir para a melhoria da comunicação, inclusive com o viés de prevenir o conflito.

Conforme ensina Six (2001), a mediação pode se desenvolver pela perspectiva da transformação social das relações, que pode se dar em uma comunidade específica, como a que envolve médicos e pacientes. Em suma, sabe-se que muitos conflitos médico-paciente nascem por falhas na comunicação. Logo, à medida que se promovem melhorias na comunicação, previne-se o surgimento de novos conflitos.

Assim, uma vez que a comunicação não violenta contribui para a instauração de um diálogo construtivo, por consequência, ela também apoia na "redução da vulnerabilidade dos sujeitos por meio da entrega de conhecimento, diminuindo a possibilidade de ter-se a ignorância a respeito dos conhecimentos que se discutem com elemento limitador à decisão" (VASCONCELOS, 2020, p. 221). Se o paciente consegue expressar sua manifestação de vontade e ser ouvido de maneira empática pelo médico, a ponto de que este conheça seus sentimentos, suas necessidades e seus pedidos, será possível que ele tenha, com o auxílio do médico, seu consentimento formado de maneira esclarecida e livre.

No tópico a seguir, tratar-se-ão de mais detalhes de como a implementação da mediação, nos contextos de saúde, pode apoiar o paciente a construir sua autonomia a partir do consentimento livre e esclarecido.

5.2 PROPOSTA DE IMPLEMENTAÇÃO DA SESSÃO INICIAL DE MEDIAÇÃO PARA A FORMAÇÃO DO CONSENTIMENTO LIVRE E ESCLARECIDO DO PACIENTE

Os institutos autocompositivos tais como, a conciliação, a arbitragem e a mediação, embora diferentes, possuem uma base principiológica comum ou semelhante, envolvendo, por exemplo, os princípios da autonomia privada e do poder decisório das partes. Por isso, reafirma-se que não há um método consensual hierarquicamente melhor do que o outro. O que deve ser analisado são as circunstâncias em que o método vai ser aplicado, a natureza fática do conflito, bem como a vontade das partes envolvidas. Assim, por meio da análise casuística, será possível verificar a viabilidade, ou não, do método para a resolutividade consensual do conflito.

A mediação, em especial, na abordagem transformativa ou transformadora, é meio hábil ao tratamento dos conflitos entre médicos e pacientes/familiares, com vistas à preservação da autonomia do paciente quando da tomada de decisão para um tratamento de saúde continuado.

A justificativa está no fato de que a mediação transformadora permite aos sujeitos serem protagonistas na resolução de seus conflitos interpessoais, atuais e futuros, oportunizando-lhes, por consequência, o exercício de empoderamento e autonomia.

A mediação transformadora é uma via possível para garantir o "diálogo aberto em suas alternâncias, que enseja as condições de possibilidades de construção de novos significados, transformando as (pré)compreensões do próprio conflito e integrando os horizontes dos mediandos" (VASCONCELOS, 2017, p. 89).

Nesse raciocínio, entende-se que a mediação pode tratar todo o conflito ou apenas parte dele, bem como pode ser aplicada de maneira integral ou parcial. De maneira integral, os envolvidos irão participar de várias sessões até o término do procedimento. Já de modo parcial, serão implementadas apenas algumas de suas técnicas e mecanismos para se buscar o restabelecimento da confiança e do convívio abalados pelo conflito, não participando os envolvidos de todos os trâmites do método.

Por esse caminho e concomitantemente à proposta de uso da abordagem da comunicação não violenta na relação médico-paciente, apresenta-se também a propositiva de uma sessão semelhante[6] à sessão inicial de mediação para se estabelecer a escuta ativa, a fim de contribuir com a construção do consentimento livre e esclarecido do paciente. Essa sessão inicial conta com a participação de um mediador que auxiliará os envolvidos a estabelecerem um processo dialógico empático, respeitoso e que valoriza a autonomia de cada um deles.

Ela pode proporcionar ao paciente a real possibilidade de entendimento sobre sua doença e seus futuros cuidados, antes de consentir, ou dissentir, sobre

---

6. Ao se referir neste estudo à sessão inicial da mediação está a se dizer sobre uma sessão semelhante à sessão inicial de mediação também conhecida como sessão de abertura, especialmente, quanto às suas características de acolhimento e informacional. Não está se afirmando que será aplicada a sessão inicial de mediação em sua integralidade, mas utilizando-se de sua essência para apoiar o paciente na construção do seu consentimento livre e esclarecido. Exatamente como na sessão inicial de mediação (sessão de abertura) será o momento oportuno para a apresentação das partes, o médico poderá conhecer melhor a biografia do paciente e este conhecer mais sobre seu estado de saúde, eventuais tratamentos e quem lhe prestará os cuidados.

um tratamento de saúde continuado. Esse momento também permitirá ao médico conhecer mais sobre as narrativas do paciente, seus sentimentos, necessidades, dúvidas e pedidos, o que contribui para que esse profissional possa efetivamente apoiar o paciente diante de uma tomada de decisão.

É importante levar em conta que não há comunicação adequada sem considerar o emocional de cada envolvido. Ao transmitir uma notícia ao paciente, a forma com que o médico venha a dizer pode agravar ainda mais o estado vulnerável do paciente. Como explica Gracia (2010), a Teoria Psicanalítica e as técnicas psicoterápicas podem conferir auxílio à essa comunicação:

> As más notícias são agressões ao eu e por isso geram angústias, que por sua vez disparam resistências, os chamados mecanismos de defesa do eu. É preciso ter isso em conta, saber identificá-lo e manejá-lo. O primeiro mecanismo que se dispara costuma ser o da negação. Se apresentamos ao paciente nesse momento *formulário de consentimento informado* para que o assine, é quase certo que se negará a fazer uma operação cirúrgica ou um procedimento complexo ou cruento [...]. A psicoterapia pode aqui ser de grande ajuda [...]. O que se diz hoje é que o profissional tem de estar formado em técnicas de comunicação e de apoio emocional, a fim de que sua relação com o paciente seja adequada [...] (GRACIA, 2010, p. 316, grifo nosso).

A primeira fase da mediação, após o aceite dos envolvidos em utilizar o método para o tratamento do conflito, é informativa. O mediador tem a função de explicar o que é a mediação e quais são seus benefícios a cada mediando, com o intuito de que possam cooperar e participar de forma ativa nas próximas etapas, buscando a transformação da relação conflituosa.

Desse modo, pode se proporcionar ao paciente um espaço dialógico antes de consentir, ou dissentir, sobre um tratamento de saúde continuado. Por meio da mediação, é possível fomentar a chamada comunicação real ou efetiva, que "pode propiciar, o mais possível, o entendimento, pelo paciente, da doença e possíveis tratamentos. Assim, intencionalmente e, ao máximo, livre de influências controladoras, pode autorizar ou negar a terapêutica" (STANCIOLI, 2004, p. 65).

Nesse sentido, a proposta é realizar um encontro prévio com o paciente, antes da assinatura do Termo de Consentimento Livre e Esclarecido, com o intuito de explicar-lhe sobre o documento e sanar suas dúvidas.

Como nem sempre a comunicação entre médico e paciente é fácil e efetiva, algumas das técnicas utilizadas na mediação como, por exemplo, a escuta ativa, poderão facilitar o diálogo e, por consequência, o exercício da autonomia do paciente.

Nesse encontro, será possível ao médico, com o apoio do mediador, fornecer, com qualidade, ao paciente as informações sobre a natureza de sua doença, os benefícios, os malefícios do tratamento, ou não tratamento.

Frisa-se que as informações devem ser completas, incluindo a terapêutica a ser utilizada, seus escopos e alternativas, os riscos e as complicações, a fim de contribuir, ao máximo, para a formação da literacia em saúde e a tomada de decisão consciente e autônoma pelo paciente.

Na circunstância de tratamentos continuados, poderia se utilizar o mediador para que, por meio de uma escuta ativa, o médico possa entender quais as propensões, os medos, as angústias, os receios e as necessidades do paciente diante de sua doença. A partir disso, o médico, também com o auxílio do mediador, terá melhores condições para apoiar o paciente a tomar uma decisão sobre seguir, ou não, com dado tratamento.

Por certo, "se o médico desenvolve um relacionamento em que haja cooperação com paciente –, e este sinta seus valores respeitados –, o consentimento informado será obtido com mais apuro" (STANCIOLI, 2004, p. 66). Nesse sentido, a mediação é de grande valia, pois é um método consensual de tratamento de conflitos, focado na transformação da relação intersubjetiva, ou seja, estimula a cooperação e o respeito mútuo, os quais são elementos significativos no exercício de autonomia do paciente.

Quando se fala de mediação, o primeiro pensamento que se tem é que é fundamental a presença de um conflito para sua aplicação. Contudo, para além da capacidade de contribuir para a resolução de conflitos, o método, ou algumas de suas técnicas, também pode ser usado de maneira preventiva, como já anteriormente salientado.

Além disso, a mediação tem um caráter pedagógico, à medida que pode ensinar ao sujeito, por meio do empoderamento, a se transformar de tal modo que consiga lidar com suas próprias demandas conflitivas atuais e futuras:

> Assim, já instaurado o conflito, a mediação pode atuar para além de método de resolução de conflito, mas também de modo a prevenir o surgimento de novos entraves. A mediação pode ter o condão de prevenir situações conflitivas desde que seja trabalhada enquanto cultura. O caráter pedagógico da mediação permite que as pessoas aprendam formas mais produtivas de lidar com conflitos futuros – ou potenciais conflitos – por meio do diálogo e de uma comunicação mais efetiva, passando de abordagens competitivas ou mesmo violentas para abordagens cooperativas. Assim, a pedagogia implicada no processo de mediação pode auxiliar na prevenção de conflitos, uma vez que boa parte deles surgem por falhas de comunicação (SILVA, 2021, p. 110).

A sessão inicial para a escuta ativa do paciente e a interpretação do consentimento livre e esclarecido pode ocorrer no mesmo ambiente hospitalar em que o paciente eventualmente venha a fazer o tratamento, utilizando-se a estrutura já existente. Dependendo do estágio da doença e da rapidez em que se deve colher a assinatura do Termo de Consentimento Livre e Esclarecido (TCLE),[7] a melhor saída é que o encontro se dê no hospital, onde o paciente já está instalado ou internado.

Por outro lado, se houver condições viáveis, pode-se optar também por realizar a sessão fora dessa atmosfera, o que pode até trazer mais conforto ao paciente no momento da tomada de decisão, pois estará longe do contexto hospitalar, que, geralmente, é tenso e rodeado de inquietude. Essas propostas, sem dúvida, devem passar por análises, bem como por viabilidade financeira antes de sua efetiva implementação.

Aliada à proposta da implementação da sessão semente à sessão inicial da mediação, reafirma-se que a manifestação do consentimento livre e esclarecido "não pode ser reduzida a um único termo, pois deveres e obrigações reconstroem-se pela necessidade de novas tomadas de decisão, seja no consentimento ou dissentimento" (NAVES; SÁ, 2017, p. 121).

Todavia, não se está a dizer que o documento escrito não tem importância. Ele representa segurança jurídica aos envolvidos.[8] "No entanto, essa mínima segurança só será alcançada se sua redação for clara e acessível e vier acompanhada de explicações e informações que auxiliem a tomada consciente de decisão" (NAVES; SÁ, 2017, p. 121).

O termo deve ser reflexo do que verdadeiramente foi informado pelo médico e compreendido pelo paciente. Ele deve trazer a manifestação de vontade do paciente de forma autêntica, buscando a veracidade dos fatos e afastando-se da concepção unicamente técnica e formal.

Por isso, a medição é o meio a oportunizar um processo dialógico entre médico e paciente, permitindo que este construa sua autonomia para a tomada de decisão longe da "imposição unilateral de um termo padronizado, que não vê as especificidades de cada diagnóstico e tratamento" (NAVES; SÁ, 2017, p. 121).

Ademais, não se pode se esquecer de que o paciente pode ter atingido a maioridade civil e, mesmo assim, não ser competente para a tomada de decisão sobre sua saúde. A tomada de decisão, quanto aos aspectos de um tratamento de saúde, envolve questões muito mais complexas do que a própria idade. O pa-

---

7. Preferencialmente, sugere-se que a mediação ocorra presencialmente. Contudo, nada impede, especialmente, em razão da urgência, que ela também se realize com a utilização de recursos virtuais/digitais (sessões virtuais de mediação).

8. Como visto, "o consentimento livre esclarecido não tem forma determinada para a manifestação do consentimento do paciente ao tratamento ou experimento médico. O problema surge devido ao fato de, várias vezes, não haver meios de se provar a existência dele" (SOUZA, 2014, p. 24). Por isso, o termo escrito pode ser útil, por facilitar a comprovação de sua existência.

ciente pode, por exemplo, ser maior e capaz, mas não ter acesso às informações suficientes para a tomada de decisão, ou ter acesso, mas não as compreender. Assim, reforça-se a importância da comunicação para que o paciente consiga se autodeterminar quanto às suas questões de saúde, o que poderia ser facilitado pela implementação da sessão semelhante à sessão inicial de mediação para a escuta ativa e a construção do consentimento livre e esclarecido.

Exemplificando, cita-se o caso real de Helena,[9] que deu seu consentimento para a realização de uma intervenção ginecológica. Mas, como a informação médica foi falha, especialmente, sobre a natureza da intervenção, o quanto era invasiva e seus riscos, houve a deturpação de seu consentimento livre e esclarecido.

Helena havia sido diagnosticada como portadora do vírus HPV no colo uterino, na vulva e na região perianal. Em razão disso, assinou um Termo de Consentimento Livre e Esclarecido, autorizando apenas a realização de um procedimento denominado traquelectomia no colo uterino. Contudo, foi realizado um procedimento mais expansivo, nomeado de eletrocauterização na região da vulva e também perianal. Esse procedimento gerou sérias repercussões funcionais relacionadas à vulva como, por exemplo, impedindo-lhe de ter relações sexuais, bem como lhe gerou complicações na defecação, o que a levou a se submeter a outras cirurgias para amenizar as consequências pós-operatórias.

Helena imaginava que o procedimento que iria fazer era extremamente simples, uma vez que a intervenção foi realizada na sexta-feira, e ela já estava autorizada, pela médica, a voltar às atividades laborativas na semana seguinte. Contudo, o procedimento feito, não autorizado nem discutido com a paciente, a levou a perder o emprego, pois ficou longo período se cuidando e, ainda, mesmo após mais de um ano da intervenção, sofre suas consequências.

Esse relato reforça a relevância da comunicação entre médico e paciente para a tomada de decisão. A médica, infelizmente, entregou o TCLE à paciente como se fosse apenas mais um documento formal a ser assinado, sem discutir com ela a evolução natural da doença, o risco de reincidência, se haveria tratamentos alternativos menos invasivos, tampouco sem explicar-lhe os benefícios e riscos do procedimento a ser realizado.

A falta de informação deteriorou o consentimento fornecido pela paciente, violando o exercício de sua autonomia quanto à tomada de decisão para o tratamento médico, que, inicialmente, não era continuado, mas assim se tornou em razão das consequências advindas com a primeira intervenção.

---

9. Enfatiza-se que a autora desta obra atua como advogada da paciente mencionada acima. Além disso, vale informar que se utilizou de nome fictício – "Helena" para preservar a intimidade da paciente.

Helena afirma que, se soubesse das consequências do procedimento, não teria se submetido a ele, especialmente, porque, após mais de um ano da intervenção, após novo exame de HPV, ainda está com o vírus na região perianal. Em suma, após todo o sofrimento vivenciado por ela, o procedimento não trouxe o resultado almejado, que sequer foi discutido com ela pela médica.

Essa situação levou Helena a ajuizar ação indenizatória contra a médica e a clínica na qual é sócia, tramitando em segredo de justiça em razão das fotos íntimas de sua vulva, que constam no processo.[10]

Portanto, sustenta-se que a utilização de uma sessão semelhante à sessão inicial da mediação, nos termos expostos, poderia ter evitado a judicialização da Medicina[11] e garantido a não violação da autodeterminação da paciente, posto que o método possibilitaria que se estabelecesse um diálogo efetivo entre a médica e a paciente com o propósito de deslindar sua doença, os tratamentos, os riscos e as peculiaridades da situação para que, então, a paciente pudesse tomar uma decisão consciente e mais assertiva aos seus interesses.

É relevante compreender, também, a diversidade de perfis de pacientes que podem estar envolvidos nos conflitos. Imagine as situações: a, b, c e d. É importante frisar que os casos envolvendo c e d não estão englobados no objeto de estudo. Assim: a) pessoas maiores, capazes e competentes para a tomada de decisão em saúde; b) pessoas maiores, capazes e incompetentes para a tomada de decisão em saúde; c) pessoas incapazes e não competentes para a tomada de decisão em saúde; d) pessoas incapazes, por exemplo, os menores de idade, mas competentes para a tomada de decisão sobre sua saúde.

Nos casos "c" e "d", a incapacidade atrai diretamente a participação dos familiares nas decisões sobre a saúde do paciente. Tendo em vista as peculiaridades atinentes ao exercício da autonomia privada por pessoas incapazes, é imprescindível a análise pormenorizada de todos os aspectos que envolvem a construção e a efetivação da autodeterminação dessas pessoas. Entretanto, isso foge ao recorte e ao objetivo deste trabalho. Portanto, para os fins buscados, limitar-se a reconhecer que, nas situações "c" e "d", a família pode participar diretamente por determinação legal decorrente da própria incapacidade.

---

10. Até a elaboração final desta obra, o processo não teve sentença, estando em fase de perícia a ser realizada por perito designado pelo magistrado da causa, que tramita em uma das Varas Cíveis de Belo Horizonte/MG.

11. Nos próximos capítulos, será feita a diferenciação entre judicialização da saúde e judicialização da Medicina. De antemão, é importante explicar que a judicialização da Medicina é fenômeno caracterizado pela busca excessiva ao Poder Judiciário para tratar os conflitos existentes entre médico e paciente, ou entre médicos e familiares dos pacientes.

O mesmo ocorre na situação b: pessoas maiores, capazes e incompetentes. Chamam-se os familiares para participar diretamente das decisões envolvendo a saúde do paciente. Como afirmado, a incompetência é configurada pela impossibilidade de o paciente entender e avaliar as informações médicas necessárias para a tomada de decisão em saúde.

Para que o paciente seja considerado competente, além de agir livremente, sem condicionantes externos, a não ser os que venham de sua própria consciência, é necessário que, minimamente, entenda e avalie as informações médicas quanto ao seu estado de saúde e eventuais tratamentos, a fim de que possa, de forma autônoma, tomar a decisão de consentir, ou dissentir, quanto ao processo terapêutico.

Embora se diferencie da incapacidade jurídica, a competência é tratada de forma semelhante e pontual, ou seja, os familiares são chamados a participar da escolha apenas quanto ao fato específico.

Embora já se tenham expostos alguns casos envolvendo menores, como o caso do Adam Henry, por exemplo, levantar-se-á mais uma situação em que as estratégias da mediação podem contribuir para que a manifestação de vontade do incapaz, mas competente, deve ser considerada.

Na situação envolvendo Adam Henry, a recusa de tratamento estava vinculada a uma orientação religiosa. Contudo, há situações envolvendo menores de idade e, portanto, incapazes, mas competentes para a tomada de decisão em saúde, que estão desvinculadas de questões religiosas, exatamente como pode ser ilustrado com a história de Hannah Jones, uma adolescente de 13 anos, que, desde os cinco, combatia uma leucemia mieloide aguda (LIMA; SÁ, 2016).

Hannah, embora fosse menor de idade, mostrou-se competente para se manifestar contrária à realização de um transplante cardíaco, decisão que foi aceita e respeitada por sua família. Todavia, o conflito se instaurou em função da equipe médica, representada pelo hospital no qual a adolescente realizava o tratamento, que "deu início a procedimentos judiciais na Suprema Corte para remover temporariamente a guarda de seus pais, a fim de impor a realização do transplante" (DAY, 2017, tradução nossa).[12]

Esse conflito poderia ter sido tratado por meio das técnicas de mediação. Teria sido possível estabelecer uma sessão semelhante à uma sessão de mediação inicial para que o consentimento livre e esclarecido fosse construído de forma orientada pelos médicos, sem imposições paternalistas deles. Também seria uma

---

12. Her local hospital began High Court proceedings to temporarily remove her from her parents' custody to allow the transplant to go ahead.

oportunidade para que os médicos pudessem compreender o desejo e a construção valorativa de Hannah quanto à recusa ao tratamento. Da mesma forma, sua família também poderia ser ouvida e acolhida. Tudo se daria por intermédio de um mediador, tecnicamente preparado para aplicar as técnicas que melhor apoiassem a construção dialogada e compartilhada do entrave.

Independentemente da técnica usada pelo mediador, a solução deve respeitar o melhor interesse da criança e do adolescente, o que deve considerar sua participação na tomada de decisão sobre sua saúde, uma vez que ela tenha competência para isso.

> A maior ou menor autonomia jurídica vai depender do maior ou menor amadurecimento psicológico da jovem. Situações haverá em que ela estará pronta para decidir, outras, apenas para participar do processo de decisão e, por fim, situações em que não estará pronta quer para participar do processo decisório, quer para decidir. Neste último caso, a decisão ficará a cargo dos representantes legais, no melhor interesse da criança ou do adolescente (LIMA; SÁ, 2016, p. 23).

Conforme já exposto, não há qualquer impedimento legal para que o adolescente participe da mediação no sentido de participar da construção do diálogo nos assuntos que lhe afetem, haja vista que se trata de método de tratamento de conflito mais inclusivo, que permite a atuação direta dos envolvidos no entrave. Contudo, esse não é o foco deste tralhado,[13] haja vista que o estudo sobre a autonomia da criança e do adolescente no Brasil demandaria investigação específica, que foge da proposta desta obra.

No que diz respeito à oitiva da criança e do adolescente[14] para a constituição de prova processual, a participação de um profissional técnico habilitado para a condução do diálogo é essencial. No Poder Judiciário, a oitiva de menores segue exigências próprias e finalidades diversas da mediação, o que não é o escopo desta pesquisa. A mediação não é a salvação para a resolução de todas as demandas. A casuística deve ser levada sempre em consideração para que a aplicabilidade do método seja efetiva.

---

13. Essa ressalva foi feita, inclusive, no capítulo 2 desta obra, nota de rodapé 21, páginas 22-23, a qual se sugere a retomada da leitura.
14. A título de exemplo, a Lei de Adoção (Lei 12.010/09) prevê, no art. 28, § 1º, que, "sempre que possível, a criança ou o adolescente será previamente ouvido por equipe interprofissional, respeitado seu estágio de desenvolvimento e grau de compreensão sobre as implicações da medida, e terá sua opinião devidamente considerada." (BRASIL, 2009). Afirmando, no § 2º desse artigo, que "tratando-se de maior de 12 (doze) anos de idade, será necessário seu consentimento, colhido em audiência." (BRASIL, 2009). Nota-se, portanto, que o próprio legislador já reconhece, em alguma medida, a autonomia privada de crianças e adolescentes, mesmo que de forma progressiva.

Também se evidenciou ao longo deste estudo que, na hipótese em que o paciente não consegue, de forma livre e consciente, se manifestar, cabe à família participar da reconstrução de sua vontade.

No caso de Hannah Jones, não houve a intervenção de um mediador, mas de uma assistente social da instituição hospitalar, que avaliou o grau de sua consciência para a tomada de decisão. Após essa avaliação, o hospital desistiu dos trâmites judiciais, vindo a concordar com o exercício progressivo da autonomia privada de Hannah.

Observe que, nessa situação, a equipe médica que prestava os cuidados à adolescente teve a cautela de procurar meios para ouvi-la. Contudo, nem sempre essa é a postura médica, que, por vezes, além de não se preocupar com a comunicação com o paciente, impõe uma decisão terapêutica em evidente postura paternalista.

Como impor a uma adolescente, embasado apenas em sua idade (capacidade civil), sem considerar sua competência para avaliar e compreender as condições de sua saúde, um procedimento cirúrgico para manter uma vida que ela não mais se almeja?[15] Não se pode se esquecer de que Hannah só começou a frequentar a escola quando já tinha nove anos de idade, posto que passou boa parte da sua vida em hospitais, realizando quimioterapia e outros tratamentos, os quais comprometeram seu coração (DAY, 2017).

A legislação brasileira, na Constituição Federal de 1988, no Código Civil de 2022 ou em lei específica como, por exemplo, no Estatuto da Criança e do Adolescente (ECA),[16] considera os menores de idade como pessoas humanas em processo de desenvolvimento, garantindo-lhes o direito à liberdade, à opinião e à expressão. Assim, é impossível negar-lhes a participação em processos decisórios sobre sua saúde caso tenham competência suficiente para isso.

---

15. A comemoração dos 12 anos de Hannah, em julho de 2007, ocorreu no hospital. Deitada no leito, ela ouviu dos pais e dos médicos que precisaria de um coração novo para continuar vivendo. Depois de todas as explicações, tomou uma decisão. "Não quero um coração novo. Quero ir para casa." Hannah afirma ter colocado os prós e os contras na balança. Um coração novo poderia lhe dar, no máximo, mais dez anos de vida, segundo os médicos. Naquele tempo, teria de tomar remédios para evitar rejeição para, dali a alguns anos, ser submetida a um segundo transplante. De acordo com os médicos, o risco de morte na sala de cirurgia era alto e fragilizaria ainda mais seu sistema imune. A leucemia poderia voltar (AZEVEDO, 2008).

16. ECA: "Art. 15. A criança e o adolescente têm direito à liberdade, ao respeito e à dignidade como pessoas humanas em processo de desenvolvimento e como sujeitos de direitos civis, humanos e sociais garantidos na Constituição e nas leis. Art. 16. O direito à liberdade compreende os seguintes aspectos: I – ir, vir e estar nos logradouros públicos e espaços comunitários, ressalvadas as restrições legais; II – opinião e expressão; III – crença e culto religioso; IV – brincar, praticar esportes e divertir-se; V – participar da vida familiar e comunitária, sem discriminação; VI – participar da vida política, na forma da lei; VII – buscar refúgio, auxílio e orientação." (BRASIL, 1990).

"O fato de os pais de Hannah[17] terem acompanhado a sua decisão e de o hospital ter desistido de ação judicial para proceder ao transplante de coração revela que ambos estavam convencidos de que a menina [...] decidiu o seu destino" (LIMA; SÁ, 2016, p. 42), solução que realmente enalteceu o consentimento livre e consciente da adolescente.

Por outro lado, imagine que o conflito surja entre o adolescente e seus pais. Os médicos poderiam fazer a cirurgia contra sua vontade? Ou seja, poderia um filho menor e, portanto, incapaz, manifestar-se contrariamente à vontade dos pais e recusar o tratamento, mesmo que este seja necessário à manutenção de sua vida?

Não se podem tomar crianças e adolescentes como meros objetos. Deve-se garantir-lhes a efetivação de condições favoráveis para que possam ser tratados como sujeitos de direitos. Nessas situações, havendo conflitos que ameacem o exercício de autodeterminação do paciente, seja ele menor de idade ou não, as técnicas da mediação como, por exemplo, a comunicação não violenta e a escuta ativa, poderão contribuir para que as partes, de forma empática, se reconheçam em um conflito e possam estabelecer uma saída conjunta que respeite os interesses individuais.

O uso da mediação transformativa possibilitará o empoderamento dos envolvidos no conflito, e o mediador estimulará as partes para que reconheçam a realidade e a posição de cada um no empasse, bem como estimulará a atuação cooperativa e a tomada de decisão compartilhada, respeitando-se o exercício da autonomia privada. Para tanto, vale enfatizar que mais do que a levar em consideração a informação, "o mediador deve considerar o seu esclarecimento, a ser realizado em vocabulário pertinente às partes, tal como um processo de obtenção de consentimento informado deve ser realizado em saúde" (VASCONCELOS, 2020, p. 228).

Como já exposto, para responder positivamente à indagação acima, é necessário avaliar o grau de amadurecimento psicológico da criança e do adolescente, para que seja possível identificar se ele tem condições de participar da tomada de decisão, e/ou decidir ou não, sobre sua saúde.

Não se pode se esquecer de que, no caso em que os pais venham a atuar, por impossibilidade de participação dos filhos menores no processo decisório, essa atuação, fundada na autoridade parental, trata-se de *múnus*, de modo que eventual decisão deve ser tomada em benefício da própria criança ou adolescente,

---

17. Aos 14 anos de idade, Hannah mudou de ideia e decidiu realizar o transplante de coração. Em 2017, com vinte e dois anos, ela comemorou sua formatura nas graduações em inglês e teatro (DAY, 2017).

"mesmo quando isso contrarie os interesses do titular da autoridade parental" (LIMA; SÁ, 2016, p. 19).

Além disso, é importante afirmar que, seja implementando uma sessão de mediação, ou todo o procedimento, a proposta nesta pesquisa é a mesma: apresentar a mediação como um meio viável a permitir que o paciente possa se autodeterminar diante da tomada de decisão sobre um tratamento continuado. Por isso, no tópico a seguir, demonstrar-se-á mais uma proposta alinhada a esse objetivo.

5.3 A IMPLEMENTAÇÃO DA MEDIAÇÃO NAS OUVIDORIAS HOSPITALARES

Ao longo deste estudo, verificou-se a necessidade de ampliar as medidas a serem adotadas para o tratamento dos conflitos entre médico e paciente/familiares, com o intuito de contribuir para a construção da autonomia do paciente quando da tomada de decisão sobre um tratamento de saúde continuado. Sob esse prisma, apresenta-se a implementação da mediação nas ouvidorias hospitalares como mais uma proposta de melhoria do processo dialógico entre médico e paciente/familiares.

É necessária, portanto, a criação de meios que possam apoiar no tratamento, ou resolução, do conflito entre médico e paciente,

> em especial a conformação de espaços ou circunstâncias apropriadas e a preparação dos atores no cenário – inclusive, para a atenção à aplicabilidade de noções teóricas como, respeito à autonomia, às vulnerabilidades e percepção de relações de poder (VASCONCELOS, 2020, p. 212),

que estejam presentes também no contexto.

Essa proposta está alinhada aos objetivos deste estudo. Há, inclusive, semelhanças entre a mediação e as ouvidorias. Tanto ouvidor[18] quanto mediador são terceiros facilitadores da abertura de diálogo entre os envolvidos no conflito, e ambos devem "agir pautados em princípios norteadores de suas profissões, em técnicas e procedimentos que facilitem a promoção do diálogo producente e em características pessoais que lhes permitam ganhar a confiança dos litigantes" (ANDRADE, 2007, p. 92). Dentre essas características, destacam-se a capacidade de escutar com atenção o que as partes têm a dizer, a preservação da confidencialidade das informações e a atuação independente.

---

18. "Ao ouvidor, cabe ser um canal de estreitamento entre o cidadão, que se encontra insatisfeito com um serviço, e a instituição que prestou o serviço causador da insatisfação, bem como entre os próprios indivíduos que compõem a instituição. Nesse passo, percebe-se que ouvidor e mediador têm atribuições correlatas." (ANDRADE, 2007, p. 89).

Outra semelhança é a difusão que a mediação e a ouvidoria vêm ganhando, sobretudo, a partir da segunda metade do século XX (ANDRADE, 2007). A presença da ouvidoria se intensificou nos hospitais públicos e privados como um meio a estabelecer um bom relacionamento entre as instituições com os usuários.

De forma parecida, a mediação vem ganhando espaço em diversos campos, inclusive, na área da saúde, sendo utilizada como método adequado à solução dos conflitos que envolvem, especialmente, relações continuadas (ANDRADE, 2007).

As ouvidorias são implementadas em instituições públicas e privadas, e seu serviço deve estar à disposição do cidadão, que pode sugerir melhorias nos serviços prestados pela instituição; reclamar de funcionários, serviços ou estruturas institucionais e, também, fazer denúncias diversas.

Essas instituições podem, por exemplo, ser instituições de saúde públicas ou privadas, em que o ouvidor precisa estar preparado para receber, normalmente, as demandas dos usuários/pacientes e chamar os demais envolvidos para compreender a situação e propor possíveis saídas para os eventuais conflitos.

Nesse aspecto, o ouvidor tem um papel mais intervencionista do que o mediador, uma vez que, na mediação, as soluções são criadas pelos próprios mediandos, sendo o mediador apenas um terceiro que estimula o processo. Já o ouvidor, em certos casos, irá propor possíveis soluções para a resolução da demanda.

A proposta apresentada busca justamente capacitar os ouvidores a atuarem como mediadores dos conflitos, sendo necessário que eles tenham formação teórica e prática para que possam adotar a mediação de forma adequada. A tendência é que essa seja uma formação sem grandes complexidades, pois "a figura do ouvidor carrega, em essência, muito do necessário à conduta de um bom mediador. Portanto, acredita-se na importância do ouvidor nas instituições públicas e privadas e do exercício da mediação nas relações internas da organização" (ANDRADE, 2007, p. 92).

A mediação, por ter a capacidade de viabilizar uma construção dialógica para a solução das controvérsias, pode ter grande relevância se implementada, também, nas ouvidorias dos hospitais. Ela possibilitaria que a instituição de saúde se utilizasse de parte da estrutura física e humana já consolidada desse canal para melhorar a tratativa dos conflitos advindos de reclamações sobre médicos e pacientes.

A mediação pode apoiar também no tratamento dos conflitos internos dos hospitais. Contudo, não se abordará essa perspectiva, uma vez que, em razão do recorte desta pesquisa, o foco é na relação médico e paciente/familiares.

Além da proposta de capacitação dos próprios ouvidores para atuarem como mediadores em conflitos de saúde, nada impede que se possa manter, simultaneamente, a figura de um ouvidor e de um mediador dentro das ouvidorias hospitalares, cada um cumprindo sua função.

Por meio de um formulário inicial para o recebimento da demanda, poder-se-ia fazer uma triagem do tipo de conflito, avaliando seus elementos e características, a fim de constatar se seria um conflito indicado ao uso da mediação ou não, justamente como exposto no capítulo 3 desta obra.

Em caso negativo, a demanda seria encaminhada ao ouvidor. De modo semelhante, na hipótese em que o ouvidor perceba, após iniciar seu trabalho, que é necessária a intervenção de um mediador, poderia acioná-lo para que ele identificasse se sua atuação seria viável e, claro, se haveria concordância das partes quanto à abordagem do conflito pela mediação.

Para a efetivação dessa proposta, exige-se uma reforma interna nas ouvidorias para que o mediador seja bem recebido e possa atuar em cooperação com os que já exercem suas funções nesse ambiente, buscando sempre o bem-estar dos usuários.

Ainda que o ouvidor não seja um mediador, ele necessita ter capacidade de escuta, empatia, postura ética, atenção e treinamento para identificar o tipo de conflito que está em cena, com o intuito de compreender quando a atuação do mediador poderá ser melhor do que a sua própria atuação como ouvidor.

Alguns pacientes podem não sentir confiança no ouvidor, porque, embora seja um representante dos cidadãos e tenha independência de atuação, ele está inserido dentro das instituições. Talvez proporcionar a quem leva a demanda à ouvidoria a escolha do mediador e o conhecimento de que esse mediador possui independência de atuação possa contribuir para que o paciente acredite na credibilidade e parcialidade desses profissionais.

Gerar conhecimento a quem busca apoio nas ouvidorias hospitalares sobre as funções do ouvidor e sua forma de atuação também é importante, pois, a partir dessa postura, pode-se criar uma cultura de confiabilidade, em que o paciente saiba da atuação independente não só dos ouvidores, mas também dos mediadores.

Parcela dessa proposta já é aplicada na França, como já explicado, haja vista que, naquele País, é comum o uso da mediação nos contextos hospitalares, ainda que não inserida dentro de uma ouvidoria, mas por meio das *Comissões de Relacionamento com os Usuários e Qualidade do Atendimento*. Via de regra, os próprios médicos são capacitados para ser mediadores, mas também se pode adotar um terceiro sem formação em Medicina para exercer a função do mediador. O objetivo principal é que a mediação possa restabelecer e fortalecer os laços de comunicação e respeito entre médicos e pacientes que vieram a se romper pelo conflito, sobretudo, naqueles casos em que a relação será continuada.

No Brasil, o Estado do Ceará vem se mostrando propenso à implementação da mediação no Hospital Geral de Fortaleza, inclusive já tendo estudos de campo, desenvolvidos por Denise Almeida de Andrade, por meio da Universidade de Fortaleza (ANDRADE, 2007).

Em Minas Gerais, também foi desenvolvido um trabalho de campo dentro do Hospital das Clínicas por Cibele Aimée de Souza, vinculado à Universidade Federal de Minas Gerais, em que se propôs a implementação da mediação junto à ouvidoria daquele hospital (SOUZA, 2018).

Imagine uma paciente obesa, em tratamento continuado de diabetes, com uma cirurgia metabólica já marcada, sobre a qual ela não tem segurança a respeito do melhor caminho a percorrer, pois não sabe, com precisão, quais as consequências da cirurgia e se ela terá êxito.

Por duas vezes, a cirurgia fora desmarcada sem nenhuma justificativa para a paciente, o que a levou a procurar pela ouvidoria do hospital, uma vez que estava há mais de sessenta dias aguardando pela realização do procedimento.

Ao receber a demanda, a ouvidoria constatou que realmente a cirurgia fora desmarcada mais de uma vez, em razão de o anestesista não estar presente nas datas designadas.

Os médicos que participariam da cirurgia, inclusive o que acompanhava o controle da diabetes da paciente, disseram que não informaram o ocorrido à paciente para não criar animosidade entre ela e o anestesista, já que era ele o profissional que teria contato com ela antes de iniciar a cirurgia.

Nota-se que a relação de confiança da paciente no médico que lhe acompanhava pode ser bastante afetada em função da falta de comunicação sobre o motivo das desmarcações. Nesse caso, a mediação, inserida na ouvidoria do hospital, poderia ter contribuído para o restabelecimento sadio da relação médico-paciente, bem como para a construção da autonomia da paciente, pois ela teria reais condições de compreender os riscos e as consequências da cirurgia antes de prestar consentimento sobre o procedimento.

Nessa situação, era fundamental que a paciente fosse devidamente orientada sobre a cirurgia a que iria se submeter antes de se decidir sobre ela e os motivos que levaram às desmarcações do procedimento. Seria importante também que a paciente soubesse que seu médico e os que participariam da cirurgia tiveram o intuito de preservá-la ao não lhe contar sobre o anestesista, mas que reconhecem que se equivocaram quanto à escolha pela não informação.

Além disso, a sessão de mediação possibilitaria que o próprio anestesista fosse ouvido, a fim de que pudesse apresentar os motivos que o levaram a se ausentar nas datas designadas para a realização da cirurgia.

A abertura dialógica provocada pela mediação, com o auxílio do mediador, potencializaria a possibilidade de a paciente compreender a situação narrada pelo anestesista faltoso, a escolha de seu médico por não apresentar as justificativas pelas desmarcações da cirurgia, bem como poderia contribuir para sua tomada de decisão quanto a fazer ou não a cirurgia, já que seria devidamente informada sobre seu estado de saúde e o procedimento a que iria se submeter.

Nesse espaço, o médico e o anestesista também poderiam apresentar suas desculpas à paciente, compreendendo os sentimentos e as necessidades dela quanto ao ocorrido.

Tudo contribuiria para melhorar a relação entre médico e paciente, talvez até melhor do que antes do conflito, pois foi a partir dele e por meio da mediação que as partes tiverem a oportunidade, efetiva, de expor suas fragilidades, sentimentos, dúvidas e necessidades e serem ouvidas.

Realmente, se a mediação "pode ser percebida como incentivo importante para o exercício democrático de autonomia privada por pessoas em entraves de convivência, é bem verdade que, igualmente, pode revestir-se de potencial de desinvisibilização de sujeitos" (FERREIRA; NOGUEIRA, 2017, p. 76). Essa concepção é eminentemente verdadeira, haja vista que a mediação proporciona aos envolvidos a "liberdade para identificar, conduzir e desenvolver, dialogicamente, soluções para seus anseios de justiça, figurando, portanto, como sujeitos construtores do próprio direito" (FERREIRA; NOGUEIRA, 2017, p. 76).

Essa proposta se associa à abordagem da mediação institucional, que foi abordada no capítulo 4, e se justifica porque esse método é estruturado dentro das próprias instalações hospitalares, isto é, dentro das ouvidorias. Contudo, nada impede, sendo inclusive desejável, que ela coexista com a mediação transformativa ou transformadora. "Trata-se de reconhecer suas distinções e condições e dar-lhes seus lugares adequados" (SOUZA, 2018, p. 136), almejando-se, nesse cenário, que o mediador seja capacitado a identificar quais técnicas e abordagens serão mais adequadas a apoiar os envolvidos no conflito.

Como exposto, o que se propõe é a possibilidade de aproveitar a estrutura física e humana das ouvidorias, já instaladas nos hospitais públicos ou privados, para a implementação da mediação.

Embora ainda sejam necessárias a divulgação ampla e a compreensão da atuação da ouvidoria aos que trabalham nas instituições de saúde e aos que a utilizam, alguns profissionais da área médica e usuários/pacientes sabem que esse é um canal de escuta e tratativa de eventuais conflitos, o que facilita a recepção do uso da mediação nesse espaço.

"A despeito de sua vinculação à instituição, o mediador qualificado, equidistante, independente e sem poder pode realizar um trabalho de instituir uma acolhida e uma escuta e de humanizar assistência à saúde e a Instituição" (SOUZA, 2018, p. 134). Similarmente, embora no caso das ouvidorias a mediação esteja vinculada ao hospital, ele não pode intervir no trâmite da mediação nem na atuação do mediador, sob pena de desvirtuar seu propósito. "Não pode a Instituição condicionar os procedimentos segundo seus interesses ou fixar limites à duração da mediação no intuito de promover processos céleres e alcançar uma pretensa produtividade de soluções com o método" (SOUZA, 2018, p. 135), haja vista que se perderia a essência da mediação e não se permitiria a transformação da relação dos envolvidos no conflito.

Outro exemplo de como a mediação pode potencializar a construção da autonomia do paciente refere-se a um paciente que sofre de insuficiência renal crônica, faz hemodiálise e aguarda na fila de transplante de rins.

Em uma de suas consultas, o médico que acompanha seu tratamento de saúde continuado constatou que sua pressão arterial estava alta, mas não o encaminhou para um especialista nem lhe prescreveu tratamento ou medicação para a situação.

O paciente, já bastante ansioso pela espera da cirurgia, ficou decepcionado com a conduta do médico, especialmente, porque já havia relatado, em outros episódios, o histórico de pressão alta em sua família.

Ele, ao invés de questionar o médico, recorreu à ouvidoria para fazer a reclamação, alegando que o médico fora desidioso e não lhe encaminhara a um clínico geral ou especialista para investigar sua pressão alta.

Esse tipo de comportamento pode levar o paciente à insegurança e, por consequência, impactar no exercício de sua autonomia, uma vez que, diante de eventual tomada de decisão, pode não ter segurança nas orientações médicas.

Ao receber a reclamação, a ouvidoria do hospital poderia acionar o mediador para que ele ouvisse as partes sobre o interesse de participar dos trâmites da mediação e, uma vez que todos concordassem, poderia ouvir o ocorrido.

A mediação seria um excelente método a propiciar o diálogo e o respeito entre os envolvidos, o que seria bastante relevante, sobretudo, porque se trata de relação continuada, uma vez que o paciente continuará a se consultar com o médico que lhe presta os cuidados e, provavelmente, necessitará de atenção mesmo após o transplante.

As sessões de mediação proporcionariam um espaço para que o paciente pudesse expor sua frustração quanto ao comportamento do médico e explicasse suas expectativas, medos e necessidades quanto ao fato de estar com a pressão alta durante a consulta e nada ter sido orientado pelo médico. Por sua vez, o médico também teria a oportunidade de esclarecer o motivo que o levou a não indicar nenhum tratamento, medicação ou encaminhamento a um especialista. Essa comunicação poderia ter o condão de restabelecer a confiança entre médico e paciente para que seguissem com o tratamento da hemodiálise.

Em suma, os exemplos e as explicações apresentados revelam o potencial da implementação da mediação nas ouvidorias hospitalares para tratar os conflitos entre médicos e pacientes, melhorando a prestação de serviço das ouvidorias e proporcionando aos usuários maior possibilidade de resolverem seus conflitos de maneira compartilhada, preservando o exercício de autoafirmação.

5.4 OUTRAS MEDIDAS DE MELHORIA PARA A RELAÇÃO MÉDICO-PACIENTE COM O FITO DE PRESERVAR A AUTONOMIA DO PACIENTE

Há outras medidas que, se adotadas, impactarão na relação médico-paciente e, consequentemente, contribuirão para a preservação da autonomia do paciente. A sugestão de tais medidas não é inovadora, mas se trata de pequenos ajustes que poderão ser implementados em estruturas já existentes como, por exemplo, nos comitês de ética e bioética e nas faculdades de Medicina, com o intuito de colaborar com o fortalecimento do processo dialógico entre médico e paciente/familiares.

A primeira propositiva diz respeito à implementação de mediadores junto aos comitês de ética e bioética[19] nos hospitais e instituições assistenciais de saúde, a fim de que eles possam favorecer a solução dialogada dos conflitos entre médicos e paciente/familiares, preservando a construção da biografia do paciente diante de uma tomada de decisão em tratamento de saúde continuado.

A princípio, antes de se detalhar essa proposta, insta demonstrar o cenário em que surgiram esses comitês. O caso *sub judicie,* que deu origem ao primeiro comitê de ética,[20] é de uma paciente chamada Karen, que se encontrava em estado vegetativo. Sua condição neurológica estava afetando sua capacidade respirató-

---

19. Não se deve esquecer que uma das funções da bioética é auxiliar os profissionais da saúde a entenderem sobre os fins da profissão. De fato, "a bioética médica tem por objetivo educar os profissionais da saúde e os usuários dos serviços de saúde, ou seja, todos, quanto as questões de valor relativas à gestão da vida e do corpo, da saúde e da doença" (GRACIA, 2010, p. 103).

20. O primeiro Comitê de Bioética no Brasil surgiu em 1993 no Hospital de Clínicas de Porto Alegre (HCPA) e desde então tem-se mostrado uma ferramenta de apoio junto aos demais setores do nosocômio" (OLIVEIRA; AMARAL, 2021, p. 131).

ria, ou seja, precisava de respirador para conseguir manter de forma regular sua respiração (OLIVEIRA; AMARAL, 2021).

O conflito, nesse caso, instaurou-se, porque os médicos não concordavam com a remoção do respirador. Acreditavam que ela não sobreviveria sem o suporte artificial. Por outro lado, os pais queriam suspender os respiradores, pois ela não apresentava nenhum sinal de melhora e, para eles, mantê-la naquele estado poderia lhe gerar mais sofrimento (OLIVEIRA; AMARAL, 2021).

Diante dessa situação, a Corte Suprema de New Jersey, em 1976, decidiu que a questão deveria ser levada ao conhecimento de um comitê de ética presente no ambiente hospitalar em que a paciente se encontrava. "Se este órgão consultivo concordasse que não havia possibilidade razoável de a Karen algum dia emergir de sua atual condição de coma para um estado cognitivo e sapiente, o atual sistema de suporte de vida poderia ser retirado" (OLIVEIRA; AMARAL, 2021, p. 130), não havendo qualquer tipo de responsabilidade civil e/ou penal dos médicos e familiares.

Assim, "embora o comitê de bioética inicialmente tenha sido instituído em função de uma situação específica, a proposta de instaurar comitês de bioética em instituições hospitalares permaneceu nos Estados Unidos" (OLIVEIRA; AMARAL, 2021, p. 130).

Anos mais tarde, os comitês também foram adotados na realidade hospitalar brasileira, tendo-se notícia de que "o primeiro comitê de bioética no Brasil surgiu em 1993 no Hospital de Clínicas de Porto Alegre (HCPA) e desde então tem se mostrado uma ferramenta de apoio junto aos demais setores do nosocômio" (OLIVEIRA; AMARAL, 2021, p. 131).

Esses comitês ganharam mais relevância a partir da 33ª sessão da Conferência Geral da Unesco, realizada em outubro de 2005, oportunidade em que foi aprovada a Declaração Universal sobre Bioética e Direitos Humanos.

O Documento, no artigo 19, convalida a possibilidade de criação dos comitês de ética nos hospitais, recomendando que sejam "independentes, multidisciplinares e pluralistas (ORGANIZAÇÃO DAS NAÇÕES UNIDAS PARA A EDUCAÇÃO, A CIÊNCIA E A CULTURA, 2006), devendo "ser instituídos, mantidos e apoiados em nível adequado com o fim de [...] promover o debate, a educação, a conscientização do público e o engajamento com a bioética" (ORGANIZAÇÃO DAS NAÇÕES UNIDAS PARA A EDUCAÇÃO, A CIÊNCIA E A CULTURA, 2006), entre outros objetivos.[21]

---

21. Art. 19: "Comitês de ética independentes, multidisciplinares e pluralistas devem ser instituídos, mantidos e apoiados em nível adequado com o fim de: (i) avaliar questões éticas, legais, científicas e sociais

O Brasil, por ser país-membro signatário da Declaração Universal sobre Bioética e Direitos Humanos, tem como missão seguir e implementar as recomendações, entre elas, as que tratam dos comitês de bioética.

À vista disso, em 2012, o Conselho Federal de Medicina emitiu a Resolução 1.995/12, estabelecendo que, na hipótese de o paciente se encontrar incapaz de manifestar livremente e de forma independente sua vontade, o médico deverá levar em consideração suas diretivas antecipadas de vontade. Caso essas não sejam conhecidas, não havendo representantes ou familiares disponíveis, ou na falta de consenso entre médicos e familiares, deverá àqueles recorrer ao comitê de bioética do hospital, caso exista, exatamente como prevê o art. 2º, § 5º da Resolução (CONSELHO FEDERAL DE MEDICINA, 2012).

Nesse sentido, três anos depois, o Conselho Federal de Medicina também fez recomendação expressa sobre a criação e o funcionamento dos comitês de bioética, prevendo, no art. 1º, § 2º, da Recomendação do CFM 8/2015, que "a designação "comitê de bioética" abrange e nomeia todos os Comitês ou Comissões de bioética hospitalares, de entidades assistenciais de saúde não hospitalares e de outras similares" (CONSELHO FEDERAL DE MEDICINA, 2015).

Essa Recomendação trouxe também uma contribuição valiosa para que se compreendesse a natureza dos comitês, dispondo o artigo 1º, § 1º, que o comitê bioético é um "colegiado multiprofissional de natureza autônoma, consultiva e educativa que atua em hospitais e instituições assistenciais de saúde" (CONSELHO FEDERAL DE MEDICINA, 2015), tendo como "objetivo auxiliar na reflexão e na solução de questões relacionadas à moral e à bioética que surgem na atenção aos pacientes" (CONSELHO FEDERAL DE MEDICINA, 2015).

A Resolução afirma que, embora a proposta de implementação dos comitês bioéticos nos hospitais exista há bastante tempo e seja uma boa possibilidade para a melhora da prestação dos serviços de saúde, sua criação não é prática recorrente no Brasil, muito em razão de uma cultura hierarquizada nos cenários hospitalares.

Como se observa, os comitês de bioética não são uma proposta inovadora, mas a participação de mediadores nesses ambientes pode trazer novidade à essa proposição.

---

relevantes relacionadas a projetos de pesquisa envolvendo seres humanos; (ii) prestar aconselhamento sobre problemas éticos em situações clínicas; (iii) avaliar os desenvolvimentos científicos e tecnológicos, formular recomendações e contribuir para a elaboração de diretrizes sobre temas inseridos no âmbito da presente Declaração; e (iv) promover o debate, a educação, a conscientização do público e o engajamento com a bioética" (ORGANIZAÇÃO DAS NAÇÕES UNIDAS PARA A EDUCAÇÃO, A CIÊNCIA E A CULTURA, 2006).

A natureza dos comitês de bioética requer pluralidade em sua composição, isto é, não só a participação de profissionais da saúde, mas também de outros representantes da sociedade, entre os quais podem estar presentes os mediadores.

É preciso ponderar que os conflitos que se desenvolvem no ambiente hospitalar têm características próprias e exigem a abertura de diálogo, caso se queira preservar a possibilidade de participação do paciente na construção da decisão compartilhada diante de um tratamento de saúde.

Assim, a presença de um mediador nos comitês de bioética pode trazer benefícios à relação médico-paciente, pois, tratando de terceiro imparcial ao conflito e sendo conhecedor das técnicas adequadas de tratamento de conflitos, terá melhores condições de estimular os envolvidos a compreenderem o conflito, as posições e os interesses de cada um, facilitando as eventuais tomadas de decisão.

Da mesma forma, caso o conflito tenha se instaurado, e o paciente não tenha capacidade nem competência para manifestar livremente sua vontade, por exemplo, como na situação narrada, julgada pela Corte Suprema de New Jersey, o mediador também poderá facilitar a comunicação entre médicos e familiares, favorecendo o ambiente para que eles possam, dialogicamente, reconstruir a vontade do paciente, preservando-se, assim, a autonomia dele.

Frisa-se, novamente, que, ainda que os envolvidos em um conflito não se submetam a um processo com todas as etapas da mediação, a utilização de suas técnicas, por aqueles que possuem a formação de mediadores, pode também contribuir para que o paciente, ou seus familiares, assuma postura ativa na construção da melhor saída que lhe garanta uma tomada de decisão autônoma quanto a um tratamento de saúde continuado.

Outra melhoria, que contribuiria para o conhecimento dos profissionais da área da saúde sobre a atuação dos comitês de ética e bioética, está associada ao aperfeiçoamento do ensino desses profissionais.

Nesse contexto, é importante pensar na reformulação das faculdades de Medicina, a fim de que os formandos sejam capacitados a lidarem com os métodos adequados de tratamento de conflitos, com vistas a utilizar as técnicas para melhorar a comunicação com os pacientes, tornando-a mais humanizada.

"Apesar do movimento para a inserção de temas da humanização na formação de profissionais na área da saúde,[22] sua realização ainda apresenta grandes

---

22. Cita-se, como exemplo, a Faculdade de Medicina da Universidade de São Paulo (FMUSP), que, desde 1998, introduziu disciplinas de humanidades na grade curricular (RIOS; SIRINO, 2015). Conquanto, essas disciplinas abordem "temas referentes a aspectos éticos, filosóficos, históricos, antropológicos, psicológicos, políticos, sociais e biotáticos da prática médica [...], não conseguem uma efetiva integração curricular com o núcleo duro, e fortemente tecnicista, da graduação" (RIOS; SIRINO, 2015, p. 403).

obstáculos no ensino médico" (RIOS; SIRINO, 2015, p. 402). "Muitos alunos e professores não consideram os aspectos humanísticos da prática médica como parte integrante do aprendizado da Medicina" (RIOS et al., 2008, p. 113). "Frequentemente, os alunos as veem como desinteressantes e dispensáveis, em parte porque, embora fundamentais à boa prática médica, muitas vezes são abordadas de forma superficial nos currículos médicos" (RIOS; SIRINO, 2015, p. 407).

Por isso, o ensino, sob a perspectiva da humanização, requer uma mudança dos métodos didáticos e pedagógicos das universidades de Medicina, fugindo do modelo tradicional, focado na transmissão fragmentada de conteúdos teóricos, sem conexão com a realidade.

De fato, a rede complexa que forma o mundo contemporâneo exige do profissional, seja ele um médico ou não, muito mais do que a educação técnica formal adotada pelas universidades.

Por isso, não se pode pensar em um conhecimento apenas distribuído em disciplinas isoladas, mas se deve fomentar a construção de um ensino médico voltado a capacitar os estudantes a compreenderem o paciente para além dos aspectos biomédicos.

Ao médico, não pode ser garantida apenas uma formação técnica sem o compartilhamento das complexidades humanas que lhe aguardam no cotidiano profissional, sob pena de não se prestar um cuidado integral ao paciente.

No mundo contemporâneo, os avanços tecnológicos devem servir de melhoria à prestação dos serviços de saúde e não como meio a afastar o médico da essência humana. Assim, "faz-se imperioso o resgate da humanização para prevenir o risco de um reducionismo tecnológico na prática clínica contemporânea" (RIOS et al., 2008, p. 115).

> Na área da saúde, chamamos 'humanização'[23] o resgate de valores humanísticos e o desenvolvimento de práticas que agregam à competência técnica o olhar humano sobre a totalidade dos acontecimentos que envolvem o adoecimento e seu desfecho (RIOS et al., 2008, p. 113).

Nesse cenário, propõe-se que, na formação médica, os estudantes possam, diante da perspectiva de humanização, ter acesso ao estudo dos métodos adequados de tratamento de conflitos, dentre eles, ao estudo teórico e prático da mediação, com o intuito de melhorar a relação entre médico e paciente/familiares.

O estudo da mediação, associado ao cotidiano médico-hospitalar, possibilitará ao futuro médico compreender e vivenciar diversas técnicas e métodos da

---

23. No Brasil, "o Ministério da Saúde ampliou seu alcance, transformando-o numa política pública do Sistema Único de Saúde: A Política Nacional de Humanização" (RIOS et al, 2008, p. 113).

comunicação, tais como, a comunicação não violenta, a escuta ativa, a paráfrase, o exercício da empatia etc., os quais contribuirão para que ele possa, a partir da compreensão da comunicação verbal e não verbal com o paciente, apoiá-lo em sua tomada de decisão de saúde, de modo a fortalecer a autodeterminação.

O estudo sobre a mediação está em harmonia com a humanização do ensino de graduação em Medicina, haja vista que "a humanização também é vista como ampliação do processo comunicacional, apoiada no diálogo" (RIOS; SIRINO, 2015, p. 402). Em outras palavras, o cuidado prestado ao paciente sob a perspectiva da humanização está interligado também à capacidade de compreensão do outro por meio da linguagem. Nisso, a mediação pode ser útil, uma vez que se trata de método capaz de fomentar um espaço de diálogo no qual as pessoas podem exercer livremente sua autonomia para dirimir presentes e futuros conflitos e tomar suas próprias decisões a respeito da controvérsia e questões de saúde.

A gestão construtiva dos conflitos médico-paciente contempla também melhorar a formação dos profissionais de saúde, a fim de que desenvolvam competências para a prevenção, a gestão e a resolução de problemas. A formação nessa área deve ser contínua, haja vista que a realidade em que os conflitos se inserem é dinâmica.

Nesse cenário, a mediação pode estimular o exercício da empatia na relação médico-paciente, possibilitando uma melhoria da comunicação entre eles e, por conseguinte, impactando na autonomia do paciente quando de uma tomada de decisão sobre um tratamento de saúde continuado.

A empatia pode ter diversos conceitos, mas, "enquanto habilidade comunicacional que envolve as subjetividades [...], apresenta componentes cognitivos, afetivos e comportamentais, que sinergicamente buscam a compreensão acurada das necessidades e perspectivas do outro" (RIOS; SIRINO, 2015, p. 405).

O paciente, ao perceber que o médico compreende suas necessidades físicas, emocionais, socioculturais, pode criar um elo de confiança com o profissional que lhe presta os cuidados. Por sua vez, essa confiança pode possibilitar que o paciente se sinta seguro a perguntar ao médico sobre suas dúvidas quanto a seu estado de saúde e eventuais tratamentos, facilitando a expressão de eventual consentimento sobre um tratamento de saúde.

Nesse sentido, a propositiva é que as faculdades de Medicina, diante da possibilidade, já existente, da integração das disciplinas de humanidades médicas, possam incluir o estudo sobre os métodos consensuais adequados de tratamento e solução de conflitos, a fim de que o médico possa não só vivenciar a humanização na prática médica, mas que tenha também conhecimento teórico e prático suficiente para lidar com os conflitos nascidos da relação médico-paciente.

Para isso, é necessário um esforço coletivo não só de acréscimo de mais uma disciplina na grande curricular do curso de Medicina, mas o desenvolvimento de uma nova cultura médica. É preciso abandonar o método pedagógico tradicional tecnicista e se afastar da lógica do pensamento ocidental, que se construiu com base na busca de uma verdade única, uma vez que essa lógica aniquila a possibilidade de contradição e de pensamentos plurais.

Busca-se, com essa propositiva, a formação de médicos mais humanizados, democráticos, dialógicos e atentos aos cuidados integrais dos pacientes, com o propósito de que possam efetivamente apoiar o paciente a interpretar suas escolhas antes de consentir, ou dissentir, sobre dado tratamento de saúde continuado, construindo-se, assim, uma decisão compartilhada, que respeite a autonomia dos sujeitos a partir da concepção individual de vida boa.

5.5 AS ESTRATÉGIAS DA MEDIAÇÃO COMO MEIO POTENCIAL PARA A AUTODETERMINAÇÃO DO PACIENTE DIANTE DE UM TRATAMENTO DE SAÚDE CONTINUADO

No transcurso desta pesquisa, estudou-se a relação médico-paciente e a autonomia do paciente, bem como diversas diretrizes da mediação a fim de convalidar a hipótese de que ela tem potencial para contribuir com o exercício da autonomia do paciente quando da tomada de decisão sobre um tratamento de saúde continuado.

Apresentaram-se orientações e propostas de implementação da mediação nos contextos de saúde, com o intuito de demonstrar que esse método pode facilitar o tratamento do conflito entre médico e paciente/familiares, proporcionando um ambiente mais harmonioso, compreensível e dialógico favorável à construção da autonomia do paciente.

Neste tópico, algumas dessas diretivas serão recapituladas e sintetizadas com o intuito de remontar ao raciocínio diluído no decorrer dos capítulos, cuja compreensão mais sucinta favorecerá o entendimento do problema e da hipótese apontada no introito desta obra.

Para tanto, reforça-se que, tradicionalmente, a mediação é considerada como "atividade técnica exercida por terceiro imparcial sem poder decisório, que, escolhido ou aceito pelas partes, as auxilia e estimula a identificar ou desenvolver soluções consensuais para a controvérsia" (BRASIL, 2015b).

A concepção da mediação como uma das técnicas de *Alternative Dispute Resolution (ADR)* "à moda norte-americana tornou-se um verdadeiro produto de exportação, sendo incorporada até mesmo por tribunais de diversos países

(Brasil inclusive), na expectativa de assim poderem ser 'desafogados'" (NICÁCIO; OLIVEIRA, 2008, p. 2).

No entanto, como já exposto, acredita-se que a mediação pode cumprir mais do que a missão de desafogar o Poder Judiciário e ser método de resolução de conflitos, haja vista que pode ser trabalhada em perspectiva mais ampla e humanista, visando ao resgate da autonomia do sujeito para que ele possa tomar suas decisões diante de um conflito.[24] Além disso, a mediação pode ser usada, também, sob um viés preventivo à instauração do conflito.

Ao alargar a compreensão de mediação, busca-se que seus participantes sejam vistos como sujeitos ativos, isto é, como participantes dos próprios processos decisórios. Esse é, inclusive, um dos papéis do mediador, o de estimular o empoderamento dos envolvidos para que assumam suas responsabilidades nas tomadas de decisão.

Essa visão faz com que ela se apresente como "potencial de desinvisibilização de sujeitos, na medida em que lhes proporciona identificar, conduzir e desenvolver, autônoma e dialogicamente, soluções para suas controvérsias" (FERREIRA; NOGUEIRA, 2017, p. 62).

Não se trata de usar a mediação como via salvadora para todos os problemas, mesmo porque ela também tem seus desafios, tal como, a "desconfiança bastante significativa se a compararmos com as chamadas 'vias tradicionais' de acesso à justiça" (NICÁCIO; OLIVEIRA, 2008, p. 14).

Para que fique mais compreensível como a mediação pode contribuir para a construção da autonomia do paciente diante de um conflito, apresentam-se dois casos reais, vivenciados pelo médico José Eduardo de Siqueira[25] e relatados por ele na obra *A relação médico-paciente: velhas barreiras, novas fronteiras*[26] (SIQUEIRA; BRUM, 2010).

---

24. A proposta de aplicar a mediação aos conflitos médico-paciente está intimamente interligada à autonomia, uma vez que privilegia e respeita "os saberes e os desejos dos envolvidos, de forma a desconsiderar as propostas tradicionais de realização de justiça, ancoradas em discursos epistemológicos hegemônicos, que aparentam-se inadequados, sobretudo quando incoerentes, ou incompatíveis, com as expressões volitivas que ascendem dos próprios atores" (FERREIRA; NOGUEIRA, 2017, p. 62).

25. "Doutor em Medicina. Professor de Clínica Médica e Bioética da Universidade Estadual de Londrina" (SIQUEIRA; BRUM, 2010, p. 231).

26. A partir do item 5.5 desta obra, o leitor poderá conferir a entrevista completa do médico José Eduardo de Siqueira, que, além de relatar sua experiência por meio do compartilhamento de casos reais, discute como o testamento vital pode trazer reflexões profundas sobre o que é ser médico e paciente e sobre a vida e a morte.

Esses casos foram relatados em uma entrevista que o médico forneceu à jornalista Eliane Brum[27] para a Revista Época em julho de 2010, sob a autorização da Editora Globo, que também compõe a obra.

No primeiro caso, ele relata que teve um paciente com coronariopatia muito grave, também conhecida como doença das artérias coronárias, em que a possibilidade cirúrgica era pequena.

Para contextualizar, o médico explica que o paciente era um dentista, professor e, inclusive, seu amigo. Era também separado, com uma parcela da família vivendo em Londrina; e outra, em Brasília (SIQUEIRA; BRUM, 2010).

Há certo tempo doente, o paciente veio lhe perguntar: – "Quanto tempo de vida eu tenho?" (SIQUEIRA; BRUM, 2010, p. 250). E ele, na função de médico, lhe respondeu: – "Não sei, não sou Deus, mas posso te dizer, pela literatura médica, que a gente consegue que você tenha pelo menos seis meses de vida" (SIQUEIRA; BRUM, 2010, p. 250).

Foi, então, que o paciente "decidiu não fazer nenhuma intervenção cirúrgica. Queria resolver seus problemas existenciais com a família que teve, com a família que tinha" (SIQUEIRA; BRUM, 2010, p. 250).

Contudo, um dos filhos do paciente ligou para o Dr. José Eduardo, questionando-o: – "Você está louco? Meu pai tem que ser operado, ele tem chance!" (SIQUEIRA; BRUM, 2010, p. 250).

Mesmo ele tentando explicar a complexidade da situação ao filho, este estava muito bravo e achava que a decisão da cirurgia não podia ser apenas de seu pai. Esse cenário se agravou, tendo em vista que esse filho e demais familiares começaram a pressionar o paciente/parente para que se submetesse à cirurgia, mas ele se manteve firme.

Imagine esse paciente, sabendo que tinha uma expectativa de vida de apenas seis meses, enfrentando dores, inclusive físicas, provenientes da doença e do seu estado vulnerável, consciente do ponto de vista cirúrgico, das chances de êxito, pequenas, tendo que enfrentar pressão familiar para fazer uma cirurgia sobre a qual ele tinha total esclarecimento, autonomia, competência e desinteresse em se submeter a ela.

Esse cenário conflituoso entre o paciente e seus familiares, e entre estes com o médico, pode ferir o exercício da autonomia do paciente, a depender do desfecho. Nesse contexto, a mediação, sobretudo na abordagem transformadora, poderia ter sido útil. Por meio de um mediador, poderia ter sido estabelecido

---

27. "Jornalista, escritora e documentarista. Ganhou mais de 40 prêmios nacionais e internacionais de reportagem" (SIQUEIRA; BRUM, 2010, p. 231).

um espaço de escuta ativa e abertura de diálogo, em que os familiares poderiam ter sido verdadeiramente escutados, acolhidos e apoiados a compreenderem a situação e a manifestação de vontade do paciente/parente, entendendo, por consequência, a função do médico naquele contexto.

A mediação transformadora, ao permitir que os sujeitos atuem como protagonistas nas resoluções de seus próprios conflitos interpessoais, atuais e futuros, permite-lhes, por conseguinte, o exercício de empoderamento e autonomia, tão importantes para que o paciente possa tomar decisões diante de um tratamento de saúde, como, por exemplo, optar por não fazer uma intervenção cirúrgica, conforme narrado.

Além disso, por essa abordagem, é possível exercitar a alteridade, pois permitirá a criação de espaços de diálogo e reconhecimento, nos quais se respeita o lugar de fala e de escuta de cada indivíduo.

Assim, a mediação teria o potencial de contribuir com a construção da autonomia do paciente, de modo a respeitar sua construção biográfica, o que abrange, inclusive, a escolha pela forma de morrer. Essa seria uma saída à casuística exposta, que não só valorizaria a autonomia, mas também a dignidade do paciente.

No caso supramencionado, o paciente conseguiu enfrentar as pressões familiares e não mudou sua manifestação de vontade por não realizar a cirurgia, vindo a falecer em Brasília, tempos depois da instalação do conflito, quando visitava uma de suas filhas.

Para finalizar, o Dr. José Eduardo narra que, após o falecimento do paciente, o filho que lhe procurou, furioso, questionando-lhe se estava maluco, veio testemunhar-lhe: _ "Agora que passou esse tempo todo acho que tudo aconteceu da melhor maneira. Se ele tivesse passado por uma intervenção cirúrgica, teria sofrido muito mais" (SIQUEIRA; BRUM, 2010, p. 250).

De fato, o conflito médico-paciente/familiar merece maior cuidado ao ser tratado, pois, diferente de um conflito empresarial, por exemplo, é permeado por nuances existenciais, ou seja, o cenário que envolve a doença, a morte, a dor, entre outros sentimentos, provoca uma atmosfera favorável a afetar emocionalmente os envolvidos. Estando esses fragilizados e balados emotivamente, a compreensão sobre o caso e a tomada de decisão também podem ficar comprometidas, como ocorreu com o filho que, diante da iminente morte do pai, desconsiderou totalmente sua autonomia, vindo a combater o médico, a fim de que ele fizesse uma cirurgia a que o pai, de modo esclarecido e competente, não tinha interesse em se submeter.

No segundo caso, vivenciado pelo Dr. José Eduardo, a situação foi mais grave, pois violou o exercício da autonomia do paciente, o que talvez poderia ter sido evitado com o uso da mediação na gestão do conflito.

Para entender melhor a situação, destaca-se que o caso envolvia um rapaz de 28 anos de idade, internado na UTI, que tinha o vírus do HIV e todas as evoluções possíveis para uma broncopneumonia (SIQUEIRA; BRUM, 2010).

Esse paciente, capaz e competente para tomadas de decisão em saúde, chamou a médica que o atendia e disse que sabia que o caso era grave, afirmando: – "Eu quero deixar claro: eu não quero ser entubado e eu não quero traqueostomia. Se eu começar uma crise quero que a senhora apenas me alivie, tire a dor, use máscara de oxigênio se for o caso" (SIQUEIRA; BRUM, 2010, p. 251).

A médica ouviu com atenção a manifestação de vontade do paciente e disse-lhe que sim, tinha compreendido seu desejo. Em seguida, no horário de visitas, ela foi conversar com os familiares sobre a manifestação de vontade do paciente, e eles reagiram rispidamente. "Os pais disseram: – Negativo, doutora, a senhora vai fazer. Se tiver que entubar, vai entubar. E se não fizer, vamos dizer que a senhora omitiu socorro" (SIQUEIRA; BRUM, 2010, p. 251).

Novamente, nota-se o surgimento de um conflito, uma vez que o paciente, de forma autônoma, manifestou seu interesse quanto a que tratamento seguir em caso de piora da saúde, que foi compreendido pela médica e totalmente discordado pelos seus familiares, a ponto de estes, inclusive, ameaçar a denunciar a profissional da saúde por omissão de socorro. A médica, totalmente perdida, sem saber como agir, procurou o Dr. José Eduardo, justamente porque sabia da sua vasta experiência profissional, perguntando o que ela deveria fazer. Teve a seguinte resposta: – "Acho que você tem de se curvar diante da vontade do paciente. Se você entubar, depois vai ter que fazer a traqueostomia, e esta pessoa vai sofrer" (SIQUEIRA; BRUM, 2010, p. 251). Ela, por seguinte, respondeu: "Muito bem, mas você vai lá tomar essa decisão, porque eu não vou tomar" (SIQUEIRA; BRUM, 2010, p. 251).

Infelizmente, o paciente não teve sua última manifestação de vontade atendida. Ele "foi entubado, traqueostomizado e ficou mais ou menos 20 dias assim até morrer. Teve a morte que ele não queria, a morte que, quando lúcido, disse claramente que não queria ter" (SIQUEIRA; BRUM, 2010, p. 251). Lamentavelmente, "vivemos essa cultura de que as pessoas acham que podem determinar o que o outro tem de fazer. E, às vezes, o que parece ser benéfico é, na verdade, um malefício" (SIQUEIRA; BRUM, 2010, p. 251). "Não se pode fazer as pessoas felizes à força. Ou melhor, há que deixar que cada um viva de acordo com sua ideia de felicidade" (GRACIA, 2010, p. 313).

A mediação, mais uma vez, teria sido útil nesse caso, pois fomentaria a ampliação do diálogo, a construção consensual, cooperativa, construtiva e compartilhada da solução, buscando preservar a autonomia do paciente, porque:

> A mediação, como expressão da vontade dos participantes, em que a elas é oportunizado o momento de fala, em concomitância à qualificação da escuta pelos interlocutores, permite, não apenas a construção de uma resolutiva endógena satisfatória, como também o protagonismo aos atores [...] de forma a autoafirmá-los como sujeitos construtores dos próprios direitos (FERREIRA; NOGUEIRA, 2017, p. 67).

Ao analisar o caso acima, não se pode se esquecer de que a concepção de vida boa inclui ter uma morte digna, isto é, "o direito de viver não é antagônico ao direito de morrer; ele compreende, na verdade, duas dimensões de um mesmo direito" (RIBEIRO, 2010, p. 218).

Por sua vez, "por morte digna se compreende a morte sem dor, sem angústia e em conformidade com a vontade do titular do direito de viver. E sendo a morte inerente a vida, o direito a ela também o é por extensão" (RIBEIRO, 2010, p. 225). Essas construções biográficas ocorrem dentro da esfera de liberdade individual, que foi violada no caso em comento.

Nota-se que o paciente, mesmo tendo competência para a tomada de decisão, infelizmente, não teve seu exercício de autorregulamentação respeitado, o que, talvez, poderia ter sido evitado se, por exemplo, o hospital, no qual estava internado, tivesse a mediação implementada em sua ouvidoria.

Nessa situação, a médica que teve acesso aos desejos do paciente e de seus familiares poderia ter pedido a intervenção de um mediador para apoiar as partes na construção positiva e compartilhada da resolução do conflito. Portanto, acredita-se que a abordagem da mediação transformadora poderia ter contribuído para melhor desfecho do caso, possibilitando que o paciente tivesse suas últimas necessidades e anseios atendidos.

O modelo de mediação transformativa ou transformadora, idealizado por Bush e Folger (2005), adequa-se às propostas expostas, especialmente, porque não tem como principal objetivo o acordo, mas a transformação da relação entre os envolvidos no conflito a partir da restauração do diálogo interrompido:

> Não sem razão, a pretensão precípua da mediação, pelo menos em sua alardeada *vertente transformadora*, não é, necessariamente, resolver a controvérsia entabulada, mas restaurar o diálogo corrompido ou interrompido entre os envolvidos e, consequentemente, as relações adjacentes, pelo que o procedimento não tem um fim em si mesmo, mas possui caráter instrumental para dirimir ou gerir conflitos (FERREIRA; NOGUEIRA, 2017, p. 70, grifo nosso).

Segundo Bush e Folger (2005), a mediação transformadora pode ser um instrumento hábil à gestão dos conflitos, possibilitando aos envolvidos a autodeterminação dos próprios problemas, a partir do reconhecimento recíproco. Por isso, se diz mediação transformadora, justamente porque não visa, precipuamente, ao acordo, mas à transformação do conflito pela vertente positiva. Por conseguinte, essa abordagem facilita a mudança na relação, uma vez que possibilita aos mediandos encontrarem pontos comuns que levem à solução compartilhada do conflito.

Assim, "a mediação seria uma proposta transformadora do conflito porque não busca sua decisão por um terceiro, mas, sim, a sua resolução pelas próprias partes, que recebem auxílio do mediador para administrá-lo" (WARAT, 2001, p. 80). Isso importa afirmar que o mediador não decide, mas "exerce a função de ajudar as partes a reconstruírem simbolicamente a relação conflituosa." (WARAT, 2001, p. 80).

Conforme mencionado, "a mediação transformadora é precisamente indicada para situações em que o conflito se instaura em relações continuadas, em que existe um vínculo que possa ser rompido e que, em muito, pode se compatibilizar com a realidade" (FERREIRA; NOGUEIRA; RIBEIRO, 2019, p. 331).

Exatamente por isso o uso desse método e dessa abordagem se mostra adequado aos conflitos médicos-paciente/familiares que envolvam tratamentos de saúde continuados, pois essa relação vai se prolongar no tempo.

Além disso, a possibilidade da transformação relacional entre médico e paciente contribui para a tomada de decisão autônoma pelo paciente, ou por seus familiares, quando impossibilitado de se autodeterminar.

À vista disso, frisa-se que não é o acordo em si que preservará a autonomia do paciente, mas a forma com que será conduzida a relação entre ele e seu médico, ou entre seus familiares com o médico e a equipe hospitalar. É também por essa razão que o êxito da mediação não pode ser definido pela quantidade de acordos realizados, mas pela avaliação qualitativa da satisfação dos envolvidos com o resultado, como prevê o Enunciado 22 da I Jornada de Prevenção e Solução Extrajudicial de Litígios, promovida pelo Centro de Estudos do Conselho da Justiça Federal:

> A expressão 'sucesso ou insucesso' do art. 167, § 3º, do Código de Processo Civil,[28] não deve ser interpretada como quantidade de acordos realizados, mas a partir de uma avaliação

---

28. CPC/15: "Art. 167. Os conciliadores, os mediadores e as câmaras privadas de conciliação e mediação serão inscritos em cadastro nacional e em cadastro de tribunal de justiça ou de tribunal regional federal, que manterá registro de profissionais habilitados, com indicação de sua área profissional. [...] § 3º Do credenciamento das câmaras e do cadastro de conciliadores e mediadores constarão todos os dados relevantes para a sua atuação, tais como o número de processos de que participou, o sucesso ou insucesso da atividade, a matéria sobre a qual versou a controvérsia, bem como outros dados que o tribunal julgar relevantes" (BRASIL, 2015a).

qualitativa da satisfação das partes com o resultado e com o procedimento, fomentando a escolha da câmara, do conciliador ou do mediador com base nas suas qualificações e não nos resultados meramente quantitativos. (CONSELHO DE JUSTIÇA FEDERAL, 2016).

Cabe, portanto, ressaltar que a mediação pode ser aplicada tanto em espaços judiciais como, por exemplo, orientado pelo atual Código de Processo Civil brasileiro e pela Lei de Mediação,[29] quanto em ambientes extrajudiciais, por exemplo, em ouvidorias hospitalares, conforme o escopo apresentado neste estudo.

Busca-se, pois, que a medição, em sua aplicação extrajudicial, possa não só fomentar a resolução do conflito e a transformação da relação médico-paciente, mas também ser um meio preventivo à instauração do conflito. O mediador deve "ajudar cada pessoa no conflito para que elas o aproveitem como uma oportunidade vital, um ponto de apoio para renascer, falarem-se a si mesmas, refletir e impulsionar mecanismos interiores que as situem em uma posição ativa diante dos problemas" (WARAT, 2001, p. 76-77).

Assim, médicos, pacientes e familiares poderão acionar o apoio de mediadores para dirimir conflitos que envolvam contextos de saúde, especialmente, quanto à tomada de decisão sobre tratamentos de saúde continuados.

Na hipótese em que os médicos sentirem que a comunicação com o paciente está prejudicada, podendo comprometer o poder de decisão, poderão requerer a mediação para fins de preservar a autonomia privada do paciente. De igual modo, o paciente também poderá requerer a instauração da mediação, seja para ajudar no esclarecimento das informações técnicas e médicas, seja para resgatar uma comunicação transparente e efetiva com a equipe médica. Como já afirmado, os familiares terão tal legitimidade de buscarem a mediação nas hipóteses de pacientes incapazes ou de pacientes capazes e incompetentes ou a fim de compreenderem melhor os desafios médicos enfrentados pelo paciente.

Uma vez que a mediação é um método facultativo, que necessita da livre escolha dos atores pela sua adesão ou não, o mediador pode ser chamado a atuar por meio das ouvidorias hospitalares que implementarem a mediação. Da mesma forma, podem os envolvidos escolher a participação do mediador por meio de

---

29. Nesse sentido, a Recomendação 100 do CNJ também se posiciona favoravelmente à implementação da mediação judicial nos contextos de saúde, afirmando, em seu artigo 4º, que cabe ao Tribunal implementar o Centro Judiciário de Solução de Conflitos e Cidadania (CEJUSC) de Saúde, que deverá "observar o disposto na Lei 13.105/2015 (Código de Processo Civil), na Lei 13.140/2015b (Lei da Mediação) e na Resolução 125/2010 do CNJ, no que couber, especialmente, providenciando a capacitação específica de conciliadores e mediadores em matéria de saúde, inclusive por meio de convênios já firmados pelo CNJ" (CONSELHO NACIONAL DE JUSTIÇA, 2021). Afirma, ainda, em seu artigo 2º, que, "ao receber uma demanda envolvendo direito à saúde, poderá o magistrado designar um mediador capacitado em questões de saúde para realizar diálogo entre o solicitante e os prepostos ou gestores dos serviços de saúde, na busca de uma solução adequada e eficiente para o conflito" (CONSELHO NACIONAL DE JUSTIÇA, 2021).

uma câmera de mediação externa ao cenário hospitalar, ou podem escolher um mediador autônomo para auxiliá-los no tratamento do conflito.

Ao se abordar a experiência da mediação no âmbito da saúde na França, demonstrou-se que, naquele País, os mediadores podem ter, ou não, a formação em Medicina. Inclusive se explicaram as vantagens e desvantagens de um médico atuar como mediador nos conflitos médico-paciente. Assim, ressalta-se que, nas propostas quanto à mediação extrajudicial apresentadas nesta obra, busca-se, preferencialmente, um mediador que não seja médico, a fim de que sua atuação seja a mais imparcial possível e sem corporativismo.

Contudo, nada impede que, sendo necessário, o mediador recorra a uma equipe multidisciplinar[30] para auxiliá-lo na condução dos trabalhos ou nos esclarecimentos às partes. Nessa equipe, se a casuística relevar ser necessário, poderá haver a presença de um médico não mediador, mas que auxiliará o mediador e os envolvidos quanto às informações técnicas que se fizerem necessárias.

Enfatiza-se, mais uma vez, que a hipótese apresentada nesta pesquisa está alinhada à mediação extrajudicial, ou seja, não é necessária a criação de legislação para ela ser implementada. Em outras palavras, as propostas enunciadas neste capítulo podem ser efetivadas independentemente de uma normatividade, especialmente, por se tratar a mediação extrajudicial de método não obrigatório, mas eleito segundo os interesses dos envolvidos no conflito.

O mediador preparado para o exercício técnico e humanizado de sua função terá condições, após a análise do conflito e das posições de cada ator, de estabelecer a melhor abordagem a ser aplicada, não estando vinculado a adotar apenas uma vertente. Como visto, as abordagens da mediação podem coexistirem, bem como podem ser aplicados os trâmites completos do método, ou apenas algumas de suas fases e técnicas. A análise casuística é que determinará o que será melhor ao caso. Por isso, não se propõe um modelo de mediação fechado a servir para todas as demandas de saúde, mas uma metodologia que se afaste do sistema que visa tão somente à obtenção de acordo.

Uma metodologia de mediação aberta, voltada a regular as relações sociais e que tenha uma visão consensual e atenta "às necessidades dos mediandos e comprometido em estimular e proporcionar a participação consciente de todos

---

30. Essa equipe multidisciplinar poderá ser acionada pelo mediador quando ele achar necessário. Podem ser diversos os profissionais que compõem essa equipe tais como, psicólogos, assistentes sociais, enfermeiros, médicos etc. A escolha do profissional a ser chamado para auxiliar o mediador e as partes dependerá da casuística. Assim, diante de um caso concreto, o mediador terá a função de identificar se será necessário o chamamento de algum outro profissional para apoiá-lo na melhor condução com as partes ao tratamento do conflito.

no processo de construção de soluções para situações vivenciadas" (SILVA, 2021, p. 111). Dessa maneira,

> o mediador deve voltar sua atuação para promover uma comunicação equilibrada entre os envolvidos, com escuta recíproca e troca de informações, centrando-se no estímulo ao reconhecimento mútuo e consciente de suas necessidades (SILVA, 2021, p. 111).

Há que se inferir, ainda, que a mediação "pode ser considerada como uma forma de realização da autonomia, na medida em que educa, facilita e ajuda na produção das diferenças (produção do tempo com o outro), que modificam as divergências" (WARAT, 2001, p. 78).

Segundo Gustin (1999), a autonomia é uma necessidade humana que se desenvolve de maneira dialógica, ou seja, "a pessoa constrói sua autonomia através da linguagem e de relações comunicativas" (GUSTIN, 1999, p. 32). "Em face disso, torna-se inadmissível a interpretação da autonomia no sentido de autossuficiência, entendida esta como necessidade do indivíduo isolado e que se autossatisfaz no isolamento" (GUSTIN, 1999, p. 32).

Nesse sentido, pode-se, portanto, confirmar a hipótese do problema apresentado no sentido de convalidar que, diante do conflito médico-paciente, o exercício da autonomia deste para a tomada de decisão sobre dado tratamento de saúde continuado pode ser potencializado pelo uso da mediação.

A mediação, ao proporcionar a melhoria na qualidade da relação médico--paciente, permite que este tenha não só acesso às informações sobre seu processo de adoecimento e as possibilidades de tratamento, como também possa compreender adequadamente tais informações. A partir disso, é possível ao paciente manifestar livremente seu consentimento, que pode ser retificado ou revogado posteriormente caso queira e tenha competência para tanto. "Afinal, a manifestação de vontade do paciente em um determinado momento não vincula definitivamente à prática médica" (SOUZA, 2014, p. 27-28). Cabe ao médico respeitar o exercício da autonomia privada do paciente quando manifestada por si mesmo ou na hipótese em sua vontade é reconstruída, normalmente, pelos familiares.

Depreende-se, portanto, que a mediação apresenta estruturas favoráveis ao tratamento do conflito médico-paciente, a permitir que este possa ter um ambiente propício ao exercício livre e consciente de sua autonomia, inclusive para a tomada de decisão sobre um tratamento de saúde prolongado.

6
CONCLUSÃO

A pesquisa apresentada nesta obra trouxe perspectivas teóricas e práticas no sentido de contribuir para qualificar, positivamente, a relação médico-paciente, com vistas a preservar o exercício de autodeterminação do paciente diante de um conflito entre as partes. Tal contribuição se mostra relevante, haja vista que permite que o paciente, frente a um entrave, possa ainda ter sua autonomia privada resguardada, permitindo-lhe tomar decisões autônomas quanto a um tratamento de saúde continuado.

Nessa dimensão, buscou-se, após a introdução, no capítulo 2, apresentar o suporte teórico para a compreensão da relação médico-paciente e da autonomia privada. Assim, percebeu-se que a relação médico-paciente foi por muito tempo predominantemente paternalista. O médico detinha um poder-saber em detrimento do paciente, não lhe permitindo participar das tomadas de decisão sobre seu próprio processo de adoecimento e tratamento.

Para se chegar à essa conclusão, desenvolveu-se uma investigação sobre a evolução da relação médico-paciente. Debruçou-se, especialmente, sobre o contexto brasileiro, avaliando também a Medicina desde a era pré-científica até o cenário atual, com o intuito de contribuir para a melhor compreensão da relação médico-paciente.

Constatou-se que, desde a reconstrução do Direito Civil, com o advento do Estado Democrático de Direito, a autonomia, antes ligada a aspectos estritamente materiais, passou a ser reconhecida como autonomia privada e a ser valorizada nos contextos existenciais como, por exemplo, na relação médico-paciente.

A partir dessas considerações, apresentaram-se parâmetros, por meio do estudo da competência, para que a manifestação de vontade do paciente fosse juridicamente válida diante de uma tomada de decisão em saúde. Em outras palavras, constatou-se que, para o paciente discernir, ele precisa minimamente compreender, distinguir e apreciar seu estado de saúde e as possibilidades de tratamento. Além disso, é importante também que inexistam influências controladoras tais como, fisiológicas ou psíquicas, que possam comprometer seu exercício da autonomia privada. Se não for possível o preenchimento desses requisitos, caberá à família a (re)construção da vontade e da biografia do paciente.

Conquanto, hoje, se garanta ao paciente o exercício de autodeterminação, manifestado no consentimento livre e esclarecido, nota-se que as falhas, e até mesmo o rompimento do diálogo com o médico, podem levar a conflitos que repercutirão na autonomia privada do paciente quando da tomada de decisão em saúde. Por essa razão, esta pesquisa investigou a mediação como potencial instrumento para transformar esse tipo de relação e preservar o poder de autorregulação daquele que está doente.

Para tanto, a fim de que se entendessem as características próprias do conflito entre médico e paciente, ou entre médico e os familiares do paciente, abordou-se, no capítulo 3, o conceito, as teorias e os elementos do conflito em si para construir um panorama geral teórico, tendo em vista compreender melhor os problemas e as dificuldades existentes no ambiente hospitalar que impactam na autonomia privada do paciente para a tomada de decisão sobre tratamentos de saúde continuados.

Nessa oportunidade, evidenciou-se que: a) a própria vulnerabilidade do paciente e, por vezes, o excesso de poder do médico, fortalecem a existência de uma relação desiquilibrada, na qual não há espaço de compartilhamento de decisões; b) a divergência de posicionamento entre os profissionais de saúde que cuidam do paciente também pode afetar a tomada de decisão deste; c) a visão mercadológica do contexto de saúde influencia na redução do tempo de atendimento ao paciente, o que também pode atingir o exercício de autodeterminação; d) a precariedade da formação do médico brasileiro, especialmente quanto a uma formação humanizada, estimula o distanciamento entre médico e paciente; e) constatou-se, também, que o processo de atomização do conhecimento e o desenvolvimento tecnológico e científico trouxeram grandes avanços para a área da saúde, mas também contribuíram para a desatenção para com o paciente; f) a comunicação deficiente entre médico e paciente, favorecem para que este tenha baixo nível de literacia em saúde. Por consequência, a pessoalidade do paciente pode ser afetada, haja vista que não se propicia a construção de um espaço favorável à tomada de decisão autônoma sobre sua saúde.

Notou-se que esses cenários fomentam a existência de conflitos entre médico e pacientes, que, se não compreendidos e tratados pelos envolvidos por meio do diálogo, tendem a gerar demandas judiciais.

O Poder Judiciário nem sempre possui condições de responder, efetivamente, as partes, uma vez que se trata de solução imposta por um terceiro que se limita, com frequência, a aplicar normas herméticas e insuficientes para lidar com a complexidade que permeia os conflitos médico-paciente, especialmente, em razão desse tipo de conflito apresentar cunho também sociológico e psicológico.

Assim, buscando responder o problema de pesquisa, no capítulo 4, discutiu-se a mediação no Brasil. Para tanto, iniciou-se o estudo sobre a mediação por meio de suas abordagens e, em seguida, apresentou-se, com o intuito de confirmar a hipótese suscitada, a experiência da mediação francesa no âmbito da saúde, o que foi indispensável às propostas que, ao final, desta obra, se apresentaram.

A experiência da mediação francesa no contexto de saúde já está consolidada naquele País e pode servir de parâmetro, com as devidas adequações ao cenário brasileiro, para a implementação da mediação ao enfrentar os conflitos médico-paciente.

Nesse ponto, averiguou-se que a mediação, enquanto método consensual de tratamentos de conflitos em que as partes já possuem vínculo relacional continuado, e um terceiro – denominado mediador – sem poder decisório, pode orientar e estimular os sujeitos a construírem as próprias saídas aos entraves pessoais, os quais incluem os desenvolvidos entre médico-paciente.

A apresentação de casos práticos permitiu confirmar que a mediação transformativa pode contribuir para a transformação da relação médico-paciente, uma vez que não visa necessariamente à feitura do acordo, mas à transformação das relações interpessoais.

Por essa abordagem, o mediador estimula o médico e o paciente a assumirem o protagonismo da situação, para que possam se perceberem inseridos no conflito para que, a partir desse reconhecimento, encontrem saídas compartilhadas.

A mediação transformativa, ao trabalhar sob a ética da alteridade, também contribui para a melhoria da comunicação entre médico e paciente, permitindo que o exercício de autorregulamentação do paciente seja preservado diante de um conflito.

Em síntese, verificou-se que a mediação transformativa se caracteriza por possibilitar o empoderamento dos mediandos, a fim de que possam, com ênfase no diálogo, construir as próprias saídas ao entrave.

Em um exercício de alteridade, os envolvidos são estimulados pelo mediador a reconhecerem as posições e os interesses uns dos outros, sem a necessidade de realizar um acordo, mas buscando a transformação das relações em cena.

Pelo que se propõe, em particular quanto à preservação da autonomia privada do paciente para a tomada de decisão nos tratamentos de saúde continuados, concluiu-se que a abordagem da mediação transformativa é a que melhor se aplica aos contextos conflitivos entre médico e paciente, ainda que na prática seja complexa sua aplicação no Brasil. O cenário pátrio ainda está enraizado na resolução dos conflitos via Poder Judiciário ou ainda na aplicação da mediação por meio da abordagem de Harvard, que se concentra na obtenção de um acordo.

Assim, pode-se afirmar que a mediação transformativa tem aplicabilidade à relação médico-paciente, uma vez que mais importante do que a feitura de um acordo são as condições em que a relação entre médico e paciente seguirá em um tratamento de saúde continuado.

Com base nessas evidências, diante de um conflito médico-paciente, a mediação tem o potencial de viabilizar o exercício de autodeterminação do paciente para a tomada de decisão em tratamentos de saúde continuados. Assim, apontaram-se, no capítulo 5, algumas propostas práticas e estratégicas de como a mediação poderia ser implementada nesses cenários.

As estratégias autocompositivas, expostas no último capítulo, destinam-se tanto à aplicação completa dos procedimentos da mediação quanto ao uso apenas de algumas de suas técnicas.

Demonstrou-se que a mediação pode ser aplicada nos contextos extrajudiciais, propondo-se sua utilização, inclusive, nas ouvidorias dos hospitais, tendo legitimidade para buscar tal método os envolvidos no conflito tais como, o médico, o paciente ou os familiares do paciente. Nas situações em que os médicos encontrarem desafios na comunicação com o paciente, de modo a colocar em risco o poder de decisão do paciente, poderão requerer a mediação para fins de preservar a autonomia privada deste. O paciente também poderá requerer a instauração da mediação para ajudar no esclarecimento das informações técnicas médicas, ou para resgatar uma comunicação com o médico e equipe, a fim de que tenha efetivo apoio durante o tratamento continuado e durante as tomadas de decisão. De igual modo, os familiares também têm legitimidade para buscar a mediação nas hipóteses de pacientes incapazes ou de pacientes capazes e incompetentes.

Constatou-se, ainda, que a mediação pode ser utilizada não apenas para o tratamento do conflito médico-paciente, mas também de maneira preventiva. Nesse sentido, exibiu-se a proposta de implementação de uma sessão semelhante à uma sessão inicial de mediação para a construção do consentimento livre e esclarecido do paciente, exatamente como foi detalhado no capítulo 5.

A utilização das técnicas de comunicação não violenta, a melhoria da formação dos estudantes de Medicina, a fim de que possam diante da perspectiva de humanização ter acesso ao estudo dos métodos adequados de tratamento e resolução de conflitos, bem como a implementação de mediadores junto aos comitês de ética e bioética nos hospitais também foram propostas apresentadas com o intuito de favorecer a solução dialogada dos conflitos, preservando a construção autobiográfica do paciente.

Igualmente, foi ressaltado que, se tratando de propostas que passam pela abordagem da mediação extrajudicial, sua efetivação não depende da atuação do Poder Judiciário nem de uma normatividade. Logo, basta a adesão dos envolvidos, isto é, a escolha livre e consciente pelo uso da mediação para o tratamento dos conflitos médicos-pacientes.

Por fim, salienta-se que não se teve qualquer pretensão de, ao fim deste estudo, trazer conclusões prontas e definitivas, mas fomentar as inquietações e chamar a atenção para uma realidade preocupante, qual seja, a violação da autonomia privada do paciente a partir de conflitos provenientes da deficitária relação médico-paciente. Não basta garantir, formal e abstratamente, ao paciente o exercício de autonomia sem lhe proporcionar meios para efetivá-lo.

Nesse sentido, não se buscou trazer a mediação como via facultada às partes como salvadora para a resolução de todos os conflitos em saúde, mas despertar sobre a possibilidade de sua utilização, mediante uma análise casuística. Almejou-se amplificar a visão de que a solução do conflito médico-paciente não pode se dar somente por meio do Poder Judiciário. Ao revés, evidenciou-se que o Poder Judiciário, com frequência, é incapaz de trazer soluções efetivas, haja vista que as saídas não são construídas a partir da vontade das partes e de modo a respeitar a pessoalidade de cada um.

Evidenciou-se também que a mediação pode ser investigada e aplicada para além de um viés negocial de resolução de conflitos, com vistas à obtenção de um acordo. Ela tem potencialidades para ser explorada de modo preventivo, isto é, antes mesmo da instauração do conflito. Em uma perspectiva aberta e renovadora, a mediação pode ser vista pela ótica pedagógica, permitindo que médico e paciente possam ter uma comunicação mais efetiva, contribuindo para uma relação mais igualitária e menos assimétrica, evitando-se o surgimento de conflitos futuros que possam impactar no exercício de autodeterminação do paciente.

Pesquisas práticas futuras, em particular, as de campo, poderão contribuir para a efetivação das propostas descritas nesta obra. Por consequência, esses estudos colaborarão com a humanização na relação médico-paciente, na qual este possa realmente ser visto como uma pessoa humana, centro do ordenamento jurídico, a quem deva ser garantido o direito de se autodeterminar a partir da sua própria concepção de vida boa.

O desafio da atualidade não é mais positivar, ou garantir, a autonomia privada, mas tornar efetivo seu exercício para o indivíduo. Foi nessa direção que, diante de um cenário conflitivo, esta obra propôs apresentar caminhos estratégicos que pudessem efetivar tal direito aos pacientes quando da tomada de decisões médicas, especialmente, em tratamento de saúde continuado.

REFERÊNCIAS

ALEXY, Robert. *Teoria dos direitos fundamentais*. 2. ed. São Paulo: Malheiros Editores, 2011.

ALMEIDA, Renata Barbosa de; RODRIGUES JÚNIOR, Walsir Edson. *Direito civil*: famílias. 2. ed. São Paulo: Atlas, 2012.

AMARAL, Francisco. *Direito civil*: introdução. 10 ed. São Paulo: Saraiva, 2018. *E-book*.

ANDRADE, Denise Almeida de. *A mediação de conflitos em meio hospitalar e o direito à saúde*. 2007. 145 p. Dissertação (Mestrado em Direito) – Centro de Ciências Jurídicas, Programa de Pós-Graduação em Direito Constitucional, Universidade de Fortaleza, Fortaleza, 2007.

ANDRADE, Denise Almeida de; SALES, Lília Maia de Morais. *A possibilidade de utilização da mediação como instrumento de resolução de conflitos oriundos do meio médico-hospitalar*. Fortaleza, 2005. Disponível em: http://www.egov.ufsc. br/portal/sites/default/files/anexos/32718-40284-1-PB.pdf. Acesso em: 20 fev. 2021.

ANDRADE, Oyama Karyna Barbosa. Teoria da escolha racional e teoria dos jogos: uma abordagem para os métodos de resolução de conflitos. In: ORSINI, Adriana Goulart de Sena; CORRÊA, Mila Batista; ANDRADE, Oyama Karyna Barbosa (Coord.). *Justiça do século XXI*. São Paulo: LTr, 2014.

ANDRADE, Paula. Julgamento dos processos mais antigos reduz tempo médio do acervo. *Notícias CNJ*, Brasília, 28 ago. 2019. Disponível em: https://www.cnj.jus.br/ julgamento-dos-processos-mais-antigos-reduz-tempo-medio-do-acervo/. Acesso em: 02 fev. 2021.

ARLÉ, Danielle de Guimarães Germano. *Mediação, negociação e práticas restaurativas no Ministério Público*. 2. ed. Belo Horizonte: D´Plácido, 2017.

ASSIS, Machado de. *A causa secreta*. Obra completa. Rio de Janeiro: Nova Aguilar 1994. v. I. Disponível em: http://www.dominiopublico.gov.br/download/texto/bv00026 2.pdf. Acesso em: 24 ago. 2021.

ASSOCIAÇÃO MÉDICA MUNDIAL. Conselho Regional de Medicina do Estado do Paraná. *Juramento de Hipócrates*. Curitiba, 2017. Disponível em: https://www.crm pr.org.br/ Juramento-de-Hipocrates-1-53.shtml. Acesso em: 04 jul. 2021.

AZEVEDO, Solange. Personagem da semana - Hannah Jones - "Quero morrer com dignidade". *Revista Crescer*, Rio de Janeiro, n. 223, abr. 2013. Disponível em: http://revistacrescer.globo. com/Revista/Crescer/0,,EMI17176-15565,00-PERSONAG EM+DA+SEMANA+HAN-NAH+JONES+QUERO+MORRER+COM+DIGNIDADE.html. Acesso em: 17 set. 2021.

BARBOZA, Heloisa Helena. A autonomia da vontade e a relação médico-paciente no Brasil. In: RIBEIRO, Gustavo Pereira Leite; TEIXEIRA, Ana Carolina Brochado (Coord.). *Bioética e direitos da pessoa humana*. Belo Horizonte: Del Rey, 2012.

BAUMAN, Zygmunt. *Tempos líquidos*. Rio de Janeiro: Zahar, 2007.

BRASIL. Constituição (1824). *Constituição política do império do Brazil (de 25 de março de 1824)*. Manda observar a Constituição Politica do Imperio, offerecida e jurada por Sua Magestade o Imperador. Brasília: Presidência da República, 1824. Disponível em: http://www.planalto.gov.br/ccivil_03/constituicao/constituicao24.htm. Acesso em: 29 abr. 2021.

BRASIL. Constituição (1988). Constituição da República Federativa do Brasil de 1988. Diário Oficial da União, Brasília, 05 out. 1988. Disponível em: http://www.plan alto.gov.br/ccivil_03/constituicao/constituicao.htm. Acesso em: 02 ago. 2019.

BRASIL. Decreto-lei 2.848, de 07 de dezembro de 1940. Código Penal. Diário Oficial da União, Rio de Janeiro, 07 dez. 1940. Disponível em: http://www.planalto. gov.br/ccivil_03/decreto-lei/del2848compilado.htm. Acesso em: 02 jul. 2021.

BRASIL. Lei 10.406, de 10 de janeiro de 2002. Institui o Código Civil. Diário Oficial da União, Brasília, 11 jan. 2002. Disponível em: http://www.planalto.gov.br/ ccivil_03/leis/2002/l10406.htm. Acesso em: 23 jul. 2020.

BRASIL. Lei 10.741, de 1º de outubro de 2003. Dispõe sobre o Estatuto do Idoso e dá outras providências. Diário Oficial da União, Brasília, 1º out. 2003. Disponível em: http://www.planalto.gov.br/ccivil_03/leis/2003/l10.741.htm. Acesso em: 21 jun. 2021.

BRASIL. Lei 12.010, de 03 de agosto de 2009. Dispõe sobre adoção; altera as Leis 8.069, de 13 de julho de 1990 - Estatuto da Criança e do Adolescente, 8.560, de 29 de dezembro de 1992; revoga dispositivos da Lei 10.406, de 10 de janeiro de 2002 - Código Civil, e da Consolidação das Leis do Trabalho - CLT, aprovada pelo Decreto-Lei 5.452, de 1º de maio de 1943; e dá outras providências. Diário Oficial da União, Brasília, 03 ago. 2009. Disponível em: http://www.planalto.gov.br/ccivil_03/_ato2007-2010/2009/lei/l12010.htm. Acesso em: 20 set. 2021.

BRASIL. Lei 13.129, de 26 de maio de 2015. Altera a Lei 9.307, de 23 de setembro de 1996, e a Lei 6.404, de 15 de dezembro de 1976, para ampliar o âmbito de aplicação da arbitragem e dispor sobre a escolha dos árbitros quando as partes recorrem a órgão arbitral, a interrupção da prescrição pela instituição da arbitragem, a concessão de tutelas cautelares e de urgência nos casos de arbitragem, a carta arbitral e a sentença arbitral, e revoga dispositivos da Lei 9.307, de 23 de setembro de 1996. Diário Oficial da União, Brasília, 27 maio 2015c. Disponível em: http://www.planalto.gov.br/ccivil_03/_ato20152018/2015/lei/l13129.htm. Acesso em: 30 abr. 2021.

BRASIL. Lei 13.140, de 26 de junho de 2015. Dispõe sobre a mediação entre particulares como meio de solução de controvérsias e sobre a autocomposição de conflitos no âmbito da Administração Pública; altera a Lei 9.469, de 10 de julho de 1997, e o Decreto 70.235, de 6 de março de 1972; e revoga o § 2º do art. 6º da Lei 9.469, de 10 de julho de 1997. Diário Oficial da União, Brasília, 29 jun. 2015b. Disponível em: http://www.planalto.gov.br/ccivil_03/_ato20152018/2015/Lei/L 13140.htm. Acesso em: 23 jul. 2020.

BRASIL. Lei 13.146, de 6 de julho de 2015. Institui a Lei Brasileira de Inclusão da Pessoa com Deficiência (Estatuto da Pessoa com Deficiência). Diário Oficial da União, Brasília, 6 jul. 2015a. Disponível em: http://www.planalto.gov.br/ccivil_03/_ato 2015-2018/2015/lei/l13146.htm. Acesso em: 06 out. 2021.

BRASIL. Lei 13.709, de 14 de agosto de 2018. Lei Geral de Proteção de Dados Pessoais (LGPD). Diário Oficial da União, Brasília, 14 ago. 2018a. Disponível em: http://www.planalto.gov.br/ccivil_03/_ato2015-2018/2018/lei/l13709.htm. Acesso em: 02 jul. 2021.

BRASIL. Lei 13.787, de 27 de dezembro de 2018. Dispõe sobre a digitalização e a utilização de sistemas informatizados para a guarda, o armazenamento e o manuseio de prontuário de paciente. Diário Oficial da União, Brasília, 28 dez. 2018b. Disponível em: http://www.planalto.gov.br/ccivil_03/_ato20152018/2018/lei/L 13787.htm. Acesso em: 02 jul. 2021.

BRASIL. Lei 8.080, de 19 de setembro de 1990. Dispõe sobre as condições para a promoção, proteção e recuperação da saúde, a organização e o funcionamento dos serviços correspondentes e dá outras providências. Diário Oficial da União, Brasília, 19 set. 1990. Disponível em: http://www.planalto.gov.br/ccivil_03/leis/l8080. htm. Acesso em: 21 jun. 2021.

BRASIL. Lei 9.307, de 23 de setembro de 1996. Dispõe sobre a arbitragem. Diário Oficial da União, Brasília, 24 set. 1996. Disponível em: http://www.planalto. gov.br/ccivil_03/leis/l9307.htm. Acesso em: 30 abr. 2021.

BRASIL. Supremo Tribunal Federal. Arguição de Descumprimento de Preceito Fundamental 132/RJ. Relator: Min. Ayres Britto. Diário de Justiça, Brasília, 13 out. 2011. p. 172. Disponível em: https://redir.stf.jus.br/paginadorpub/paginador.jsp? docTP=AC&docID=628633. Acesso em: 02 jul. 2021.

BUSCAGLIA, Leo. *Vivendo, amando e aprendendo*. 35. ed. Rio de Janeiro: BestSeller, 2013.

BUSH, Robert A. Baruch; FOLGER, Joseph. *The promise of mediation*: respon- ding to conflitc throughen empowerment and recognition. San Francisco: Jossey-Bass, 2005.

CALLEGARI, Lívia Abigail. Cuidados paliativos e a essência na mitigação de conflitos: uma construção ética e técnica para todos nós. In: DADALTO, Luciana (Coord.). *Cuidados paliativos*: aspectos jurídicos. Indaiatuba: Editora Foco, 2021.

CAPPELLETTI, Mauro; GARTH, Bryant. *Acesso à justiça*. Porto Alegre: S. A. Fabris, 1988.

CARBONERA, Silvana Maria. O consentimento informado de incapazes em intervenções médico-cirúrgicas e em pesquisas biomédicas: algumas questões relevantes. In: RIBEIRO, Gustavo Pereira Leite; TEIXEIRA, Ana Carolina Brochado (Coord.). *Bioética e direitos da pessoa humana*. Belo Horizonte: Del Rey, 2012.

CARLINI, Angélica. Mediação de conflitos de saúde: contribuição da medicina baseada em evidências. *Revista de Formas Consensuais de Solução de Conflitos*, Salvador, v. 4, n. 1, p. 87-107, jan./jun. 2018.

CARMINATE, Raphael Furtado. O direito à legítima e a autonomia privada do testador. *Revista IBDFAM: Família e Sucessões*, Belo Horizonte, v. 2, p. 33-66, mar./abr., 2014.

CONSELHO DE JUSTIÇA FEDERAL (Brasil). *I Jornada de Direito Civil, Enunciado 25*. Brasília: CJF, 2002. Disponível em: https://www.cjf.jus.br/enuncia dos/enunciado/671. Acesso em: 12 maio 2021.

CONSELHO DE JUSTIÇA FEDERAL (Brasil). *I Jornada de Prevenção e Solução Extrajudicial de Litígio*s. Brasília: CJF, 2016. Disponível em: https://www.cjf.jus.br/ cjf/corregedoria--da-justica-federal/centro-deestudosjudiciarios-1/prevencao-e-soluca o-extrajudicial--de-litigios. Acesso em: 09 ago. 2021.

CONSELHO FEDERAL DE MEDICINA (Brasil). 94% das faculdades brasileiras não observam critérios para oferecer formação de qualidade. Notícias CFM, Brasília, 16 jun. 2021.

Disponível em: https://portal.cfm.org.br/noticias/94-das-escolas-medicas-brasileiras--nao-observam-criterios-para-oferecer-formacao-de-qualidade/. Acesso em: 12 jul. 2021.

CONSELHO FEDERAL DE MEDICINA (Brasil). Recomendação CFM 1/2016. Dispõe sobre o processo de obtenção de consentimento livre e esclarecido na assistência médica. Brasília: CFM, 2016. Disponível em: https://portal.cfm.org.br/ima ges/Recomendacoes/1_2016.pdf. Acesso em: 12 jul. 2021.

CONSELHO FEDERAL DE MEDICINA (Brasil). Recomendação CFM 8/2015. Recomenda a criação, o funcionamento e a participação dos médicos nos Comitês de Bioética. Brasília: CFM, 2015a. Disponível em: https://portal.cfm.org.br/images/Re comendacoes/8_2015.pdf. Acesso em: 19 jul. 2021.

CONSELHO FEDERAL DE MEDICINA (Brasil). Resolução CFM 1.931, de 17 de setembro de 2009. Aprova o Código de Ética Médica. Brasília: CFM, 2009. Disponível em: https://portal.cfm.org.br/etica-medica/codigo-2010/. Acesso em: 28 jun. 2021.

CONSELHO FEDERAL DE MEDICINA (Brasil). Resolução CFM 1.995/2012. Dispõe sobre as diretivas antecipadas de vontade dos pacientes. Brasília: CFM, 2012. Disponível em: https://sistemas.cfm.org.br/normas/visualizar/resolucoes/BR/ 2012/1995. Acesso em: 19 jul. 2021.

CONSELHO FEDERAL DE MEDICINA (Brasil). Resolução 2.126, de 01 de outubro de 2015. Altera as alíneas "c" e "f" do art. 3º, o art. 13 e o anexo II da Resolução CFM 1.974/11, que estabelece os critérios norteadores da propaganda em Medicina, conceituando os anúncios, a divulgação de assuntos médicos, o sensacionalismo, a autopromoção e as proibições referentes à matéria. Brasília: CFM, 2015b. Disponível em: https://sistemas.cfm.org.br/normas/visualizar/ resolucoes/BR/2015/2126. Acesso em: 28 jun. 2021.

CONSELHO FEDERAL DE MEDICINA (Brasil). Resolução 2.232, de 17 de julho de 2019. Estabelece normas éticas para a recusa terapêutica por pacientes e objeção de consciência na relação médico-paciente. Brasília: CFM, 2019. Disponível em: https://www.in.gov.br/web/dou/-/resolucao-n-2.232-de-17-de-julho-de-2019-2163 18370. Acesso em: 28 jun. 2021.

CONSELHO NACIONAL DE JUSTIÇA (Brasil). Judicialização da saúde no Brasil: dados e experiências. Brasília: CNJ, 2015. Disponível em: https://www.cnj.jus.br/ wpcontent/uploads/2011/02/6781486daef02bc6ec8c1e491a565006.pdf. Acesso em: 02 maio 2021.

CONSELHO NACIONAL DE JUSTIÇA (Brasil). Judicialização da saúde no Brasil: perfil das demandas, causas e proposta de solução. Brasília: CNJ, 2019. Disponível em: https://www.cnj.jus.br/wpcontent/uploads/conteudo/arquivo/2019/03/f74c66d46cf ea933bf22005ca-50ec915.pdf. Acesso em: 02 maio 2021.

CONSELHO NACIONAL DE JUSTIÇA (Brasil). Justiça em números 2020. Brasília: CNJ, 2020. Disponível em: https://www.cnj.jus.br/wpcontent/uploads/2020/08/WEB-V-3-Justi%C3%A7a-em-N%C3%BAmeros-2020-atualizado-em-25-08-2020.pdf. Acesso em: 02 fev. 2021.

CONSELHO NACIONAL DE JUSTIÇA (Brasil). Recomendação 100, de 16 de junho de 2021. Recomenda o uso de métodos consensuais de solução de conflitos em demandas que versem sobre o direito à saúde. Brasília: CNJ, 2021. Disponível em: https://atos.cnj.jus.br/files/original1443552021061860ccb12b53b0d.pdf. Acesso em: 02 jul. 2021.

CONSELHO NACIONAL DE JUSTIÇA (Brasil). Resolução 125, de 29 de novembro de 2010. Dispõe sobre a Política Judiciária Nacional de tratamento adequado dos conflitos de interesses no âmbito do Poder Judiciário e dá outras providências. Brasília: CNJ, 2010. Disponível em: https://atos.cnj.jus.br/files/resoluca o_125_29112010_03042019145135. pdf. Acesso em: 23 jul. 2020.

CONSELHO NACIONAL DE JUSTIÇA (Brasil). Tribunal inaugura CEJUSC exclusivo para demandas de saúde. CNJ, 2019. Notícias do Judiciário, 25 de setembro de 2019. Disponível em: https://www.cnj.jus.br/tribunal-inaugura-cejusc-exclusivo-para-demandas-de-saude/. Acesso em: 12 jul. 2021.

CONSELHO NACIONAL DE SAÚDE (Brasil). Resolução 196, de 10 de outubro de 1996. Dispõe sobre as diretrizes e normas regulamentadoras de pesquisas envolvendo seres humanos. Brasília: Ministério da Saúde, 1996. Disponível em: https://bvsms.saude.gov. br/bvs/saudelegis/cns/1996/res0196_10_10_1996.html. Acesso em: 20 jun. 2021.

CULVER, Charles M. Competência do paciente. In: SEGRE, Marco; COHEN, Cláudio (Org.). *Bioética*. 3. ed. São Paulo: Ed. da USP, 2002.

CUNHA, Pedro; LOPES, Carla; MONTEIRO, Ana Paula. Uma abordagem global sobre conflitos em contextos de saúde. In: CUNHA, Pedro; MONTEIRO, Ana Paula (Coord.). *Gestão de conflitos na saúde*. Lisboa: Pactor, 2021.

DAY, Harvey. Student, 22, who won the right to die as a 13-year-old as she battled cancer and heart disease only to change her mind graduates from university. *MailOnline*, UK, 27 July 2017. Disponível em: https://www.dailymail.co.uk/news/articl e-4735852/Student-won--right-die-graduates-university.html. Acesso em: 17 set. 2021.

DEUTSCH, Morton. A resolução do conflito. In: AZEVEDO, André Gomma de (Org.). *Estudos em arbitragem, mediação e negociação*. Brasília: Grupos de Pesquisa, 2004. v. 3, cap. 5. *E-book*. Disponível em: https://www.arcos.org.br/livros/estudos-dearbitragem--mediacao-e-negociacao-vol3/parte-ii-doutrina-parte-especial/a-resolucao-do-conflito. Acesso em: 30 maio 2019.

DWORKIN, Ronald. *O império do direito*. São Paulo: Martins Fontes, 1999.

EMANUEL, Ezekiel J.; EMANUEL Linda L. *Cuatro modelos de la relación médico-paciente*. [s.l.]: [s.n.], 1972. p. 109-126. Disponível em: http://www.rlillo.educsalud.cl/ Capac_Etica_BecadosFOREAPS/Modelos%20de%20Relacion%20Clinica%20Paginas%20109%20 a%20118.pdf. Acesso em: 02 jul. 2021.

FARIAS, Cristiano Chaves de; BRAGA NETTO, Felipe Peixoto; ROSENVALD, Nelson. *Novo tratado de responsabilidade civil*. 4. ed. São Paulo: Saraiva, 2019. *E-book*.

FARIAS, Cristiano Chaves de; ROSENVALD, Nelson. *Curso de direito civil*: parte geral e LINDB. 17. ed. Salvador: JusPodivm, 2019.

FERRAÇO, Ricardo. *Projeto de Lei do Senado 517/2011*. Institui e disciplina o uso da mediação como instrumento para prevenção e solução consensual de conflitos. Brasília: Senado Federal, 25 ago. 2011. Disponível em: https://legis.senado .leg.br/sdleggetter/documento?dm=2947679&ts=1594025424476&disposition=inline. Acesso em: 10 dez. 2020.

FERREIRA, Paula Camila Veiga; NOGUEIRA, Roberto Henrique Pôrto. Acesso à justiça, mediação judicial e fomento à desinvisibilização social. *Revista Cidadania e Acesso à Justiça*, Florianópolis, v. 3, n. 2, p. 61-78, jul./dez. 2017.

FERREIRA, Paula Camila Veiga; NOGUEIRA, Roberto Henrique Pôrto; RIBEIRO, Karine Lemos Gomes. Mediação transformadora e (des)ocultações intergrupais das lutas feministas. In: PEREIRA, Flávia Souza Máximo; PAULO, Luísa Santos; SILVA, Jéssica de Paula Bueno da (Org.). *III Congresso de Diversidade Sexual e de Gênero sujeitas sujeitadas:* violências e insurgências das subjetividades femininas e LGBT+. Belo Horizonte: Initia Via, 2019.

FIANI, Ronaldo. *Teoria dos jogos:* com aplicações em economia, administração e ciências sociais. 3. ed. Rio de Janeiro: Elsevier, 2009.

FISHER, Roger; URY, William; PATTON, Bruce. *Como chegar ao sim:* como negociar acordos sem fazer concessões. 3. ed. Rio de Janeiro: Solomon, 2014.

FIUZA, César. Dignidade humana, autonomia privada e direitos da personalidade. In: FIUZA, César (Coord.). *Autonomia privada:* direitos da personalidade. Belo Horizonte: D'Plácido, 2015.

FIUZA, César; NOGUEIRA, Roberto Henrique Pôrto. Regime jurídico das incapacidades e tutela da vulnerabilidade. In: LIMA, Taisa Maria Macena de; SÁ, Maria de Fátima Freire de; MOUREIRA, Diogo Luna (Org.). *Autonomia e vulnerabilidade.* Belo Horizonte: Arraes Editores, 2017.

FOLLET, Mary Parker. *Creative experience.* New York: Longmans, Green and Co, 1924.

FOUCAULT, Michel. *A ordem do discurso.* São Paulo: Loyola, 2009.

FOUCAULT, Michel. *Estratégia, poder-saber.* 2. ed. Rio de Janeiro: Forense Universitária, 2010.

FRANÇA. Código de saúde pública. Paris, 26 jul. 2010. Disponível em: https://www.legifrance.gouv.fr/codes/texte_lc/LEGITEXT000006072665/2010-07-26/. Acesso em: 20 maio 2021.

FRANÇA. Decreto 2005-213 de 2 de março de 2005 relativo à comissão para as relações com os usuários e a qualidade do atendimento e que altera o Código de Saúde Pública (parte regulamentar). Paris, 02 mar. 2005. Disponível em: https://www.legifrance.gouv.fr/jorf/id/JORFTEXT000000604887. Acesso em: 20 maio 2021.

FRANÇA. Ficha de alta autoridade de saúde acerca da mediação. Paris, 23 jan. 2014. Disponível em: https://www.has-sante.fr/jcms/c_1715928/fr/droits-desusagers-information-et-orientation. Acesso em: 20 maio 2021.

FRANÇA. Lei 2002-303 de 4 de março de 2002 relativa aos direitos dos pacientes e à qualidade do sistema de saúde. Paris, 04 mar. 2002. Disponível em: https://www.legifrance.gouv.fr/loda/id/JORFTEXT000000227015/. Acesso em: 20 maio 2021.

FUNDAÇÃO OSWALDO CRUZ. *A revolta da vacina.* Rio de Janeiro, 25 abr. 2005. Disponível em: https://portal.fiocruz.br/noticia/revolta-da-vacina-2. Acesso em: 12 jul. 2021.

FUNDAÇÃO OSWALDO CRUZ. *Por que a doença causada pelo novo coronavírus recebeu o nome de Covid-19?* Perguntas e resposta. Rio de Janeiro, 07 jun. 2021. Disponível em: https://portal.fiocruz.br/pergunta/por-que-doenca-causa da-pelo-novo-coronavirus-recebeu-o-nome-de-covid-19. Acesso em: 24 ago. 2021.

GALUPPO, Marcelo Campos. *Igualdade e diferença*: Estado Democrático de Direito a partir do pensamento de Habermas. Belo Horizonte: Mandamentos, 2002.

GALVÃO, Lúcia Helena. *Mito da caverna de Platão*: simbolismo e reflexões. Aula gravada na Escola de Filosofia Nova Acrópole, em 2015. Disponível em: https://youtu.be/p7ljFZYlq88. Acesso em: 05 abr. 2021.

GAWANDE, Atul. *Mortais*: nós, a medicina e o que realmente importa no final. Trad. Renata Telles. Rio de Janeiro: Objetiva, 2015.

GOLDIM, José Roberto. *Características do processo de tomada de decisão*. Porto Alegre: Universidade Federal do Rio Grande do Sul, 2007. Disponível em: https://www.ufrgs.br/bioetica/decisao.htm#Tomada%20de%20Decis%C3%A3o%20de%20M%C3%A9dio%20Envolvimento. Acesso em: 02 jul. 2021.

GOLDIM, José Roberto; FRANCISCONI, Carlos Fernando. *Modelos de relação médico-paciente*. Porto Alegre: Universidade Federal do Rio Grande do Sul, 1999. Disponível em: https://www.ufrgs.br/bioetica/relacao.htm. Acesso em: 02 jul. 2021.

GOLEMAN, Daniel. *Inteligência emocional*: a teoria revolucionária que redefine o que é ser inteligente. Rio de Janeiro: Objetiva, 2012.

GRACIA, Diego. *Pensar a bioética*: metas e desafios. São Paulo: Centro Universitário São Camilo: Loyola, 2010.

GUILLAUME-HOFNUNG, Michèle. *A mediação*. Belo Horizonte: RTM, 2018.

GUILLAUME-HOFNUNG, Michèle. *Hôpital et médiation*. Paris: L'Harmattan, 1999.

GUSTIN, Miracy Barbosa de Sousa. *Das necessidades humanas aos direitos*: ensaio de sociologia e filosofia do direito. Belo Horizonte: Del Rey, 1999.

HOUAISS, Antônio; VILLAR, Mauro de Salles. *Dicionário Houaiss da língua portuguesa*. Rio de Janeiro: Objetiva, 2001.

INSTITUTO DE ENSINO E PESQUISA (Brasil). *Judicialização da saúde dispara e já custa R$1,3 bi à União*. São Paulo, 24 maio 2019. Disponível em: https://www.ins per.edu.br/conhecimento/direito/judicializacao-da-saude-dispara-e-já-custa-r-13-bi-a-uniao/. Acesso em: 26 maio 2021.

JIMÉNEZ, Pilar Nicolás. *Protección jurídica de los datos genéticos de carácter personal*. Bilbao: Cátedra de Derecho y Genoma Humano: Editorial Comares, 2006.

JÓLLUSKIN, Gloria; SILVA, Isabel. A comunicação como prevenção de conflitos em contextos de prestação de cuidados de saúde. In: CUNHA, Pedro; MONTEIRO, Ana Paula (Coord.). *Gestão de conflitos na saúde*. Lisboa: Pactor, 2021.

KANT, Immanuel. *Fundamentação da metafísica dos costumes e outros escritos*: texto integral. São Paulo: Martin Claret, 2003.

'LEIS para inglês ver' antecederam abolição da escravatura no Brasil. *G1*, Recife, 13 out. 2016. Disponível em: https://g1.globo.com/pernambuco/educacao/noticia/2016/1 0/leis-para-ingles-ver-antecederam-abolicao-da-escravatura-no-brasil.html#:~:text='L eis%20para%20ingl%C3%AAs%20ver'%20antecederam,Brasil%20%7C%20Educa%C3%A7%-

C3%A3o%20em%20Pernambuco%20%7C%20G1&text=Governo%20de%20Dom%20 Pedro%20II,que%20viviam%20processo%20de%20industrializa%C3%A7%C3%A3o. Acesso em: 12 abr. 2021.

LENZA, Pedro. *Direito constitucional*. 25. ed. São Paulo: Saraiva Jur, 2021.

LIMA, Taisa Maria Macena de; SÁ, Maria de Fátima Freire de. Autonomia privada e internação não consentida. In: ROMEO CASABONA, Carlos María; SÁ, Maria de Fátima Freire de (Coord.). *Direito biomédico*: Espanha-Brasil. Belo Horizonte: Ed. PUC Minas, 2011

LIMA, Taisa Maria Macena de; SÁ, Maria de Fátima Freire. *Ensaios sobre a infância e a adolescência*. Belo Horizonte: Arraes Editores, 2016.

LISPECTOR, Clarice. *A maçã no escuro*. 4. ed. Rio de Janeiro: Paz e Terra, 1978.

MARINHO, Raul. *Prática na teoria*: aplicações da teoria dos jogos e da evolução de negócios. 2. ed. São Paulo: Saraiva, 2011.

MASSING, Louise. Mediação no hospital: utopia ou realidade para o usuário? *Manager Santé*, Paris, 18 ago. 2017. Disponível em: https://managersante.com/2017/08/18/la-mediation- -a-lhopital-utopie-ou-realite-pourlusager/. Acesso em: 21 maio 2021.

MCEWAN, Ian. *A balada de Adam Henry*. Trad. Jorio Dauster. São Paulo: Companhia das Letras, 2014.

MÉDICO agredido por paciente com suspeita de coronavírus diz estar preocupado em ter sido contaminado junto com equipe. *G1*, Curitiba, 09 abr. 2020. Disponível em: https://g1.globo. com/pr/parana/noticia/2020/04/09/medico-agredido-por-paciente-com-suspeita-de-co- ronavirus-diz-estar-preocupado-em-ter-sido-contaminado-junto-com-equipe.ghtml. Acesso em: 12 jul. 2021.

MEIRELES, Rose Melo Venceslau. *Autonomia privada e dignidade humana*. Rio de Janeiro: Renovar, 2009.

MINAS GERAIS. Tribunal de Justiça (3.ª Câmara Cível). Apelação cível 1.0480.08.115647- 7/002. Relator: Des. Albergaria Costa, j. 27.09.2012. Belo Horizonte: Tribunal de Justiça de Minas Gerais, 2012. Disponível em: https://www5.tjmg.jus.br/jurisprudencia/pesquisaPa- lavrasEspelhoAcordao.do?&numeroRegistro=7&totalLinhas=18&paginaNumero=7&li- nhasPorPagina=1&palavras=cirurgia%20transexual&pesquisarPor=ementa&orderBy- Data=2&referenciaLegislativa=Clique%20na%20lupa%20para%20pesquisar%20as%20 refer%EAncias%20cadastradas...&pesquisaPalavras=Pesquisar&. Acesso em: 02 jun. 2021.

MINAS GERAIS. Tribunal de Justiça (3.ª Câmara Cível). Apelação Cível 1.0024.13.395561- 7/001. Relator: Des. Judimar Biber, j. 28.01.2016. Belo Horizonte: Tribunal de Justiça de Minas Gerais, 2016. Disponível em: https://www5.tjmg.jus.br/jurisprudencia/pesquisaPa- lavrasEspelhoAcordao.do?&numeroRegistro=2&totalLinhas=18&paginaNumero=2&li- nhasPorPagina=1&palavras=transexual%20cirurgia&pesquisarPor=ementa&orderBy- Data=2&referenciaLegislativa=Clique%20na%20lupa%20para%20pesquisar%20as%20 refer%EAncias%20cadastradas...&pesquisaPalavras=Pesquisar&. Acesso em: 02 jun. 2021.

MOORE, Christopher W. *O processo de mediação*: estratégias práticas para a resolução de conflitos. 2. ed. Porto Alegre: Artmed, 1998.

MOREIRA, Rodrigo Pereira. *Direito ao livre desenvolvimento da personalidade*: proteção e promoção da pessoa humana. Curitiba: Juruá Editora, 2016.

MOUREIRA, Diogo Luna; SÁ, Maria de Fátima Freire de. *Autonomia para morrer*: eutanásia, suicídio assistido, diretivas antecipadas de vontade e cuidados paliativos. 2. ed. rev., atual. e ampl. Belo Horizonte: Del Rey, 2015.

MOUREIRA, Diogo Luna; SÁ, Maria de Fátima Freire de. Autonomia privada e vulnerabilidade: o direito civil e a diversidade democrática. In: LIMA, Taisa Maria Macena de; SÁ, Maria de Fátima Freire de; MOUREIRA, Diogo Luna (Org.). *Autonomia e vulnerabilidade*. Belo Horizonte: Arraes Editores, 2017.

NASCIMENTO, Dulce Maria Martins do. Mediação de conflitos na área da saúde: experiência portuguesa e brasileira. *Cadernos Ibero-Americanos de Direito Sanitário*, Brasília, v. 5, n. 3, p. 201-211, jul./set. 2016. Disponível em: https://www. cadernos.prodisa.fiocruz.br/ index.php/cadernos/article/view/333. Acesso em: 04 jul. 2021.

NASCIMENTO, Dulce Maria Martins do. Mediação de conflitos na gestão da saúde (médica, clínica e hospitalar): humanização do direito médico. *Cadernos Ibero-Americanos de Direito Sanitário*, Brasília, v. 9, n. 1, p. 170-195, jan./mar. 2020. Disponível em: https://www.ca-dernos.prodisa.fiocruz.br/index.php/cadernos/article/vi ew/605. Acesso em: 16 jul. 2021.

NAVES, Bruno Torquato de Oliveira; REZENDE, Danúbia Ferreira Coelho de. A autonomia privada do paciente em estado terminal. In: FIUZA, César; SÁ, Maria de Fátima Freire de; NAVES, Bruno Torquato de Oliveira (Coord.). *Direito civil*: atualidades II: da autonomia privada nas situações jurídicas patrimoniais e existenciais. Belo Horizonte: Del Rey, 2007.

NAVES, Bruno Torquato de Oliveira; SÁ, Maria de Fátima Freire de. *Direitos da personalidade*. Belo Horizonte: Arraes, 2017.

NAVES, Bruno Torquato de Oliveira; SÁ, Maria de Fátima Freire de. *Bioética e biodireito*. 5. ed. Indaiatuba: Foco, 2021.

NICÁCIO, Camila Silva. Direito e mediação de conflitos: entre metamorfose da regulação social e administração da justiça. *Revista da Faculdade de Direito da UFMG*, Belo Horizonte, n. 59, p. 11-56, jul./dez. 2011. Disponível em: https://revista. direito.ufmg.br/index.php/ revista/article/view/148/138. Acesso em: 13 maio 2021.

NICÁCIO, Camila Silva; OLIVEIRA, Renata Camilo de. A mediação como exercício de auto-nomia: entre promessa e efetividade. In: DIAS, Maria Tereza Fonseca; PEREIRA, Flávio Henrique Unes (Org.). *Cidadania e inclusão*: estudos em homenagem à professora Miracy Barbosa de Sousa Gustin. Belo Horizonte: Editora Fórum, 2008.

OLIVEIRA, Alexandre de; AMARAL, Larissa Fortes do. Resolução de conflitos bioéticos, éticos e jurídicos no cenário hospitalar: desafios e perspectivas. In: DADALTO, Luciana (Coord.). *Cuidados paliativos*: aspectos jurídicos. Indaiatuba: Editora Foco, 2021.

OLIVEIRA, José Aparecido; SANGY, Maisa. Mediação de conflitos: possibilidades de huma-nização para a promoção da saúde. *Revista Tecer*, Belo Horizonte, v. 6, n. 11, p. 177-189, nov. 2013. Disponível em: https://www.metodista.br/revistas/revistasizab ela/index.php/ tec/article/view/481/406. Acesso em: 29 maio 2021.

OLIVEIRA, Ricardo Hernane Lacerda G. de. Sigo médico. In: FERNANDES, Eneyde Gontijo; BRITO, Laura Souza Lima e (Org.). *Direito e medicina em dueto*: grandes temas do direito médico. Belo Horizonte: Coopmed, 2018.

ORGANIZAÇÃO DAS NAÇÕES UNIDAS PARA A EDUCAÇÃO, A CIÊNCIA E A CULTU-RA. Declaração Universal sobre Bioética e Direitos Humanos. Brasília, 2006. Disponível em: http://www.bioetica.org.br/?siteAcao=DiretrizesDeclaracoesInte gra&id=17. Acesso em: 19 jul. 2021.

ORGANIZAÇÃO DAS NAÇÕES UNIDAS. Declaração Universal dos Direitos Humanos. Adotada e proclamada pela Assembleia Geral das Nações Unidas (Resolução 217 A III), Genebra, 10 dez. 1948. Disponível em: https://www.unicef.org/ brazil/declaracao-uni-versal-dos-direitos-humanos. Acesso em: 06 jul. 2021.

ORGANIZAÇÃO DAS NAÇÕES UNIDAS. Transformando o nosso mundo: a Agenda 2030 para o desenvolvimento sustentável. 2015. Disponível em: http://www.agenda2030.org. br/sobre/. Acesso em: 02 jul. 2021.

ORSINI, Adriana Goulart de Sena. Formas de resolução de conflitos e acesso à justiça. *Revista do Tribunal Regional do Trabalho da 3ª Região*, Belo Horizonte, v. 46, n. 76, p. 93-114, jul./dez. 2007. Disponível em: https://www.trt3.jus.br/escola/ download/revista/rev_76/ Adriana_Sena.pdf. Acesso em: 20 abr. 2021.

ORSINI, Adriana Goulart de Sena; SILVA, Nathane Fernandes da. Entre a promessa e a efe-tividade da mediação: uma análise da mediação no contexto brasileiro. *Revista Jurídica da Presidência*, Brasília, v. 18, n. 115, p. 331-356, jun./set. 2016. Disponível em: https:// revistajuridica.presidencia.gov.br/index.php/saj/article/view/114 8/1156. Acesso em: 20 abr. 2021.

OSCALICES, Mônica Isabelle Lopes *et al*. Literacia em saúde e adesão ao tratamento de pa-cientes com insuficiência cardíaca. *Revista da Escola de Enfermagem da USP*, São Paulo, v. 53, 2019. Disponível em: https://www.scielo.br/ j/reeusp/a/X53xNwMg9g334Th3HT-JqP5F/?format=pdf&lang=pt. Acesso em: 20 jul. 2021.

PAULA, Fernanda de. *Programa Mediação de Conflitos completa 15 anos com redução da violên-cia em 190 territórios de Minas*. Belo Horizonte: Secretaria de Estado de Justiça e Segurança Pública - SEJUSP, 2021. Disponível em: http://www.seguranca.mg.gov.br/component/ gmg/story/3928-programa-mediacao-de-conflitos-completa-15-anos-com-reducao--da-violencia-em-190-territorios-de-minas. Acesso em: 24 abr. 2021.

PERLINGIERI, Pietro. *Perfis do direito civil*: introdução ao direito civil constitucional. 2. ed. Rio de Janeiro: Renovar, 2002.

PESSINI, Léo. Distanásia: algumas reflexões bioéticas a partir da realidade brasileira. In: LEITE, Eduardo de Oliveira (Coord.). *Grandes temas da atualidade*: bioética e biodireito. Rio de Janeiro: Forense, 2004.

PLATÃO. *A república*: parte 2. São Paulo: Escala Educacional, 2006.

PONTIFÍCIA UNIVERSIDADE CATÓLICA DE MINAS GERAIS. Pró-Reitoria de Graduação. Sistema Integrado de Bibliotecas. *Orientações para elaboração de trabalhos científicos*: projeto de pesquisa, teses, dissertações, monografias, relatório entre outros trabalhos acadêmicos, conforme a Associação Brasileira de Normas Técnicas (ABNT). 3. ed. Belo Horizonte: PUC Minas, 2019. Disponível em: www.pucminas.br/biblioteca. Acesso em: 10 jan. 2022.

RAMOS, Emilia M. Santana. Las claves interpretativas del libre desarrollo de la personalidad. *Cuadernos Electrónicos de Filosofía del Derecho*, Valencia, n. 29, p. 99-112, jun. 2014. Disponível em: https://ojs.uv.es/index.php/CEFD/article/view/ 3245/4053. Acesso em: 02 jul. 2021.

REIS, Maria Letícia Cascelli de Azevedo. Bioética e humanização em saúde. In: ABREU, Carolina Becker Bueno de (Org.). *Bioética e gestão em saúde*. Curitiba: Editora Intersaberes, 2018.

RESENDE, Frederico Ferri de. *O direito de objeção de consciência do médico no exercício da profissão e a preservação da autonomia privada do paciente*. Dissertação (Mestrado em Direito) – Pontifícia Universidade Católica de Minas Gerais, Belo Horizonte, 2016. Disponível em: http://www.biblioteca.pucminas.br/ teses/Direito_ResendeFF_1.pdf. Acesso em: 29 jun. 2021.

RIBEIRO, Diaulas Costa. Autonomia e consentimento informado. In: RIBEIRO, Diaulas Costa (Org.). *A relação médico-paciente*: velhas barreiras, novas fronteiras. São Paulo: Centro Universitário São Camilo, 2010.

RIOS, Izabel Cristina *et al*. A integração das disciplinas de humanidades médicas na Faculdade de Medicina da USP: um caminho para o ensino. *Revista Brasileira de Educação Médica*, São Paulo, p. 112-121, 2008. Disponível em: https://doi.org/10.1 590/S0100-55022008000100015. Acesso em: 29 jul. 2021.

RIOS, Izabel Cristina; SIRINO, Caroline Braga. A humanização no ensino de graduação em medicina: o olhar dos estudantes. *Revista Brasileira de Educação Médica*, São Paulo, p. 401-409, 2015. Disponível em: http://dx.doi.org/10.1590/1981-52712015v39n3e00092015. Acesso em: 29 jul. 2021.

RODOTÀ, Stefano. O direito à verdade. *Civilistica.com*, Rio de Janeiro, v. 2, n. 3, p. 1-22, 14 out. 2013. Disponível em: https://civilistica.emnuvens.com.br/redc/article/view/125/95. Acesso em: 06 jul. 2021.

ROSENBERG, Marshall B. *Comunicação não-violenta*: técnicas para aprimorar relacionamentos pessoais e profissionais. São Paulo: Ágora, 2006.

SÁ, Maria de Fátima Freire de. *Direito de morrer*: eutanásia, suicídio assistido. 2. ed. Belo Horizonte: Del Rey, 2005.

SANTOS, Boaventura de Sousa. *Para uma revolução democrática da justiça*. 3 ed. São Paulo: Cortez, 2011.

SCAVONE JÚNIOR, Luiz Antônio. *Manual de arbitragem, mediação e conciliação*. 8. ed. rev. e atual. Rio de Janeiro: Forense, 2018.

SCHREIBER, Anderson. *Manual de direito civil contemporâneo*. 4. ed. São Paulo: Saraiva Jur, 2021. *E-book*.

SILVA, Luciana Aboim Machado Gonçalves da; VITALE, Carla Maria Franco Lameira. Aplicação da teoria dos jogos na mediação de conflitos: o equilíbrio de Nash como estratégia de maximização de ganhos. *Revista FONAMEC*, Rio de Janeiro, v. 1, n. 1, p. 94-110, maio 2017.

SILVA, Nathane Fernandes da. *Da mediação voltada à cidadania às necessidades da atuação do mediador*: a independência, a equidistância e o não-poder. 2013. Dissertação (Mestrado em Direito) - Faculdade de Direito, Universidade Federal de Minas Gerais, Belo Horizonte, 2013. Disponível em: https://repositorio.ufmg.br/bitstream/1843/BUOS-9CKK5P/1/2__vers_o_nathane_completa.pdf. Acesso em: 05 fev. 2021.

SILVA, Nathane Fernandes da. *O diálogo dos excluídos*: a mediação social informativa como instrumento do acesso à justiça pela via dos direitos no Brasil. 2017. Tese (Doutorado em Direito) – Faculdade de Direito, Universidade Federal de Minas Gerais, Belo Horizonte, 2017. Disponível em: https://repositorio.ufmg.br/bitstre am/1843/BUOS-ASPFJR/1/tese_nathane_fernandes_da_silva.pdf. Acesso em: 03 fev. 2021.

SILVA, Nathane Fernandes da. *O diálogo dos excluídos*: a mediação social informativa como instrumento do acesso à justiça pela via dos direitos no Brasil. Rio de Janeiro: Lumen Juris, 2021.

SILVA, Nathane Fernandes da. Um paradigma futuro de regulação social: a mediação além das mesas redondas. In: MAILLART, Adriana Silva; DIZ, Jamile Bergamaschine Mata; GAGLIETTI, Mauro José (Coord.). *Justiça mediática e preventiva*. Florianópolis: CONPEDI, 2015. Disponível em: http://conpedi.danilolr.info/publicacoes/c178h0tg/0j0ub037/jlXo1x9Z88DV48me.pdf. Acesso em: 03 fev. 2021.

SIQUEIRA, José Eduardo de; BRUM, Eliane. Testamento vital: Conselho Federal de Medicina prepara documento para garantir dignidade na morte. In: RIBEIRO, Diaulas Costa (org.). *A relação médico-paciente*: velhas barreiras, novas fronteiras. São Paulo: Centro Universitário São Camilo, 2010.

SIX, Jean-François. *Dinâmica da mediação*. Trad. Giselle Groeninga de Almeida, Águida Arruda Barbosa e Eliana Riberti Nazareth. Belo Horizonte: Del Rey, 2001.

SOLER, Raúl Calvo. *Mapeo de conflictos*: técnica para la exploración de los conflictos. Barcelona: Gedisa Editorial, 2014. *E-book*.

SOUZA, Cibele Aimée de. *Tratamento de conflitos no ambiente hospitalar*: por uma mediação adequada ao Hospital das Clínicas da Universidade Federal de Minas Gerais. 2018. Dissertação (Mestrado em Direito) – Faculdade de Direito, Universidade Federal de Minas Gerais, Belo Horizonte, 2018. Disponível em: https://repositorio.ufmg.br/bitstream/1843/31948/1/DISSERTA%C3%87%C3%83O20Cibele%20Aim%C3%A9e%20de%20Souza.pdf. Acesso em: 20 out. 2020.

SOUZA, Iara Antunes de. *Aconselhamento genético e responsabilidade civil*: as ações por concepção indevida (wrongful conception), nascimento indevido (wrongful birth) e vida indevida (wrongful life). Belo Horizonte: Arraes Editores, 2014.

SPAEMANN, Robert. *Personas*: acerca de la distinción entre "algo" y "alguien". Trad. José Luis del Barco. Pamplona: EUNSA, 2000.

STANCIOLI, Brunello Souza. *Relação jurídica médico-paciente*. Belo Horizonte: Del Rey, 2004.

TEIXEIRA, Ana Carolina Brochado. *Família, guarda e autoridade parental*. Rio de Janeiro: Renovar, 2005.

TEPEDINO, Gustavo. *Temas de direito civil*. 4. ed. rev. e atual. Rio de Janeiro: Renovar, 2008.

REFERÊNCIAS **223**

TIMÓTEO 1. In: BÍBLIA sagrada: tradução dos originais grego, hebraico e aramaico mediante a versão dos Monges Beneditinos de Meredsous (Bélgica). 4. ed. São Paulo: Editora
Ave-Maria, 2019.

VARELLA, Drauzio. *Por um fio*. São Paulo: Companhia das Letras, 2004.

VASCONCELOS, Camila. *Direito médico e bioética*: história e judicialização da relação médico-paciente. Rio de Janeiro: Lumen Juris, 2020.

VASCONCELOS, Carlos Eduardo de. *Mediação de conflitos e práticas restaurativas*. 5. ed. Rio
de Janeiro: Forense; São Paulo: Método, 2017.

VEATCH, Robert M. Models for ethical medicine in a revolutionary age. *The Hastings Center
Report 2*, New York, n. 3, p. 5-7, 1972. Disponível em: https://www.jstor.org/stable/3560825.
Acesso em: 02 jul. 2021.

WARAT, Luis Alberto. *O ofício do mediador*. Florianópolis: Habitus, 2001. v. 1.

WATANABE, Kazuo. Política pública do Poder Judiciário nacional para tratamento adequado
dos conflitos de interesses. *Revista de Processo*, São Paulo, v. 36, n. 195, maio 2011. Disponível em: https://www.tjsp.jus.br/Download/Conciliacao/Nucleo /ParecerDesKazuoWa-
tanabe.pdf. Acesso em: 20 dez. 2020.

ZAPPAROLLI, Célia Regina; KRÄHENBÜHL, Mônica Coelho. *Negociação, mediação, conciliação, facilitação assistida*: prevenção, gestão das crises nos sistemas e suas técnicas. São
Paulo: LTr, 2012.

ANOTAÇÕES